本书是服务科学与创新四川省重点实验室资助项目（KL2309）的阶段性研究成果

基于消费者行为的
在线零售商退货策略研究

陈飕佳◎著

西南财经大学出版社

中国·成都

图书在版编目(CIP)数据

基于消费者行为的在线零售商退货策略研究/陈飐佳著.—成都:西南财经大学出版社,2024.5
ISBN 978-7-5504-6171-0

Ⅰ.①基… Ⅱ.①陈… Ⅲ.①消费者行为论—作用—网上销售—零售—商业服务—研究 Ⅳ.①F713.365

中国国家版本馆 CIP 数据核字(2024)第 095080 号

基于消费者行为的在线零售商退货策略研究
JIYU XIAOFEIZHE XINGWEI DE ZAIXIAN LINGSHOUSHANG TUIHUO CELÜE YANJIU

陈飐佳　著

策划编辑:石晓东
责任编辑:石晓东
责任校对:陈何真璐
封面设计:墨创文化
责任印制:朱曼丽

出版发行	西南财经大学出版社(四川省成都市光华村街 55 号)
网　　址	http://cbs.swufe.edu.cn
电子邮件	bookcj@swufe.edu.cn
邮政编码	610074
电　　话	028-87353785
照　　排	四川胜翔数码印务设计有限公司
印　　刷	成都市火炬印务有限公司
成品尺寸	170 mm×240 mm
印　　张	13.25
字　　数	266 千字
版　　次	2024 年 5 月第 1 版
印　　次	2024 年 5 月第 1 次印刷
书　　号	ISBN 978-7-5504-6171-0
定　　价	78.00 元

前言

　　随着电子商务的飞速发展，以亚马逊、京东、天猫等为代表的网络购物平台得到了大多数消费者的青睐，但消费者在网络购物时无法提前完全感知产品价值，会考虑购买的产品是否适用，从而影响其购买。基于此，在线零售商提出"无理由退货"保证，允许消费者在一定时间内无理由退回不合适的产品以刺激其购买。在退货保证的刺激下，为进一步应对激烈的市场竞争，价格折扣活动已成为在线零售商吸引消费者、抢占消费者市场的重要营销手段。在价格促销刺激下，消费者的行为也更加复杂，在拥有巨大不确定性的市场环境中，消费者行为成为在线零售商做出决策时不可忽视的因素。

　　当考虑消费者行为时，退货策略是否同样可以刺激消费者购买、提高在线零售商的利润呢？基于此，本书以在线零售商为研究对象，借助理性预期均衡理论，分别构建了不退货策略、全额退款退货策略、部分退款退货策略下消费者的效用函数与在线零售商的利润模型，分析了消费者策略性购买行为、预期后悔行为、投机行为因素对在线零售商退货策略选择的影响，探讨在线零售商的最优退货策略选择问题。本书的具体研究内容和研究结果如下：

　　首先，考虑消费者在网络购物时对产品估值的不确定及消费者在两阶段销售环境中存在策略性购买行为，依据消费者是否存在策略性购买行为，本书将消费者分为短视型消费者与策略型消费者，并提出不退货策略、全额退款退货策略、部分退款退货策略，探讨消费者策略性购买行为对其购买时机选择以及在线零售商退货策略选择的影响，分析在线零售商的最优退货策略选择问题。研究发现：退货策略虽然加剧了消费者的策略性购买行为，但在一定程度上有利于增强消费者的购买信心，增加在线零售商的利润；全额退款退货策略有利于最大限度地增加零售商的收益；产品估值的不确定会减少在线零售商的利润，消费者的策略性购买行为在退货保证下会进一步加剧利润的减少。

其次，考虑策略型消费者在网络购物时对产品估值的不确定及其在选择购买时机时存在预期后悔行为，依据消费者在选择购买时机时是否存在预期后悔行为，本书将消费者分为预期后悔型消费者与策略型消费者，并提出不退货策略、全额退款退货策略、部分退款退货策略，探讨消费者策略性购买行为与预期后悔行为对其购买决策以及在线零售商运作决策的影响，分析在线零售商的最优退货策略选择问题。研究发现：在不退货策略下，产品估值的不确定会减少在线零售商的利润，预期后悔行为会加剧利润的减少；退货策略有利于刺激消费者在全价期购买，降低估值不确定与预期后悔行为带来的损失程度；消费者的预期后悔行为反而增加了在线零售商的利润。

再次，考虑策略型消费者在网络购物时对产品估值的不确定及其在退货保证下的投机行为，依据消费者在退货保证下是否存在投机行为，本书将消费者分为策略型消费者与投机型消费者，并提出不退货策略、全额退款退货策略、部分退款退货策略，探讨消费者策略性购买行为与投机行为对其购买决策以及在线零售商运作决策的影响，分析在线零售商的最优退货策略选择问题。研究发现：在退货策略下，策略型消费者的投机行为减少了在线零售商的利润，但随着产品匹配率的提高，在线零售商的利润下降程度减弱。当存在投机型消费者时，不存在某一种退货策略恒优，在线零售商应根据产品匹配率、策略型消费者比例而采取不同的退货策略。

最后，考虑投机型消费者存在预期后悔行为，依据投机型消费者在策略性地选择购买时机时是否预期后悔行为，本书将消费者分为投机后悔型消费者与投机型消费者，并提出不退货策略、全额退款退货策略、部分退款退货策略，探讨消费者策略性购买行为、预期后悔行为与投机行为对其购买决策以及在线零售商运作决策的影响，分析在线零售商的最优退货策略选择问题。研究发现：策略型消费者在退货保证下存在投机行为与预期后悔行为时，在不退货策略与全额退款退货策略下，消费者对线上产品估值的不确定会减少在线零售商的利润，预期后悔行为会进一步加剧利润的减少；产品估值的不确定有利于增加在线零售商的利润，但预期后悔行为会减少在线零售商的利润。然而，与不退货策略与全额退款退货策略相比，部分退款退货策略总会增加在线零售商的收益。

进入 21 世纪后，我国的网络零售业进入了快速发展的增长阶段，同时也取得了较为显著的成就，目前正是该行业蓬勃发展的时机。近年来，随着市场竞争加剧，价格折旧促销与提供退货服务已经成为企业重要的营销手段，尤其是随着网络购物的普及，消费者退货服务的重要性更加明显，考虑终端消费者退货对在线零售商运营决策的影响具有重要的现实意义。本书探讨了消费者行为对在线零售商退货策略选择的影响，并且进一步分析了退货策略滋生消费者投机行为，指导了在线零售商面对消费者更加复杂与多变的行为时，如何实施差异化的退货策略以应对消费者行为，从而提高在线零售商的收益。因此，在线零售商可借鉴本书的研究结果有效地应对消费者行为，动态地调整退货策略与运作策略，从而实现提高运营绩效、增加运营收益的目的。

陈飏佳

2024 年 5 月 10 日

目录

1　绪论

1.1　研究背景及意义

1.1.1　研究背景

随着电子商务的不断发展与普及，以京东、天猫等为代表的网络购物平台得到了大多数消费者的青睐，网络购物用户数量逐年增多。根据第 48 次《中国互联网络发展状况统计报告》①，截至 2021 年 6 月，中国使用网络购物平台的用户数已经高达 8.12 亿，占网民整体数量的 80.3%，表明网络零售在我国零售业的地位越来越高。图 1-1、图 1-2 分别展示了 2016—2020 年中国网络购物消费者数量和使用率、2014—2020 年中国网络零售额与总社会零售额占比。

---

① 数据来源：http://www.cnnic.cn/hlwfzyj/hlwxzbg/hlwtjbg/202109/t20210915_71543.htm。

图 1-1 2016—2020 年中国网络购物消费者数量和使用率

（数据来源：中国互联网络信息中心）

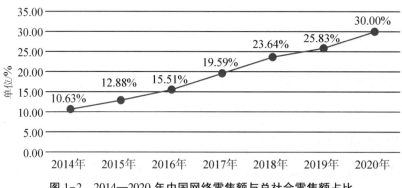

图 1-2 2014—2020 年中国网络零售额与总社会零售额占比

（数据来源：国家统计局）

　　网络购物虽然为消费者带来了极大的便利，但是在网络购物环境下，消费者的购买行为与消费行为相分离，使其无法在购物前接触到产品实物，仅能通过浏览产品介绍页面的文字、图片、视频和产品评价形成初始价值感知。消费者要在收到产品实物后才能进一步确认产品材质、功能等真实信息，一些产品的质量往往与消费者购买前的价值感知存在着一定的差异。这种在购买产品前对价值的不确定性可能会导致消费者购买到一款并不适用的产品，消费者对产品的不确定性感知成为其网络购物的阻碍，也影响了在线零售商的运营策略。为了吸引消费者购买、提高销售利润，在线零售商提出退货退款保证，允许消费者退回不适合或者不喜欢的产品，并返还部分或者全额货款。这种保证在一定程度上增强了消费者的购买信心，提出了消费者购买后对产品不满意的处理思路，进而吸引消费者购买产品。Peterson 也在其研究中表明：在网络购物时，退货策略可以有效降低消费者购买后发现产品不合心意带来的风险，从而刺激消费者更多地购买产品。《中华人民共和国消费者权益保护法》第二十五条①明确规定，当消费收到产品后对产品不满意就拥有退货权。

在实践中，一些信誉良好的在线零售商也推出了"七天无理由退货"保证。随着退货策略越来越普遍，目前常见的两种退货退款模式分别为：全额退款与部分退款。随着退货策略带来的好处日益凸显，越来越多的在线零售商倾向于提供宽松的退货退款保证。在全额退款下，消费者退回产品时可以收回所支付的全部价款，不用考虑消费者退货过程中所产生的时间成本、机会成本等。全额退款模式相当于无成本退货。例如，Nordstorm、Macy、京东自营、天猫、拼多多等网络购物平台都向退货的消费者提供全额退款退货策略。考虑到消费者退货带来的相关损失，在线零售商在决定退款额度时，可能会考虑退货处理成本，对选择退货的消费者收取相应数额的退货手续费，部分退款模式相当于有成本退货。例如，亚马逊会根据退货产品的状况收取产品零售价 15% ~ 50% 的退货手续费；KAYAKPRO 规定对每件退货产品固定收取零售价 10% 的退货手续费；Yellowtays 会在退款金额中扣除零售价的 15% ~ 30% 作为退货手续费；Best Buy 对已拆封的电子产品收取 15% 的退货手续费，对已拆封的家用电器收取 25% 的退货手续费。

在网络购物环境下，退货策略的提出解决了消费者购买后不满意的后顾之忧，刺激了消费者在网上购物。随着市场竞争的加剧，为更好地应对激烈的市场竞争，网络购物下的折扣促销已成为在线零售商抢占消费者市场的重要手段。在互联网技术与移动通信技术的蓬勃发展下，消费者搜寻产品的渠道越来越多，可以在不同店铺、不同平台间搜索产品，对比产品价格与性能，了解产品的价格、折扣活动以及销售情况。这在一定程度上加剧了市场竞争，在线零售商在全价期正常销售产品的同时，还会在清货

① 《中华人民共和国消费者权益保护法》第二十五条：经营者采用网络、电视、电话、邮购等方式销售商品，消费者有权自收到商品之日起七日内退货，且无需说明理由。但下列商品除外：（一）消费者定作的；（二）鲜活易腐的；（三）在线下载或者消费者拆封的音像制品、计算机软件等数字化商品；（四）交付的报纸、期刊。除前款所列商品外，其他根据商品性质并经消费者在购买时确认不宜退货的商品，不适用无理由退货。消费者退货的商品应当完好。经营者应当自收到退回商品之日起七日内返还消费者支付的商品价款。退回商品的运费由消费者承担；经营者和消费者另有约定的，按照约定。

期推出短暂的降价折扣活动，从而吸引消费者购买。

基于上述分析可知，在网络购物环境中，在线零售商为了吸引消费者购买，会开展一系列的折扣促销以及清仓活动。信息技术的发展不断增加了获取信息的渠道，消费者可以预期到在线零售商未来的折扣促销活动，通过权衡在全价期和在清货期的效用，选择最大化自身收益的购买时机（Krishna，1994），会等待至产品价格较低时再购买。例如，消费者在夏装上新时看上一条售价较高的裙子，在购买时会考虑："服装经常在换季清仓打折，所以我可以等到那时再购买，这样就能省下一笔钱。但是到了换季清仓时，万一这条裙子没有适合我的尺码了呢?"毕马威调查发现①，在网络购物中，考虑到产品未来的折扣与可能会发生降价的情况，仅有7%的受访消费者愿意支付高价在全价期购买产品。随着市场竞争的加剧，为了在激烈的市场中获得更多的利润，消费者行为成为在线零售商做出决策时不得不考虑的因素。Aviv和Pazgal的研究表明：在线零售商在做决策时，若忽视消费者策略性购买行为的影响，将会面临高达20%的利润损失。

在价格折扣的刺激下，策略型消费者通过权衡在全价期和在折扣期的效用，选择最大化自身收益的购买时机。策略型消费者可能会对在全价期原价销售的产品与在清货期降价销售的产品进行衡量，且自己当下所作的抉择可能因为产品降价或缺货而后悔。这种在做出购买决策前所体现出的预期后悔行为不仅会影响消费者的购买决策，而且会影响在线零售商的运作策略（Ke和Bookbinder，2018）。这类策略型消费者一方面不愿意错过折扣，另一方面又不愿意面临缺货，会考虑产品未来降价与缺货的可能性，从而策略性地选择合适的购买时机。在权衡各个时期购买所获得的效用时，他们不仅会考虑购买产品时所获得的经济效用，而且会考虑因错误的购买决策而产生的精神成本。这种消极的行为表现不仅会影响消费者的购买决策，而且会影响在线零售商的市场运作策略（Ke和Bookbinder，2018）。例如，若消费者等到裙子清仓打折时发现：这款适合自己尺码的裙子已经售罄，而后悔没有在全价期购买；相反，若消费者当初立即购买却在换季清仓发现这条裙子打折，而后悔在全价期以高价购买。随着信息技术的发展，消费者能预料到不同购买决策下的结果并可能后悔，这使得高价后悔和缺货后悔显著影响着消费者的购买决策。

---

① 数据来源：https://assets.kpmg/content/dam/kpmg/pdf/2016/02/omnichanel‐retail‐survey‐2016.pdf。

在两阶段销售环境中，退货策略虽然可以增强消费者的购买信心，吸引犹豫的消费者购买产品，但退回的产品可以在产品降价时二次销售，增加了在线零售商在清货期的产品库存，进而提高了产品在清货期的可获得性，加剧了消费者的策略性购买行为。因此，退货策略是否能够增加在线零售商的利润有待商榷，在线零售商需要考虑退货策略在降低消费者估值不确定性与加剧消费者策略性购买行为之间的平衡问题。

消费者在网络购物时无法在购买产品前接触与感受产品，对产品的估值是不确定的，这种不确定往往会导致消费者购买到一款并不适用的产品，从而产生退货需求。Akturk 等的研究表明，消费者的退货可分为三类：①常规性的退货；②投机性的退货；③欺诈性的退货。他们还指出当在线零售商提供退款金额与退货时间相对宽松的退货策略时，这种宽松的退货政策使得消费者在购买产品之前就已经准备退货，只是为了在退货时效内享受产品带来的收益。Akturk 等将这种在大型比赛前，为了更好的观感体验而购买大屏幕电视，在比赛结束后的退货期限内立即退货，或者为了特殊活动购买衣服或西装，短暂使用后退货的行为理解为机会主义退货行为。在本书中，退货保证虽然可以在一定程度上减少产品估值不确定带来的不利影响，然而当退货成本忽略不计时，消费者可能会有目的地在购买产品后退货，并在产品降价时再次购买，以期获得更大的效用。例如，在折扣促销前，消费者可能先全价购买产品，根据观察到的产品质量以及产品促销时的可获得性决定是保留产品还是退货后在产品促销时以低价再次购买。如果消费者选择后者，即消费者在折扣促销时购买，则不存在对产品价值不确定的问题。我们将这种在全价期购买后退货，再在清货期以低价再次购买的行为称为投机行为。因此，如何科学地制定退货策略也一直吸引着学术界的关注。在线零售商需要进一步考虑退货策略在降低消费者估值不确定性与滋生消费者投机行为的权衡问题。

针对上述背景，本书在不退货策略、全额退款退货策略、部分退款退货策略下，分析了消费者策略性购买行为、预期后悔行为、投机行为因素对在线零售商退货策略选择的影响，运用理性预期均衡理论分析在线零售商与策略型消费者之间的均衡问题，探讨在线零售商在考虑复杂多变的消费者行为时的最优退货策略选择，旨在为在线零售商选择退货策略提出相关建议。

1.1.2 研究意义

1.1.2.1 理论意义

（1）本书丰富了在线零售商的退货策略选择相关的研究内容。本书分别分析在不退货策略、全额退款退货策略、部分退款退货策略下，在线零售商的运作决策以及在线零售商的最优退货策略选择问题。本书将以往仅单一考虑某一种退货策略的研究拓展至同时考虑三种退货策略的选择，得出了面对不同消费者类型时的最优退货策略。

（2）本书探讨了消费者行为对在线零售商退货策略的影响。本书在对消费者网络购物环境中的行为决策以及退货活动分析的基础上，探讨策略性购买行为、预期后悔行为、投机行为对在线零售商退货策略的影响。本书通过探讨退货策略如何改变消费者行为，消费者行为又如何反向影响退货策略，分析消费者行为对在线零售商退货策略的影响，将以往静态探讨消费者某种行为对退货策略的影响研究进行了拓展，并将以往退货研究中对消费行为因素研究从单一、两种扩展至三种，扩大了消费者行为的研究范围，对研究受到消费者行为影响下在线零售商的退货策略选择具有一定的理论意义。

（3）本书拓展了在线零售商目标市场选择的研究内容。本书发现，不同类型消费者对产品的最高保留价格不同。通过分析在线零售商面对混合类型消费者时在不同定价模式下其最优利润的大小，本书得出在线零售商的最优定价策略、订货策略、市场覆盖策略。本书还将以往运作领域研究在线零售商的定价订货决策拓展至营销领域，拓展了目前研究中探讨在线零售商对消费者市场选择的相关研究内容。

1.1.2.2 现实意义

进入 21 世纪后，我国的网络零售业进入了快速发展的增长阶段，也取得了较为显著的成就。目前，网络零售业正处于蓬勃发展的时机，尤其是新型冠状病毒感染疫情的暴发让越来越多的消费者愿意选择更方便与安全的网络购物。随着市场竞争加剧，折扣促销与提供退货服务已经成为在线零售商重要的营销手段，尤其是随着网络购物的普及，消费者退货服务越来越重要。因此，考虑终端消费者退货对在线零售商运营决策的影响具有重要的现实意义。本书探讨了消费者行为对在线零售商退货策略选择的影响，并且进一步分析了退货策略滋生的消费者投机行为，讨论了消费者行为对在线零售商退货策略的影响，为在线零售商提出了在面对消费者更加复杂与多变的行为时实施差异化的退货策略的建议。因此，在线零售商可借鉴本书的研究结果有效地应对消费者行为，动态地调整退货策略与运作策略，从而实现提高运营绩效、增加运营收益的目的。

1.2 研究目标、内容及框架

1.2.1 研究目标

随着电子商务的飞速发展，以亚马逊、京东、天猫等为代表的网络购物平台得到了大多数消费者的青睐。然而，在网络平台购物时，消费者无法在购买产品时完全感知产品的真实价值，会考虑到购买的产品可能与其预期并不匹配，这种不匹配增加了消费者在购买前的犹豫时间，从而导致消费者放弃购买。为增强消费者的购买信心，在线零售商提出"无理由退货"保证，允许消费者在一定时间内无理由退回不合适产品，刺激消费者购买，但退货增加加剧了消费者的策略性购买行为且宽松的退货保证滋生了消费者的投机行为。因此，在考虑消费者不同行为因素时，是否应该允许退货？哪种退货策略能带来更高的利润水平呢？

随着市场需求和环境更加多变，消费者的行为方式更加复杂。在拥有巨大不确定性的市场环境中，消费者行为成为在线零售商做出决策时不得不考虑的因素。本书考虑了消费者网络购物中策略性购买行为、预期后悔行为与投机行为对其购买决策的影响，分析在不同退货策略下消费者的行为因素如何影响理性预期均衡下在线零售商的定价决策与库存决策；通过对比分析在线零售商在不同退货策略下的利润大小，探讨在线零售商最优的退货策略以及市场覆盖策略。

本书的研究目标主要包括以下四点：

（1）探讨同时考虑不退货策略、全额退款策略、部分退款退货策略下，在线零售商的运作决策及不同退货策略的可适用性，并得出在线零售商考虑消费者行为因素影响下的最优退货策略选择。

（2）探讨消费者行为如何影响在线零售商选择合适的退货策略。具体包括：①如何在模型中刻画消费者的策略性购买行为、预期后悔行为、投机行为；②当策略型消费者存在预期后悔行为时，分析策略性购买行为和预期后悔行为的影响；③探讨退货策略如何改变消费者行为、退货保证滋生的消费者投机行为、消费者行为如何反向影响退货策略的选择。

（3）探讨在线零售商面对不同类型消费者时的市场覆盖策略。市场上存在混合类型消费者时，不同类型消费者对产品的最高保留价格不同。本书通过分析在线零售商在不同定价模式下最优利润的大小，得出在线零售商的最优市场覆盖策略选择。

（4）探讨退货保证下提高供应链绩效的机制。本书探讨消费者行为与在线零售商退货策略对供应商的影响；从供应链角度出发，分析回购策略、退货保证对在线零售商、供应商以及供应链绩效的影响。

1.2.2　研究内容

本书基于网络购物环境、网络购物退货的特征，通过对在线零售商退货策略的影响以及消费者网络购物决策过程进行分析，提出基于消费者策略性行为的在线零售商退货策略的研究框架。

本书分析了在网络购物环境中消费者行为如何影响在线零售商的退货策略选择。消费者在网络购物时无法完全提前感知产品价值，会考虑到购买的产品可能并不适用，从而降低其购买欲望。为增强消费者的购买信心，在线零售商提出"无理由退货"保证。本书据此分析退货策略对刺激消费者购买的作用，考虑消费者在做出购买决策时受到产品价格、库存以及促销活动的影响、产生的策略性等待行为，并分析退货策略对消费者策略性等待之间的影响。基于此，本书分析消费者受到"高价后悔"与"缺货后悔"影响的预期后悔行为；分析消费者在策略性购买行为与预期后悔行为影响下，其可能会对购买的商品不满意从而产生退货需求时，在线零售商提供退货策略下的常规性退货活动。在此基础上，本书进一步分析在宽松的退货保证刺激下，当策略型消费者存在"全价期购买后退货后，在清货期以低价再次购买"的投机行为时，消费者在退货保证下的投机性退货如何影响在线零售商选择合适的退货策略。

本书首先考虑消费者策略性购买行为的影响，根据消费者在选择购买时机时是否具有策略性购买行为，将消费者划分为短视型消费者与策略型消费者，探讨在线零售商分别在单一短视型消费者市场、单一策略型消费者市场以及同时存在短视型消费者与策略型消费者的混合市场情形下的最优退货策略选择；其次，考虑策略型消费者预期后悔行为对在线零售商退货策略选择的影响，根据策略型消费者是否具有预期后悔行为，将策略型消费者分为预期后悔型消费者与策略型消费者，探讨在线零售商分别在单一策略型消费者市场、单一预期后悔型消费者市场、策略型消费者与预期后悔型消费者并存的混合市场情形下的最优退货策略选择；再次，考虑策略型消费者在退货保证下的投机行为如何影响在线零售商选择恰当的退货策略，根据策略型消费者是否具有投机行为将策略型消费者分为策略型消费者与投机型消费者，探讨在线零售商分别在单一策略型消费者市场、单一投机型消费者市场、策略型与投机型消费者并存的混合市场情形下的最优退货策略选择；最后，综合考虑消费者策略性购买行为、预期后悔行为以及投机行为对在线零售商退货策略选择的影响，在假设所有策略型消费者在退货保证下都存在投机行为的前提下，即所有的消费者均为投机型消费者时，根据投机型消费者是否存在预期后悔行为，将投机型消费者分为投机后悔型消费者与投机型消费者，探讨在线零售商分别在单一投机型消费者市场、单一投机后悔型消费者市场、投机型消费者与投机后悔型消费者并存的混合市场情形下的最优退货策略选择。本书研究内容的内在逻辑如图 1-3 所示。

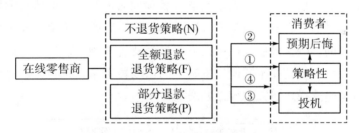

图 1-3　本书研究内容的内在逻辑

研究内容一：存在策略型消费者时在线零售商退货策略研究。

本书探讨退货策略对增强消费者购买信心以及加剧消费者策略性购买的影响。本书根据消费者是否具有策略性购买行为，将消费者划分为策略型消费者与短视型消费者，首先分析了在不考虑消费者策略性购买行为时，即所有消费者均为短视型消费者时，产品估值不确定对其购买决策以及在线零售商利润的影响；其次，进一步考虑消费者具有策略性购买行为时，即所有消费者均为策略型消费者时，策略性购买行为对其购买决策以及在线零售商运作决策的影响；最后，探讨在策略型消费者与短视型消费者同时存在的情况下，在线零售商在不同退货策略下的市场覆盖策略选择，得到其最优的退货策略选择。研究内容一如图 1-4 所示。

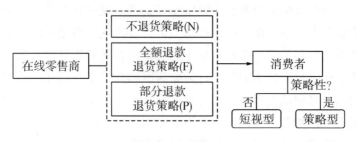

图 1-4　研究内容一

研究内容二：消费者预期后悔行为下在线零售商退货策略研究。

策略型消费者在选择最大化自身收益的购买时机时，会因为自己当下所作的抉择在未来降价或缺货而后悔，本书要据此分析消费者所表现出来的预期后悔对其购买决策以及在线零售商策略选择的影响。本书根据策略型消费者是否具有预期后悔行为，将消费者分为策略型消费者与预期后悔型消费者，首先分析了不考虑策略型消费者存在预期后悔行为，即所有消费者均为策略型消费者时，产品估值的不确定与策略性购买对在线零售商的影响；其次，进一步考虑策略型消费者预期后悔行为，即所有消费者均为预期后悔型消费者时，消费者预期后悔行为对其购买决策以及在线零售商运作决策的影响；最后，探讨在策略型消费者与预期后悔型消费者同时存在时，在线零售商在不同退货策略下的市场覆盖策略选择，以得到其最优的退货策略选择。研究内容二如图 1-5 所示。

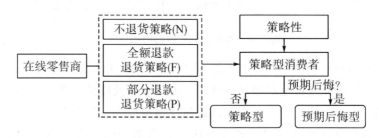

图 1-5　研究内容二

研究内容三：消费者投机行为下在线零售商退货策略研究。

在研究内容一的基础上，本书分析策略型消费者在选择最大化自身收益的购买时机时，在宽松的退货保证下存在全价期购买后退货，再在折扣期以低价再次购买的投机行为。本书根据策略型消费者是否存在投机行为，将消费者分为策略型消费者与投机型消费者，首先分析了不考虑策略型消费者在退货保证下的投机行为，即所有消费者均为策略型消费者时，产品估值的不确定与策略性购买对在线零售商的影响；其次，进一步考虑策略型消费者在退货保证下的投机行为，即所有消费者均为投机型消费者时，投机行为对其购买决策以及在线零售商运作决策的影响；最后，探讨在策略型消费者与投机型消费者同时存在时，在线零售商在不同退货策略下的市场覆盖策略选择，得到其最优的退货策略选择。研究内容三如图1-6所示。

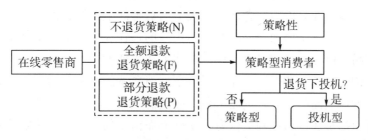

图1-6　研究内容三

研究内容四：投机型消费者预期后悔行为下在线零售商退货策略研究。

在研究内容二和研究内容三的基础上，本书进一步考虑投机型消费者在策略性地选择时机时存在的预期后悔行为。如果在全价期保留产品，消费者可能会因为支付高价而后悔；如果在全价期退货并等待至折扣期再购买，消费者可能会因为产品缺货而后悔，这种预期后悔行为又将影响投机型消费者的策略性选择。研究内容四在假设所有策略型消费者在退货保证下都存在投机行为的前提下，即所有的消费者均为投机型消费者时，根据投机型消费者是否存在预期后悔行为，将消费者分为投机型消费者与投机后悔型消费者，首先分析了不考虑投机型消费者存在预期后悔行为，即所有消费者均为投机型消费者时，投机行为对其购买决策以及在线零售商运作决策的影响；其次，考虑投机型消费者的预期后悔行为，即所有消费者均为投机后悔型消费者时，投机下的预期后悔行为对其购买决策以及在线零售商运作决策的影响；最后，探讨在两类消费者同时存在的情况下，在线零售商在不同退货策略下的市场覆盖策略选择，得到其最优的退货策略选择。研究内容四如图1-7所示。

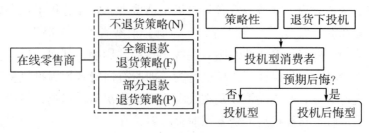

图 1-7　研究内容四

研究内容五：退货保证下的回购策略研究。

在线零售商允许消费者退货能吸引消费者线上购买，但可能会增加整体退货量，退货量增加会提高在线零售商的运作成本。由于退货增多，退回的产品可以在清货期二次销售，增加了清货期的产品库存，进而提高了产品在清货期的可获得性，加剧了策略型消费者的等待行为，退货策略可能会降低供应商的利润，进而影响供应链的绩效。消费者预期后悔行为与投机行为都是在策略性购买行为的基础上而衍生的，因此为缓解消费者的策略性购买行为，进而缓解其他行为的不利影响，在线零售商可能会减少订购量，从而降低消费者在清货期获得产品的可能性。考虑到复杂行为因素的影响，又因为本书所考虑的消费者预期后悔行为与投机行为是基于策略性购买行为而产生的，因此本书将研究内容四简化为：考虑策略型消费者退货对在线零售商以及供应链的影响，分析提高供应链绩效的机制。相关研究发现，考虑消费者策略性购买行为时，合理的回购策略可以鼓励在线零售商订购更多的产品，从而提升供应链绩效（冯艳刚等，2014）。那么，在策略型消费者可以无理由退货时，回购策略是否同样有效呢？因此，研究五将要解决的问题是：考虑消费者行为对供应链绩效带来的不利影响下，分析消费者退货下的回购策略如何影响在线零售商的运营决策、供应商利润以及供应链的绩效，探讨退货下的回购策略对提升在线零售商与供应商绩效的作用。研究内容五如图 1-8 所示。

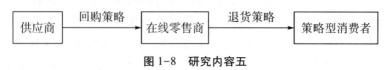

图 1-8　研究内容五

1.2.3　研究框架

本书的技术路线如图 1-9 所示。

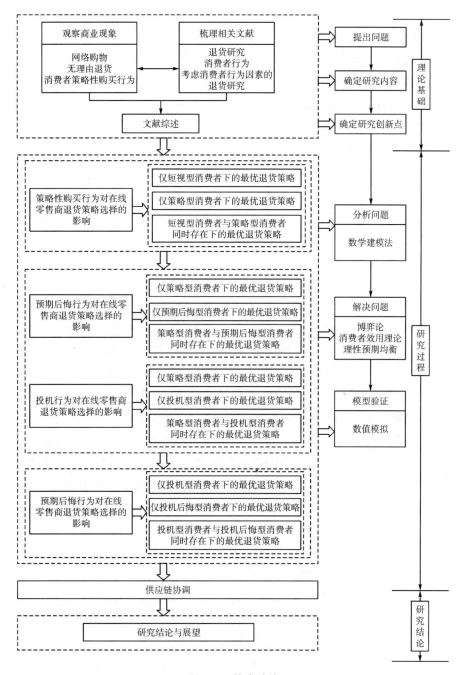

图 1-9 技术路线

具体地，本书的章节安排如下：

第 1 章是绪论。

第 2 章是文献综述，对网络购物退货、消费者行为等相关文献进行了梳理和评述。

第 3 章探讨了消费者策略性购买行为对在线零售商的影响。第 3 章根据消费者是否存在策略性购买行为，将消费者分为短视型消费者与策略型消费者，基于理性预期假设研究了在线零售商分别在单一短视型消费者市场、单一策略型消费者市场、短视型与策略型消费者并存的混合市场下，不退货、全额退款退货、部分退款退货三种退货策略对消费者购买决策以及在线零售商运作决策的影响，对比分析得出在线零售商的最优退货策略选择。

第 4 章探讨了消费者预期后悔行为对在线零售商的影响。第 4 章根据策略型消费者是否具有预期后悔行为，将消费者分为预期后悔型消费者与策略型消费者，探讨在线零售商分别在单一策略型消费者市场、单一预期后悔型消费者市场、策略型与预期后悔型消费者并存的混合市场下，不退货、全额退款退货、部分退款退货三种退货策略对在线零售商运作决策以及消费者购买决策的影响，对比分析得出在线零售商的最优退货策略选择。

第 5 章探讨了消费者投机行为对在线零售商的影响。第 5 章根据策略型消费者是否具有投机行为，将消费者分为策略型消费者与投机型消费者，探讨在线零售商分别在单一策略型消费者市场、单一投机型消费者市场、策略型与投机型消费者并存的混合市场下，不退货、全额退款退货、部分退款退货三种退货策略对在线零售商运作决策以及消费者购买决策的影响，对比分析得出在线零售商的最优退货策略选择。

第 6 章探讨了消费者投机下的预期后悔行为对在线零售商的影响。第 6 章综合考虑消费者策略性购买行为、预期后悔行为以及投机行为如何影响在线零售商选择合适的退货策略，根据投机型消费者在策略性决策购买时机时是否存在预期后悔行为，将消费者分为投机后悔型消费者与投机型消费者，研究了在线零售商分别在单一投机型消费者市场、单一投机后悔型消费者市场、投机型与投机后悔型消费者并存的混合市场下，不退货、全额退款退货、部分退款退货三种退货策略对在线零售商运作决策以及消费者购买决策的影响，对比分析得出在线零售商的最优退货策略选择。

第 7 章从供应链的角度出发，分析在退货保证下，策略型消费者退货对在线零售商的影响。本书所考虑的消费者预期后悔行为与投机行为是在策略性购买下而产生的。为简化模型，第 7 章仅从消费者策略性购买行为角度进行研究，探讨当退货增加时，回购策略对供应链各成员绩效的影响，研究在退货策略下的回购策略对于提升在线零售商与供应商绩效的作用。

第 8 章是结论与展望，得出了本书研究结论并指明后续研究方向。

1.3　研究创新点

在两阶段销售环境中，本书对消费者行为以及网络购物退货进行了分析与定义。基于此，本书在需求不确定的情形下，从消费者策略性地选择购买时机出发，结合理性预期均衡理论，分析在线零售商在不同退货策略下与消费者之间的博弈均衡，并考虑消费者在促销活动以及退货策略下存在策略性购买行为、预期后悔行为以及投机行为，分析消费者不同行为因素对在线零售商退货策略选择的影响，得到在线零售商退货策略选择。本书的研究不仅识别了消费者在促销活动以及退货保证营销手段下的行为表现，而且补充了现有关于考虑消费者行为的退货研究，为在线零售商退货策略选择提供了参考和借鉴。

本书的创新点有以下四个方面：

（1）以往关于退货策略的文献较少分析退货策略对消费者策略性购买行为的影响，只分析了其是缓解还是加剧了消费者的策略性购买行为。因此，本书探索了在两阶段销售环境中，退货策略在增强消费者信心、刺激消费者购买以及加剧消费者等待之间的关系，研究了消费者策略性购买行为对其自身购买时机选择与对在线零售商退货策略选择的影响。本书还构建了受消费者策略性购买行为影响下的在线零售商在不同退货策略下的利润模型。研究发现：退货策略加剧了消费者的策略性购买行为，却在一定程度上增强了消费者的购买信心，提高了在线零售商的利润，且全额退款退货策略有利于最大限度地增加零售商的收益。

（2）本书研究了策略型消费者在选择最大化自身收益时，其预期后悔行为对其自身策略性购买行为与在线零售商退货策略选择的影响。以往关于策略型消费者的文献较少进一步考虑消费者在做出策略性的决策时，其预期后悔行为对购买时机的影响，也没有分析在这种情形下在线零售商的最优退货策略。本书构建了受策略型消费者预期后悔行为影响下的在线零售商在不同退货策略下的利润模型。研究发现：在不退货策略下，预期后悔行为会加剧利润的降低。退货策略有利于刺激消费者在全价期购买，消费者的预期后悔行为反而增加了在线零售商的利润，并且全额退款退货策略有利于最大限度地增加在线零售商的收益。

（3）本书研究了策略型消费者选择最大化自身收益时，宽松的退货保证下的"全价期购买后退货，再在折扣期以低价再次购买"的投机行为对其自身策略性购买行为与在线零售商退货策略选择的影响。以往关于消费者在退货保证下存在投机行为的文献鲜有考虑两阶段销售环境的情形，且未考虑在这种情形下消费者策略性选择对购买并保留产品时机的影响，也没有分析在这种情形下在线零售商的最优退货策略。本书构建了受到策略型消费者在退货保证下的投机行为影响下的在线零售商在不同退货策略下的利润模型。研究发现：策略型消费者在退货策略下的投机行为减少了在线零售商的利润，在考虑消费者具有投机行为时不存在某一种退货策略恒优。这一发现有助于解释实践中退货策略不一致的原因。

（4）本书研究了策略型消费者在退货保证下存在投机行为时，其策略性地选择时机还是会受到预期后悔行为的影响，并探讨了策略型消费者的投机行为与预期后悔行为对其自身策略性购买行为与在线零售商退货策略选择的影响。以往关于消费者在退货保证下存在投机行为的文献鲜有考虑消费者保留产品时机的情形，没有考虑在这种情形下消费者预期后悔行为对保留产品时机的影响，也没有分析在这种情形下在线零售商最优退货策略。本书构建了受策略型消费者预期后悔行为和在退货保证下的投机行为影响下，在线零售商在不同退货策略下的利润模型。研究发现：考虑到策略型消费者在退货保证下存在投机与预期后悔行为时，策略型消费者投机下的预期后悔行为总会进一步加剧利润的降低；与不退货策略与全额退款退货策略相比，部分退款退货策略总会增加在线零售商的收益。

2 文献综述

本书主要从退货与消费者行为两个方面展开相关研究。其一为在线零售商的退货策略研究，分别从退货原因、退货策略选择、降低退货率的机制进行分析；其二考虑消费者行为的影响，分别从策略性购买行为、预期后悔、投机行为进行分析，进而对退货中考虑消费者行为的文献进行分析。接下来将逐一阐述这两方面的研究现状。

2.1 退货研究

接下来主要从网络购物退货原因、退货策略选择以及降低退货率的机制三方面进行分析。

2.1.1 退货原因

根据毕马威的调查，在消费者退货的原因中：37% 是由于产品不合适或者消费者不喜欢产品；15% 是由于重复下单；15% 是由于产品损坏或者质量问题；10% 是由于在线零售商方失误操作（发错货等）；8% 是由于配送延迟，比如本来纪念日前用作礼物，但到达时已经过了纪念日；6% 是由于有更好或者更便宜的选择；9% 是因为其他原因。在学术研究中，相关学者也对消费者网络购物退货原因进行了大量研究。通过对相关文献的梳理，这些原因主要包括：①不确定产品估值，导致消费者购买了一款并不适合的产品，从而产生退货需求（Su，2009；Chen，2011；Shulman 等，2010，2011；Chen 和 Chen，2017；张立功，2019；Xu 和 Duan，2020；原逸超和石岿然，2020）。②因产品质量太差而退货（Lawton，2008；Hsiao 和

Chen，2012；Gallego 等，2015）。③消费者因投机行为产生的退货。消费者可能会利用宽松的退货条件，利用退货期限的时间差，为了某一目的购买产品，又再短暂使用后退货（Ülkü 等，2013；Shang 等，2017；Alug 等 2021）。产品估值不确定是网络购物有别于线下购物的一大特性，大量的学者针对估值不确定而产生的退货进行了相关研究。研究表明，消费者对线上产品估值不确定时，会阻碍其购买产品，在线零售商提供退货保证有利于提高消费者购买产品所获得的效用，增强其购买信心，刺激其购买产品（Peterson，2009）。

消费者在网络购物时无法在购买产品前接触与感受产品，对产品的估值是不确定的，这种不确定往往会导致消费者购买到一款并不适用的产品，从而产生退货需求。Akturk 等的研究表明，消费者的退货可分为三类：①常规性的退货；②投机性的退货；③欺诈性的退货。

常规性的退货是指在法律、道德的约束内，因产品质量等问题而正常退回产品的行为，众多学者对此进行了大量研究。

投机性的退货是指当在线零售商提供退款金额与退货时间相对宽松的退货策略时，这种宽松的退货政策滋生了消费者在购买产品之前就已经准备退货，只是为了在退货时效内享受产品带来的收益的机会主义行为。Akturk 等将在大型比赛前，为了更好的观感体验而购买大屏幕电视，在比赛结束后的退货期限内立即退货，或者为了特殊活动购买衣服或西装，短暂使用后退货的行为理解为机会主义退货行为。本书将策略型消费者在全价期购买后退货，再在清货期以低价再次购买的退货行为称为投机性的退货行为。这类消费者在全价期购买产品后面临以下选择：①对产品满意且保留产品；②对产品满意但退货，等待至清货期再次购买，再次购买时不再存在估值不确定的问题，然而清货期可能面临缺货；③对产品不满意直接退货。

欺诈性的退货是指消费者以退假货换真货，收到退款而取走退货产品，盗取或者伪造相关收据以此获得超额退货收益的恶劣行为（Akturk 等，2021）。

由于欺诈性的退货行为需要承担相应的法律责任，因此本书只涉及消费者常规性的退货以及在宽松的退货政策下消费者投机性的退货。

相关文献对网络购物退货的刻画主要分为以下三种情形：

（1）假设比例 $\theta \in (0，1)$ 的消费者购买产品后对产品感到满意，他们购买产品获得的效用为 v；$1-\theta$ 的消费者购买产品后对产品感到不满意，认为产品不值得购买，这类消费者购买产品获得的效用 0，这是退货文献中最常见也是学者们最常使用的退货模型刻画方法（Gao 和 Su，2016；黄宗盛等，2016；Yang 等，2017；He 等，2019；Du 等，2019；Li 等，2019；原逸超和石岿然，2020；Jin 等，2020；刘健等，2020；Xu 和 Duan，2020；Huang 和 zhang，2020；金亮等，2020；Akturk 等，2021；Huang 等，2021；查晓宇等，2022）。

（2）通过对比退款金额与估值之间的大小，进而得出其退货率。假设估值 v 服从随机分布 G，退款金额为 r，当 $v<r$ 时，消费者选择退货，得到退货可能性为 $G(r)$（Su 等，2009；Akçay 等，2012；杨光勇和计国君，2014；Liu 等，2014；张福利等，2017；Shang 等，2017；Nageswaran，2019；Altug 等，2020；王叶峰等，2020；邝云娟和傅科，2021；Li 和 Liu，2021）。

（3）直接假设退货率为 α，即退货量为市场需求的 α 倍。退货模型刻画的相关文献梳理如表 2-1 所示（Chen 和 Bell，2011；Hedari 等，2017；Radhi 和 Zhang，2019；潘文军和缪林，2020；樊相宇等，2021）。

表 2-1　退货模型刻画的相关文献梳理

序号	文献	退货刻画		
		满意概率两点分布	估值连续分布	退货率
1	Su 等（MSOM，2009）		√	
2	Chen 和 Bell（EJOR，2011）			√
3	Akçay 等（POMS，2012）		√	
4	Xiao 等（IJPE，2013）		√	
5	张霖霖和姚忠（管理科学学报，2013）			√
6	杨光勇和计国君（管理科学学报，2014）		√	
7	Liu 等（IJPE，2014）		√	
8	Gao 和 Su（MSOM，2016）	√		√
9	Altug 和 Aydinliyim（MSOM，2016）		√	
10	黄宗盛等（中国管理科学，2016）	√		
11	张福利等（管理科学学报，2017）		√	

表2-1(续)

序号	文献	退货刻画		
		满意概率 两点分布	估值连续 分布	退货率
12	Shang 等（POMS，2017）		√	
13	Hedari 等（SS，2017）			√
14	Yang 等（EJOR，2017）	√		
15	Nageswaran（MS，2019）		√	
16	He 等（IJPR，2019）	√		
17	Du 等（IJPE，2019）	√		
18	Li 等（Omega，2019）	√		
19	Radhi 和 Zhang（IJPE，2019）			√
20	原逸超和石岿然（中国管理科学，2020）	√		
21	Jin 等（IJPE，2020）	√		
22	刘健等（中国管理科学，2020）	√		
23	Xu 和 Duan（TRE，2020）	√		
24	Altug 等（MS，2020）		√	
25	Huang 和 zhang（MS，2020）	√		
26	潘文军和缪林（中国管理科学，2020）			√
27	金亮等（中国管理科学，2020）	√		
28	王叶峰 等（管理工程学报，2020）		√	
29	龚治宇和金亮（管理评论，2021）	√		
30	邝云娟和傅科（管理科学学报，2021）		√	
31	Akturk 等（Omega，2021）	√		
32	Huang 等（IJPE，2021）	√		
33	樊相宇等（中国管理科学，2021）			√
34	查晓宇等（管理工程学报，2022）	√		
35	Li 和 Liu（POMS，2021）		√	
36	金亮等（管理工程学报，2022）	√		

本书研究在消费者对产品估值不确定导致其购买到一款不满意（不喜欢、不适合）的产品而产生退货需求时，在线零售商的退货策略。本书对网络购物退货的模型刻画主要参考 Gao 和 Su 的研究：网络购物消费者对产品满意的概率服从两点分析，即有 $\theta \in (0, 1)$ 的消费者购买产品后对产品满意，获得效用 v；有 $1 - \theta$ 的消费者对产品不满意，获得效用 0。

2.1.2　退货策略选择

随着网络购物退货问题的日益突出，越来越多的消费者到线上渠道购买产品，但无法提前感知产品价值。Pavlou 等指出，这种对产品价值的不确定性成为消费者网络购物的阻碍，并且这种对产品价值的不确定性降低了其购买意愿并导致了更多的退货需求。国内外学者（姜宏，2015；段永瑞和徐建，2017；Qin 等，2016；赵思思，2017；Xu 和 Duan，2020；原逸超和石岿然，2020；王叶峰等，2020）针对消费者退货行为进行了大量研究，学者们分别从退货退款策略、退货渠道选择讨论相关的退货策略问题。

2.1.2.1　退货退款策略

一些学者通常考虑消费者产生退货需求时在线零售商的退货退款决策。Su 建立了网络购物全额退款和部分退款时的最优决策，通过对比部分退款与全额退款下零售商的绩效，发现部分退款决策更优。Ketzenberg 和 Zuidwjk 在两周期报童模型下研究了关于价格、退货策略及订货数量的联合决策问题。Xiao 等研究了在需求不确定时，消费者退货的供应链协调问题。李勇建等探讨了最优的预售策略以及退货策略的问题，并分析了在线零售商对产品需求以及消费者对产品价值不确定对在线零售商运作决策的影响。Altug 和 Aydinliyim 则在清货期无法低价获得产品时，研究了消费者寻求折扣的延迟购买如何影响在线零售商的退货政策选择，得出宽松的退货政策可能会吸引消费者在全价期购买产品的结论。李建斌和李赟探讨了无理由退货策略对在线零售商收益以及社会福利的积极影响。黄宗盛等研究了在刻画实体渠道与网络渠道双渠道零售商的销售模型下且两个渠道存在竞争的情形下，双渠道零售商最优的退货策略的选择问题。Chen 研究了在线零售商在不同渠道下的退货策略及其对渠道结构的影响问题。王宣涛等通过刻画预售与正常销售的两阶段销售环境，在同时存在短视型消费者与策略型消费者且策略型消费者存在失望厌恶情形下，对比分析了退货行为的预售收益，得出预售阶段的退货策略选择。张立功等研究了在道德风险不能避免的情况下，考虑消费者在电商环境中体验滞后带来的影响，讨论产品的颜色、外观的差异与消费者退货行为对零售商运作决策的影响。原逸超和石岿然同时考虑了策略型消费者对产品估值的不确定性和在清货期对获得产品概率的不确定性，并考虑了产品的耐用性问题，分别在不退货策略与退货策略下，通过理论预期均衡理论探讨了在线零售商的最优定价与库存决策。杨道箭和张秀杰在考虑市场需求不确定下，对比分析了退款策略、全额退款退货策略的影响。考虑到宽松的退货政策会滋生消费者的投机行为，一些学者观察到从购买到退货过程中，消费者可能存在为了特殊目的而短暂使用产品或者从交易本身攫取利益的行为（Chu 等，1998；Davis 等，1998）。Shang 等研究了消费者存在投机行为时，在线零售商的最优定价与退款策略。Alug 等在消费者投机情况下，对比分析了统一退款、目标式退款、菜单式退款三种退款策略。Ülkü 等研究了在全额退款退货保证下，部分消费者存在投机行为时，当机会主义消费者的效用随着退货时限的延长而增加时，在线零售商的最优价格与退货策略选择。在此基础上，Ülkü 和 Gürler 进一步考虑了在供应链中，消费者存在投机行为时，在线零售商的最优运作策略。

2.1.2.2 退货渠道选择

随着退货问题日益突出，相关学者开始关注在线零售商的退货渠道选择。黄宗盛等通过刻画实体渠道与网络渠道双渠道零售商的销售模型，并在两个渠道存在竞争的情形下，探讨了在仅实体渠道提供退货策略、仅网络渠道提供退货策略，两个渠道均提供退货策略与两个渠道均不提供退货策略的情况下，双渠道零售商最优的渠道提供退货策略的选择问题。Chen 和 Chen 研究了双渠道零售商在不同渠道下的退货策略及其对渠道结构的影响问题。张学龙等考虑了价格的异质性以及退货损失对消费者购买决策的影响，探讨双渠道零售商的最优定价决策与退货策略选择。Radhi 和 Zhang 考虑双渠道零售商同时通过实体店和网店销售产品，允许消费者将线上购买的不满意产品通过同渠道退货或跨渠道交叉返还到实体店，对比分析同渠道退货与跨渠道退货对在线零售商库存的影响。刘金荣等基于体验服务分别构建在线上渠道、线下渠道、线上下单、线下取货渠道下的消费者效用函数和在线零售商的利润函数利润模型，分析开设线上下单、线下取货渠道对在线零售商市场需求和收益的影响，研究在线零售商的最优定价和服务决策。潘文军和缪林分析了在线上线下跨渠道退货模式下，消费者对不同渠道的偏好行为以及产品退货率对供应链的影响。刘健等以全渠道在线零售商不同渠道的定价为背景，以消费者退货给在线零售商带来的损失为出发点，对比分析了在传统退货、线上退货、线下退货这几种不同的退货模式下，全渠道零售商的运作决策如何受到消费者退货损失的影响。

以往文献主要讨论单一退款退货策略对消费者与在线零售商的影响，较少同时考虑在线零售商在不退货策略、全额退款策略与部分退款退货策略之间的选择问题。因此，本书在不退货、全额退款、部分退款三种退货策略下，分析消费者在网络购物行为因素对在线零售商运作决策的影响，分析在线零售商的最优退货策略选择问题。

2.1.3 降低退货率的机制

退货策略虽然可以增强消费者的购买信心，但较高的退货率也增加了在线零售商的运营成本，损害了在线零售商的收益。因此，越来越多的实践者与学者致力于研究如何降低退货率、提高在线零售商的利润水平。

对于较高的退货率问题，部分学者提出"实体店看货、网上下单"的展厅机制可有效降低网络购物的退货率，提高在线零售商的收益。Gao 和 Su 研究了在全渠道环境中，在消费者对线上产品估值不确定且对线下产品的可获得性不确定时，实体展厅可以通过信息传递诱导消费者到线上渠道购买，进而在一定程度上有利于减少在线零售商的库存。Bell 等通过实证研究发现，实体展厅可以通过降低网络销售退货率来增加在线零售商的利润。刘金荣和徐琪对比分析了单一线上渠道和"线上+实体展厅"渠道下在线零售商利润模型，研究表明展厅机制在一定程度上能够降低网络购物下的退货率。龚治宇和金亮分析了在线零售商在体验店展示其线上渠道销售的产品并向消费者提供退款保证服务时，体验店价值以及不同权利结构对消费者剩余和供应链均衡的影响，发现体验渠道的引入能够吸引很多潜在消费者到体验店体验产品并降低产品退货率。在已有的相关研究中，展厅机制作为全渠道研究的一个分支，仅有较少文献从实证与信息分享的角度出发讨论了展厅的作用，但从消费者行为视角研究展厅对消费者购买决策及在线零售商运作决策的影响还比较少见。本书考虑了策略型消费者在退货保证是否存在投机行为，分析展厅机制对不同类型策略型消费者的影响，并讨论在线零售商在展厅机制下面对不同类型消费者时的运作策略。

部分学者从供应链角度出发，研究了退货保证下供应链的协调机制，探讨了如何提高整个供应链的绩效。翟春娟和李勇建探讨了制造商与在线零售商之间的三种退货处理方式对供应链收益的影响；Su 指出，在允许消费者退货时，通过区分未售产品和被退回产品，进行差异化回购的回购契约能完美协调供应链。与 Su 的研究类似，一些学者在市场需求不确定的情况下，以报童问题为背景，研究退货保证下的供应链协调问题，发现滞销补贴契约与差异化回购契约都可以有效协调供应链。申成霖、张新鑫等分析了在退货保证下，销售折扣契约对供应链协调的作用。曹细玉和宁宣熙讨论了通过奖惩机制如何实现帕累托改进。Ferguson 等认为在退货保证下，在线零售商的销售努力可以降低无理由退货率，并且讨论了奖惩机制对协调供应链的作用。李明芳等在 Ferguson 等的研究基础上，探讨了制造商和在线零售商的双向销售努力对消费者退货选择的影响，并分析了双向激励机制对协调供应链的作用。汪峻萍等针对网上销售的无缺陷退货情形，分析了价格保护契约对协调供应链的作用。Wu 等研究了在线零售商的最佳促销投入及订货问题，认为"费用分担-滞销补贴"相结合的契约可以协调供应链。Huang 和 Gu 考虑了产品剩余及退回的处理问题，分析了二级市场对供应链的协调作用。Xu 和 Li 考虑了退货时限对消费者估值的影响，在此基础上，讨论了依赖退货期限的回购契约对供应链的协调作用。表 2-2 为退货策略相关文献梳理。

表 2-2　退货策略相关文献梳理

序号	文献	消费者行为	销售阶段		退货退款策略	
			单期	两期	全额	部分
1	Su 等（MSOM，2009）		√		√	√
2	Chen 和 Bell（EJOR，2011）		√		√	
3	翟春娟和李勇建（管理工程学报，2011）		√			√
4	Akçay 等（POMS，2012）		√			√
5	Xiao 等（IJPE，2013）		√			√
6	张霖霖和姚忠（管理科学学报，2013）		√		√	
7	杨光勇和计国君（管理科学学报，2014）	√	√		√	
8	Liu 等（IJPE，2014）		√			√
9	Gao 和 Su（MSOM，2016）	√	√		√	

表2-2(续)

序号	文献	消费者行为	销售阶段		退货退款策略	
			单期	两期	全额	部分
10	Altug 和 Aydinliyim（MSOM，2016）	√		√		√
11	黄宗盛等（中国管理科学，2016）		√		√	
12	张福利等（管理科学学报，2017）	√		√		√
13	Shang 等（POMS，2017）	√	√			√
14	Yang 等（EJOR，2017）		√		√	
15	Nageswaran（MS，2019）	√	√			√
16	He 等（IJPR，2019）		√		√	
17	Du 等（IJPE，2019）	√	√			√
18	Li 等（Omega，2019）	√		√		√
19	Radhi 和 Zhang（IJPE，2019）		√		√	
20	原逸超和石岿然（中国管理科学，2020）	√		√	√	
21	Jin 等（IJPE，2020）			√	√	
22	刘健等（中国管理科学，2020）	√	√		√	
23	Xu 和 Duan（TRE，2020）	√		√	√	
24	Altug 等（MS，2020）	√	√			√
25	Huang 和 zhang（MS，2020）					√
26	潘文军和缪林（中国管理科学，2020）	√	√		√	
27	金亮等（中国管理科学，2020）		√		√	
28	王叶峰 等（管理工程学报，2020）	√		√	√	√
29	邝云娟和傅科（管理科学学报，2021）	√	√		√	
30	Akturk 等（Omega，2021）	√	√			√
31	Huang 等（IJPE，2021）	√			√	
32	樊相宇等（中国管理科学，2021）		√		√	
33	查晓宇等（管理工程学报，2022）		√		√	
34	Li 和 Liu（POMS，2021）		√		√	
35	金亮等（管理工程学报，2022）		√		√	

从表 2-2 可以看出，关于消费者行为的退货文献大多在单一销售阶段的环境中分析退货策略对在线零售商的影响，较少文章考虑在两阶段消费者环境中且在消费者行为因素影响下，退货策略对在线零售商与供应链的影响。随着市场竞争的加剧，考虑两阶段降价销售的情景更具有现实意义，并且随着市场需求和环境更加多变，消费者的购买行为成为在线零售商们在做出决策时不得不考虑的因素。本书在以上文献的基础上，分析在"全价期–降价期"两阶段销售中，消费者行为如何影响在线零售商运作决策以及退货策略的选择，为在线零售商在面对消费者复杂的行为时做出决策提供理论依据。

2.2 消费者行为

基于前面对消费者在网络购物环境中购买决策与行为的分析，本书主要考虑消费者策略性购买行为、预期后悔行为以及投机行为。

2.2.1 策略性购买行为

随着信息技术的蓬勃发展与普及，消费者获取信息的途径不断丰富，可以预期到在线零售商未来的折扣促销活动，因此有动机持币等待至产品价格较低时再购买，但可能面临产品缺货的情况。我们将消费者持币等待以低价购买产品的行为称为策略性购买行为，并且将这类持币等待至降价时再购买的消费者称为策略型消费者（倪得兵等，2004；倪得兵和唐小我，2009；刘昕，2007；Fisher 和 Raman，2010；朱桂阳等，2018；王桦和官振中，2018；王桦，2019）。策略型消费者会综合各种途径搜寻关于产品价格、库存、折扣活动等信息，并对未来市场上产品价格和库存情况形成理性预期，通过比较在产品原价销售时购买和在产品折扣销售时购买获得产品的效用，选择最大化其自身收益的购买时机（Krishna，1994）。近年来，策略型消费者成为运营管理领域研究的热点，关于策略型消费者的文献已层出不穷。Coase 作为最早研究策略型消费者的学者，分析了消费者策略性购买行为对耐用品定价策略以及在线零售商利润的影响。随后，学者们从消费者效用函数出发，通过分析消费者策略性购买行为对市场需求的影响，进而探讨在线零售商最优的库存和定价决策。

针对策略型消费者对在线零售商库存或定价决策的影响，相关学者通常将价格视为外生变量，分析在线零售商采取何种订货策略来缓解策略型消费者对在线零售商绩效的不利影响。Cachon 和 Swinney 证明了快速响应机制对缓解策略型消费者对在线零售商的不利影响的重要作用。Cachon 等在市场需求不确定的情况下，研究了快速反应机制和强化设计机制如何缓解消费者策略行为，从而降低策略型消费者的不利影响。王夏阳等研究清货期价格随库存变化时，在线零售商分别在估值定价和保留价格定价两种策略下的库存决策问题。Su 认为在线零售商可以利用消费者对产品估值与耐心的异质性制定最优的定价策略，从而引导策略型消费者选择合适的购买时间。Aviv 和 Pazgal 考虑了在固定折扣定价以及库存影响定价两种定价模式下，消费者策略性购买行为对在线零售商收益的影响。Liu 和 Zhang 分析了策略型消费者对在线零售商收益的影响以及企业在竞争环境下的动态定价问题。Cachon 和 Feldman 研究了在有策略型消费者的情况下，在线零售商最大化其收益的定价决策。Yu 等研究了策略型消费者对产品的评价对在线零售商动态定价策略的影响。徐雅卿在考虑库有限库存水平时，研究了策略型消费者对在线零售商定价决策的影响。Kremer 和 Mantin 等根据需求市场中策略型消费者的比例分析了在线零售商的最优定价结构。Li 等考虑了在线零售商同时销售新旧两代产品时，策略型消费者对在线零售商定价策略的影响，并发现在第二阶段销售中，在线零售商总有推荐旧产品的动机。Gerardo 研究了策略型消费者对垄断型在线零售商定价决策的影响。Yang 等考虑了在线零售商（不）预告产品价格两种情形，研究了策略型消费者在不同情形下的策略选择。

针对策略型消费者对在线零售商定价与库存联合决策的影响，Liu 和 van Ryzin 发现在线零售商可以通过制造库存配给风险，从而刺激策略型消费者选择在全价期立即购买，通过分析库存配给风险策略下的定价和库存决策，发现该策略有利于提高在线零售商的利润。刘晓峰和黄沛从 Stackelberg 博弈模型出发，在存在消费者策略性购买行为时，分别在需求确定和不确定的情形下，研究垄断性在线零售商的最优定价与库存决策。Du 等发现在单周期销售中，价格补偿策略在一定程度上有利于缓解消费者的策略性购买行为。Wu 等研究了策略型消费者对在线零售商的最优定价与订货决策联合影响的问题。李辉和齐二石基于构建的报童模型，研究了在线零售商分别在采取预售与不采取预售两种策略下的最优的预售价格和库存量。邱若臻和李旭阁分析了在线零售商的库存信息共享和隐藏两种库存披露策略,讨论当消费者在具有策略性行为时,在线零售商的库存披露策略选择以及最优定价和库存决策。

针对策略型消费者对供应链的影响,李娟等研究了在市场需求不确定的情况下,消费者策略性购买行为如何影响在线零售商回购契约下的收益。Su 和 Zhang 最先基于理性预期均衡理论,研究在线零售商最优的定价和订货的联合决策,同时分析数量承诺策略和价格承诺策略如何影响供应链的绩效。随后,Su 和 Zhang 进一步分析了在理性预期均衡下,在清算阶段产品的可获得性对消费者市场需求的影响。Su 分析了全额退款策略和部分退款策略对在线零售商、供应商、供应链绩效的影响,并且探讨了在消费者退货下回购契约对协调供应链的作用。李钢和魏峰在需求不确定的市场情况下,探讨了在价格补偿策略下策略型消费者如何影响供应链绩效。王夏阳和赵婷探讨了批发价格契约和回购契约如何影响供应链绩效,得出占优策略。张新鑫等在考虑消费者策略性购买的前提下,讨论了回购契约与 CVaR 如何影响供应链的绩效。徐兵和熊志建分别在分散供应链和集中供应链下,探讨了短视型消费者和策略型消费者对供应链各成员绩效的影响。Yang 等考虑了消费者策略性购买行为,探讨快速响应机制对供应商和在线零售商收益以及供应链绩效的影响。Papanastasiou 和 Savva 考虑了社会学习的影响,分析受其影响下的在线零售商的定价决策与消费者的策略性购买行为,以及消费者策略性购买行为对在线零售商定价决策的影响。王桦等在市场需求随机并且当短视型消费者、求廉者和策略型消费者三种类型消费者同时存在的情形下,探讨了集中式和分散化决策对在线零售商、供应商以及供应链绩效的影响以及如何协调供应链。

上述文献主要分析消费者单一行为因素对在线零售商运作决策的影响。随着信息技术的发展、市场竞争的加剧,消费者能通过多种渠道购买到不同种类的产品,这导致消费者的行为方式更加复杂,越来越多的策略型消费者趋于非完全理性,即不但具有策略性购买行为,还具有其他行为。在拥有巨大不确定性的市场环境中,如何分析消费者的购买行为,消除消费者行为对利润的不利影响,或利用消费者行为获得更好的收益,成为在线零售商进行决策时不得不考虑的因素。

Liu 和 van Ryzin 研究了价格变化与消费者的失望厌恶程度对在线零售商最优配给量的影响。徐贤浩等在 Liu 和 van Ryzin 的基础上,将模型扩展至策略型消费者和非策略型消费者并存的情形，考虑了风险偏好对消费者购买决策的影响，得出限量补给策略在一定程度上可以缓解消费者的策略性等待。王桦和官振中研究了在短视型消费者和策略型消费者同时存在与需求不确定的市场中，考虑策略型消费者受到失望厌恶行为影响时，在线零售商在两阶段销售单一产品的库存决策问题。杨道箭等研究了当策略型消费者还存在风险偏好时，消费者行为对供应链绩效的影响。黄松等在策略型消费者受到风险偏好行为因素的影响时，探讨了报童在线零售商在两阶段中的最优定价和订货的联合决策，以及供应链各成员利润的变化，在此基础上进一步探讨了收益共享契约和数量折扣契约在考虑消费者行为下如何协调供应链。王宣涛等进一步分析了消费者策略购买行为如何影响着在线零售商的运作决策，以及对在线零售商、供应商、供应链绩效的影响。申成霖等在在线零售商具有损失规避行为时，或者策略型消费者存在风险偏好行为时，探讨了消费者行为对在线零售商、供应商、供应链绩效的影响，发现收益共享契约在此情境中可以协调供应链。陈志松基于前景理论，探讨了策略型消费者行为对供应链绩效的影响，并且进一步讨论了收益共享契约对供应链的协调作用。王涛等分析了策略型消费者在进行购买决策时具有风险偏好时，消费者行为对在线零售商、供应商、供应链绩效的影响。李晴晴等基于理性预期均衡，在需求随机下降价（提价）两阶段销售模式中，探讨了考虑消费者策略性行为下供应商的运作决策。

上述研究表明，关于策略型消费者的相关研究主要集中在策略型消费者完全理性与非理性的情形下，分析消费者策略性购买行为对在线零售商、供应商与供应链的影响，以及相关的缓解消费者策略性购买行为的机制。与本书相关的研究是考虑策略型消费者非理性时，运用理性预期均衡理论分析在线零售商的最优定价与库存决策。同时，本书考虑当在线零售商允许退货时，退货策略下产品在清货期的库存增加，会加剧消费者策略性购买；在此基础上，分析在线零售商受到非理性策略型消费者影响下最优的退款退货决策。

2.2.2 预期后悔行为

在学术界，消费者后悔预期作为一种心理特征，首先引起了心理学者们的注意。心理学领域对预期后悔进行了研究（Kahnema 和 Tversky，1982；Kahnema 和 Miller，1986；Landman，1987；Arkes 等，2002）。

Bell 意识到后悔影响着人们的认知。Loomes 和 Sugden 将预期后悔纳入经济决策理论，并解释了一些标准预期效用理论无法解释的选择异常。Roese 认为后悔源自反事实思维，即当决策者将未选择行为下的结果与已选择行为下的结果相对比，发现结果本可以更好时就会感到后悔。Inmann 等指出消费者后悔是比较所选择产品与服务的实际结果放弃产品与服务的实际结果的心理状态。Zeelenberg 界定了后悔的概念并发现预期到未来可能存在的后悔将显著影响决策主体的决策。

大量实验数据表明，在许多情况下，预期后悔会显著影响人们的决定，比如谈判（Larrick 和 Boles，1995）、赌博（Zeelenberg 等，1996）和交通违规（Parker 等，1996）。众多学者的实验研究表明，后悔预期行为因素会诱导消费者做出更为安全的选择。Larrick、Boles、Hepburn、Irons 则认为预期后悔会驱使消费者追逐高风险。银成钺和于洪彦通过实验，探索了冲动性购买如何受到预期后悔的影响。同时，Bell、Loomes、Sugden、Lemon、Zeelenberg、Pieters 等也研究了预期后悔对消费者购买决策的影响，Cooke 等研究消费者在预期后下的购买时机选择，Simonson 研究了消费者受预期后悔影响时在品牌名称和价格之间进行的权衡，Inmann 等分析了预期后悔影响下，消费者的彩票购买选择、电话服务的选择、电脑购买选择。

以上研究仅局限于分析预期后悔行为对消费者个体行为决策的影响。近年来，一些学者开始在运营管理领域关注预期后悔对消费者的影响，分析其对消费者购买决策及在线零售商运作决策的影响，主要从产品种类选择与购买时机决策两方面分析预期后悔对消费者与在线零售商的零售：①消费者在选择产品种类时，预期选择某一类产品而放弃另一类产品时，可能因效用损失而感到后悔；②消费者在决策购买时机时，预期选择在某一时期购买而放弃在另一时期购买，可能因效用损失而感到后悔。

部分消费者在做出购买决策时，存在对产品购买时机选择的后悔：①部分学者从产品预售模式出发，分析消费者对预售期与现货期的选择。Nasiry 和 Popescu 考虑了在产品预售情形下，根据是否做出购买行动而将预期后悔划分为"行动后悔"和"放弃后悔"两种类型，分析在线零售商利润以及消费者购买决策如何受到消费者预期后悔行为的影响。Diecidue 等讨论消费者预期后悔对其在预售期购买还是在现货期购买时机选择及在线零售商利润的影响，并发现了消费者的错误预期会降低其期望效用。

②考虑产品价格与库存刺激下产生的预期后悔行为对消费者购买决策与在线零售商运作决策的影响，部分学者从产品清算降价出发，分析消费者对全价期与清货期的选择。Zhou 和 Gu 研究了消费者预期后悔对其冲动性购买行为的影响，并分析了产品的最优价格与降价幅度。Özer 和 Zheng 分析了在两阶段销售中，消费者会因为在全价期购买后由于支付高价而产生"高价后悔"的现象；在清货期时，消费者会由于产品缺货而产生"缺货后悔"的现象，探讨了在天天低价和降价两种销售模式下，消费者这两种预期后悔行为对零售商定价与消费者购买决策的影响。张晋菁和张艳研究了在线零售商在两阶段销售中消费者预期后悔行为时的定价与库存决策。Adida 和 Özer 发现降价在线零售商忽略消费者的预期后悔可能面临高达20%的利润损失，且在竞争市场中降价在线零售商忽略消费者预期后悔可能让利给天天平价在线零售商。

消费者在选择不同产品时，会因为放弃某产品而后悔。Syam 等用博弈模型研究了消费者预期后悔对其选择定制化产品与标准化产品这两类水平差异化产品之间的影响。研究发现，预期后悔程度越高，消费者越倾向于购买不可定制的产品，并且这种行为会随着产品供给量的增加而减少。在此基础上，Jiang 等开创性地提出了消费者预期后悔时效用损失的定量计算公式，推导了消费者预期后悔时购买新旧产品下的净效用，分析了消费者转换购买后悔和重复购买后悔对其购买决策以及企业创新的影响。研究发现，预期后悔可以通过缓解竞争来实现既获者和进入者的双赢，从而促进进入者的产品创新。Chao 等在概率销售模式下分析了消费者预期后悔对产品销售价格以及在线零售商利润的影响。刘维奇和张晋菁研究了在双寡头垄断市场中，双寡头垄断市场中企业的动态价格竞争和利润，根据消费者在两种产品中的选择行为，将预期后悔分为切换后悔和重复后悔，分析在竞争的市场环境中，消费者预期后悔行为对在线零售商利润的影响。Kuang 和 Ng 探讨了在线零售商在消费预期后悔行为下对替代品的定价决策，分析得出动态定价策略次于价格承诺策略。周家文和邓丽在市场需求不确定的情形下，运用贝叶斯更新分析了消费者的预期后悔对其购买决策以及企业利润的影响。张念和李会鹏等根据消费者对折扣产品的偏好，将策略型消费者分为高低两种偏好类型，探讨了存在放弃购买后悔和选择购买后悔两种预期后悔下，后悔敏感系数对价格的影响。段永瑞和徐超等构建了由在位者（旧产品）和进入者（新产品）组成的竞争市场模型，在消费者对新产品质量不了解的情况下，讨论了转换购买后悔和重复购买后悔两种预期后悔如何影响新产品创新和在线零售商利润。Zou 等发现了消费者在选择垂直差异化高低质量两类产品时，往往在购买前对他们真实的需求与产品的价值是不确定的；在此基础上，将预期后悔分为"低质量购买后悔"与"高质量购买后悔"，并讨论预期后悔对产品质量设计与在线零售商利润的影响以及退货策略对缓解预期后悔的影响。高鹏等通过刻画都不领导、由原制造商领导、由独立再制造商来领导的三种权力结构下的分析模型，根据对再制造品的偏好不同将消费者分为高低两种偏好类型，探讨了再制造商进入市场后所形成的竞争型再制造供应链如何受到消费者放弃购买后悔和选择购买后悔的影响。在此基础上，高鹏等考虑了再制造供应链的模型，探讨了消费者预期后悔行为对供应链的影响。

由此可知，关于消费者预期后悔的研究从心理学领域萌芽，相关学者通过实证研究分析了预期后悔对消费者个体行为的影响。随着探究的深入，学者们开始从运营管理领域关注预期后悔对消费者购买决策与在线零售商运作决策的影响。虽然已有研究将消费者策略性购买行为与预期后悔行为相结合，并考虑在两阶段销售中策略型消费者是选择立即购买还是持币等待时，其购买时机选择受到预期后悔的影响。但目前未有研究在在线零售商允许消费者退货会增加下一阶段产品库存时，讨论策略型消费者预期后悔行为与在线零售商退货策略的相互影响。针对这一方面，本书考虑了退货策略对策略型消费者预期后悔行为产生的影响，进而探讨策略型消费者在两阶段销售中的预期后悔行为如何影响在线零售商的决策与利润。

2.2.3 投机行为

投机行为的相关研究源于交易成本理论，任何交易方只要有机会，都有可能投机（Gibbons，2010；张闯和徐佳，2018）。营销、金融领域相关的学者对投机行为进行了丰富的研究（Hess 等，1996；Chu 等，1998；Davis 等，1998）。随后，Wathne 和 Heide、刘宏等指出投机行为是人们在交易的过程中，以不正当、不诚信的手段谋取自身利益最大化的行为，并且损害了交易对方的利益。

近年来，运作管理领域的学者也开始关注消费者在退货保证下的投机行为。Ülkü 等在全额退款退货保证下，部分消费者存在投机行为且当机会主义消费者的效用随着退货时限的延长而增加时，探讨在线零售商的最优运作策略。在此基础上，Ülkü 和 Gürler 进一步考虑了在供应链中消费者存在投机行为时，在线零售商的最优运作策略。Shang 等考虑了消费者为了某一特殊用途而购买产品，短期使用该产品后，在允许退货期限内将产品退回的情形，研究了当消费者存在目的性的购买并退货的投机行为时，零售商的最优定价与退款策略。Alug 等在消费者投机下，对比分析了统一退款、目标式退款、菜单式退款三种退款策略。

本书在消费者为了提高自身收益、牺牲对方利润而存在投机行为的基础上，进一步探讨在退货保证下，消费者为了某一目的而在购买后退货的投机行为对在线零售商的退货策略选择的影响。

2.3 考虑消费者行为因素的退货研究

近年来，相关学者不仅从消费者退货需求出发，单一考虑退货策略对在线零售商运营决策以及消费者购买决策的影响，还考虑消费者行为因素对在线零售商退货策略的影响，杨光勇等、Gao 和 Su、Altug 和 Aydinliyim、Qin 等、张福利等、原逸超和石岿然、王叶峰等、Huang 等研究了消费者的策略性购买行为对在线零售商的影响。Xu 和 Duan 研究了消费者的策略性购买与失望厌恶行为对在线零售商运作决策的影响。邝云娟和傅科研究了消费者的策略性购买与预期后悔行为对在线零售商运作决策的影响。考虑到消费者在退货保证下的投机行为，Ülkü 等、Ülkü 和 Gürler、Shang 等、Alug 等研究了消费者利用宽松的退货政策，为了某一目的购买并退货的投机行为对在线零售商的影响。本书主要考虑消费者在网络购物时，在两阶段销售环境中，其策略性购买行为、预期后悔行为与投机行为对在线零售商退货策略的影响。

杨光勇等研究了策略型消费者存在时，退回产品的处理方式对在线零售商退货策略的影响。Gao 和 Su 研究了消费者策略性选择线上还是线下渠道时，全渠道在线零售商在退货策略下的信息分享机制。Altug 和 Aydinliyim 研究了消费者策略性购买行为对在线零售商退货策略的影响。Qin 等通过对比是否提供退货策略，分析了在策略型消费者存在的情况下，退货策略对在线零售商利润的影响。原逸超和石岿然基于理性预期均衡理论，在在线零售商对产品退回后有四种不同处理方式的情况下，研究了消费者的策略性购买行为对退货策略的影响。原逸超和石岿然应用理性预期均衡理论构建了两阶段销售模型，对比分析了在线零售商分别在是否允许无缺陷退货的两种模式下的运作策略。Xu 和 Duan 在存在策略性购买与失望厌恶行为时，分析了退货策略对在线零售商利润的影响。Huang 等研究了消费者的策略性购买程度对在线零售商退货策略的影响，分析了在不同策略性程度下，退货保证的最优提供时期。在此基础上，邝云娟和傅科考虑了在单期随机需求环境中，策略型消费者的预期后悔行为对其购买决策与在线零售商定价与订货决策的影响。

考虑到宽松的退货保证滋生了消费者的投机行为，一些学者观察到从购买到退货过程中，消费者可能存在为了特殊目的而短暂使用产品或者从交易本身攫取利益的行为（Chu 等，1998；Davis 等，1998）。Ülkü 等在全额退款退货保证下，在部分消费者存在投机行为时，分析当机会主义消费者的效用随着退货时限的延长而增加时，在线零售商的最优运作决策与最优退货策略选择。在此基础上，Ülkü 和 Gürler 进一步考虑了在供应链中消费者存在投机行为时，在线零售商的最优运作策略。Shang 等研究了消费者存在投机行为时，在线零售商的最优定价与退款策略。赵骞等指出，消费者投机行为是指消费者利用商家宽松的退货政策，在购买产品并使用一段时间后有目的性地退回产品的行为，这种恶意退货行为会造成商家退货率上升、收益受损等问题。Alug 等在消费者投机的情况下，对比分析了统一退款、目标式退款、菜单式退款三种退款策略。

考虑消费者行为的退货文献梳理如表 2-3 所示。从表 2-3 可以看出，比较多的文献仅考虑消费者单一行为因素对在线零售商的退货策略影响。但随着市场竞争的加剧，消费者的购买行为也更加复杂多变，甚至会随在线零售商运作策略的变化发生改变。同时，当消费者行为发生改变时，在线零售商的决策又会随之发生变化，因此有必要研究在变化的市场环境中消费者行为对在线零售商决策的影响，从而为在线零售商在消费者行为变化下的决策提供依据。

综上，以上关于退货的研究主要集中考虑消费者对线上产品估值不确定时，在线零售商提出的相关退货策略以及其他的运作机制缓解消费者对产品的估值不确定。较少研究同时考虑消费者的其他非理性行为，与本书最相关的文献是在线零售商面对策略型消费者失望时的退货策略选择（Xu 和 Duan，2020）。与之不同的是，本书还同时考虑策略型消费者在两阶段网络销售环境中存在预期后悔行为，分析其对在线零售商的影响；进一步探讨在退货策略下，消费者存在"有目的地购买并退货"的投机行为时，在线零售商的退货策略选择。本书考虑在两阶段网络销售环境中，分析在线零售商退货策略与消费者行为之间的影响。

表2-3 考虑消费者行为的退货文献梳理

序号	退货文献	消费者行为						
		策略性	预期后悔	投机	失望厌恶	渠道偏好	信任	非理性
1	杨光勇和计国君（管理科学学报，2014）	√						
2	Gao 和 Su（MSOM，2016）	√						
3	Altug 和 Aydinliyim（MSOM，2016）	√						
4	黄宗盛等（中国管理科学，2016）							√
5	张福利等（管理科学学报，2017）	√						
6	Shang 等（POMS，2017）			√				
7	Nageswaran（MS，2019）						√	
8	Du 等（IJPE，2019）				√			
9	Li 等（Omega，2019）	√						
10	原逸超和石岿然（中国管理科学，2020）	√						
11	刘健等（中国管理科学，2020）					√		
12	Xu 和 Duan（TRE，2020）	√			√			
13	Altug 等（MS，2020）				√			
14	潘文军和缪林（中国管理科学，2020）					√		
15	王叶峰等（管理工程学报，2020）	√						
16	邝云娟和傅科（管理科学学报，2021）	√	√					
17	Akturk 等（Omega，2021）			√				
18	Huang 等（IJPE，2021）	√						

2.4 文献评述

（1）关于考虑退货策略的相关文献，以往研究主要从退货退款策略、退货渠道策略两方面进行分析。本书主要考虑在线零售商的退货退款策略选择，现有的相关研究主要讨论部分单一退款退货策略与不退货策略之间的对比，较少同时考虑在线零售商在全额退款策略与部分退款退货策略之间的选择。本书同时考虑不退货、全额退款、部分退款三种退货策略，对比分析在线零售商在不同退货策略下的运作决策，分析在线零售商的最优退货策略选择问题。

（2）关于考虑消费者行为的退货相关文献，主要集中在考虑在线零售商提供退货保证对消费者购买行为及在线零售商运作决策的影响，部分文献还考虑了消费者行为，比如消费者的损失厌恶行为。同时，已有的退货研究在考虑策略型消费者时，重点关注的是消费者对产品估值的不确定性以及可获得性不确定，但较少有文章在考虑消费者策略性购买的基础上，同时考虑其在进行购买决策前受到策略性购买下衍生的其他行为因素的影响，也并未分析消费者不同行为因素对其购买决策以及在线零售商利润的影响。

（3）关于考虑消费者退货原因的退货相关文献，以往研究主要是考虑消费者网络购物时，由于估值不确定而产生的退货需求的常规性退货。近年来，Shang 等、Alug 等学者也指出了消费者还存在利用商家宽松的退货政策，为了特殊目的在购买产品后再有目的地退回产品的投机性退货。本书在以上文献的基础上，通过考虑消费者策略性购买行为、预期后悔行为、投机行为对在线零售商退货策略选择的影响，同时探索消费者常规性退货与投机性退货对在线零售商的影响，并且基于不同行为因素对不同退货策略下的消费者类型进行划分，探讨在线零售商在不同定价模式下市场覆盖策略选择的问题。

综上，本书以网络购物为背景，综合考虑消费者在网络购物过程中存在策略性购买行为、预期后悔行为、投机行为，提出不退货、全额退款、部分退款三种退货策略，探索消费者行为因素与在线零售商退货策略之间的影响，分析消费者行为因素对在线零售商的最优退货策略的影响，旨在为在线零售商的退货策略以及运作策略提供借鉴。

3 存在策略型消费者时 在线零售商退货策略研究

3.1 引言

随着市场竞争的加剧，以天猫"双 11"、京东"6·18"等为代表的网络购物折扣节下的价格折扣促销活动已经成为在线零售商们吸引顾客积极购买，从而获取更多收益的重要手段。信息技术的发展，使策略型消费者能综合考虑产品价格、可获得性等因素，通过比较在产品原价销售时购买和在产品折扣销售时购买获得产品的效用，选择最大化其自身收益的购买时机。毕马威的调查发现，在网络购物中，考虑到产品未来的折扣与可能会发生降价的情况，仅有 7% 的消费者愿意支付较高的价格在全价期直接购买产品。Aviv 和 Pazgal、Du 等的研究表明：若在线零售商在运作过程中，忽视消费者的策略性购买行为，将会面临较大的利润损失。然而，在退货策略下，退货保证虽然增加了消费者购买产品所获得的效用，增强了消费者的购买信心，吸引消费者在全价期购买，但是由于退货的产品通常可以在清货期再次销售，提高了产品在清货期的可获得性，消费者会等待至清货期再购买产品。因此，在两阶段销售中，当全价期退回的商品可在清货期再次销售时，退货策略究竟是加剧了消费者的策略性等待行为还是缓解了这种行为呢？

随着消费者的购买行为更加多变与复杂，在拥有巨大不确定性的市场环境中，消费者策略性行为成为在线零售商进行决策时不得不考虑的因素。当消费者对产品的估值不确定并且具有策略性购买行为时，退货策略能缓解消费者对产品的估值不确定、提高消费者效用（效用提升效应），刺激消费者在全价期购买，也可能提高产品在清货期的可获得性，进而加剧消费者的策略性等待行为（抑制购买效应），刺激消费者等待至清货期再购买。那么，在线零售商应该如何权衡呢？因此本章研究的重点是：消费者策略性购买行为如何影响在线零售商退货策略的选择？

本章根据消费者是否具有策略性购买行为，将消费者分为策略型消费者与短视型消费者，首先分析了不考虑消费者策略性购买行为，即所有消费者均为短视型消费者时，产品估值不确定对其购买决策以及在线零售商利润的影响；其次考虑消费者策略性购买行为，即所有消费者均为策略型消费者时，策略性购买行为对其购买决策以及在线零售商运作决策的影响；最后探讨在策略型消费者与短视型消费者同时存在时，在线零售商在不同退货策略下的市场覆盖策略选择，得到其最优的退货策略选择。本章的研究内容逻辑图如图 3-1 所示。

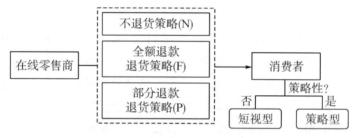

图 3-1　本章的研究内容逻辑图

关于考虑消费者策略性购买行为时在线零售商的退货策略的影响研究，杨光勇研究了策略型消费者存在时，退回产品的处理方式对在线零售商退货策略的影响。Altug 和 Aydinliyim 研究了消费者策略性购买行为对在线零售商退货策略的影响。Gao 和 Su 研究了消费者策略性选择线上还是线下渠道时，全渠道在线零售商在退货策略下的信息分享机制。Qin 等在策略型消费者存在时，对比分析是否提供退货策略对在线零售商利润的影响。Chen 等研究了在线零售商在不同渠道下的退货策略及其对渠道结构的影响问题。张福利等基于理性预期均衡理论，且在线零售商在考虑产品退回后有四种不同处理方式时，研究了消费者的策略性购买行为如何影响在线零售商的退货策略选择。原逸超和石岩然在策略型消费者存在无缺陷退货行为时，应用理性预期均衡理论构建了两期决策模型，对比分析了在（不）允许无缺陷退货两种模式下在线零售商的运作策略。Xu 和 Duan 在策略性购买行为与失望厌恶行为存在时，分析了退货策略对在线零售商利润的影响。Huang 等研究了消费者的策略性购买程度对在线零售商退货策略的影响，分析了在不同策略性程度下，退货保证的最优提供时期。在此基础上，邝云娟和傅科在单期随机需求环境中，分析策略型消费者的预期后悔行为对其购买决策与在线零售商定价与订货决策的影响。以上关于策略型消费者退货的文献重点分析了消费者的策略性购买行为对在线零售商利润以及退货策略的影响，较少考虑当同时存在策略型消费者与短视型消费者时，在线零售商的最优退货策略以及市场覆盖策略选择。

本章的内容安排如下：3.2 节是相关的模型描述与构建；3.3 节分析了消费者无策略性购买行为时，在线零售商的最优退货策略；3.4 节分析了消费者有策略性购买行为时，在线零售商的最优退货策略；3.5 节分析了当（不）具有策略性购买行为的消费者同时存在时，在线零售商的最优退货策略选择；3.6 节运用数值模拟的方法分析不同退货策略如何影响在线零售商最优的价格、库存与利润；3.7 节是本章小结。

3.2　模型描述与构建

本章在短视型消费者与策略型消费者同时存在时，分析在线零售商在不确定的市场需求环境下，在全价销售的全价期和折扣销售的清货期两个时期里销售单一产品。清货期的清货价 s 外生给定，在线零售商需在销售季节开始前给定全价期的零售价 p 以及订购量 q，单位产品采购成本为 c，且 $p > c > s > 0$。假设生产提前期较长，在线零售商只有一次订货机会。

消费者在获得产品前，对产品是否满意是不确定的。本书参考 Gao 和 Su 的文章，用 $\theta \in [0, 1]$ 表示消费者对产品满意的可能性（下文称产品匹配率）。假设消费者对产品最终价值的评价有两种可能，高价值 v 和低价值 0，其可能性分别为 θ 和 $1 - \theta$，即消费者对产品满意时产品的价值为 v，消费者对产品不满意时产品的价值为 0。ω 为消费者保留价格，也称为消费者在全价期购买产品所愿支付的最高价格，且 $\omega < v$，η 为在线零售商预测的消费者保留价格，ξ 为消费者预测能在清货期买到降价产品的可能性。本书假定每个消费者至多只购买一个单位的产品。

市场需求连续且随机，用 X 表示，相应的概率分布和概率密度函数分别为 $F(x)$ 和 $f(x)$，且 $f(x)$ 连续可微，其中 $\bar{F}(x) = 1 - F(x)$。依据消费者是否存在策略性购买行为，本书将市场中的消费者划分为策略型消费者与短视型消费者。参考 Xu 和 Duan 的研究，策略型消费者的比例为 φ，策略型消费者通过比较全价期购买和清货期购买产品所获得的效用，以及清货期可获得产品的概率决定购买时机；短视型消费者的比例为 $\tilde{\varphi} = 1 - \varphi$，只要在全价期购买产品获得的效用大于 0，短视型消费者就会选择购买产品，否则离开市场。当市场中仅存在短视型消费者时，$\varphi = 0$；当市场中仅存在策略型消费者时，$\varphi = 1$；当市场中同时存在两类消费者时，$0 < \varphi < 1$。

在不退货策略下，消费者在全价期能确定性地购买到产品，因此在全价期购买的期望效用为 $\theta v - p$，策略型消费者在清货期获得产品的概率为 ξ。

（1）不考虑消费者行为时，消费者购买产品所获得的期望效用为：$\theta(v - p) + (1 - \theta)(0 - p)$。

（2）考虑消费者策略性购买行为时，策略型消费者在全价期购买的期望效用为 $\theta(v - p) + (1 - \theta)(0 - p)$，在清货期购买的期望效用为 $\xi[\theta(v - s) + (1 - \theta)(0 - s)]$。

在退货策略下，只允许消费者对全价期购买的产品进行退货，并获得全额退款，退回的产品可以在清货期以清货价再次销售，但清货期的产品不允许退货（李勇建等，2012；汪峻萍等，2013；Qin 等，2016；Xu 和 Duan，2020），这也与现实中特价产品不退不换相符合。参考原逸超和石岿然的文章，退货的消费者不会再进入清货期购买产品。因此在全额退款退货策略下：

（1）不考虑消费者行为时，消费者购买产品所获得的期望效用为：$\theta(v - p) + (1 - \theta)(0 - 0)$。

（2）考虑消费者策略性购买行为时，策略型消费者在全价期购买的期望效用为 $\theta(v - p) + (1 - \theta)(0 - 0)$，在清货期购买的期望效用为 $\xi[\theta(v - s) + (1 - \theta)(0 - s)]$。

同理，在部分退款退货策略下，参考相关学者的文献（Su，2009；Shang 等，2017；Altug 等，2021）可知，退货的消费者将收到退款 $r(r < p)$，则消费者退货需付出退货成本 $(p - r)$。为后文分析方便，令 $r = ap$，其中，为 a 退款率，则消费者退货需要付出的成本为 $(1 - a)p$。

（1）不考虑消费者行为时，消费者购买产品所获得的期望效用为：$\theta(v - p) + (1 - \theta)(0 - p + ap)$。

（2）考虑消费者策略性购买行为时，策略型消费者在全价期购买的期望效用为 $\theta(v-p)-(1-\theta)(1-a)p$，在清货期购买的期望效用为 $\xi[\theta(v-s)+(1-\theta)(0-s)]$。

3.3　消费者无策略性购买行为时的退货策略

在线零售商只允许对全价期购买的产品进行退货，清货期的产品不允许退货。因此，为了更好地分析退货策略对消费者以及在线零售商的影响，本节考虑所有消费者在全价期到达，只要效用大于 0，消费者就会购买产品。

3.3.1　不退货策略下（情形 N）

消费者的期望效用为

$$U_M^N = \theta v - p \tag{3-1}$$

消费者对产品的最高保留价格为

$$\omega_M^N = \theta v$$

在线零售商的期望收益函数为

$$\Pi^N = (p-s)\mathrm{E}(X \wedge q) - (c-s)q \tag{3-2}$$

本章通过理性预期理论（Muth，1961）探讨在线零售商与消费者之间的均衡问题。

定义 3-1　在不退货策略下，在线零售商与消费者之间的理性预期均衡 $(p_M^N, q_M^N, \omega_M^N, \eta_M^N)$ 满足条件：① $\omega_M^N = \theta v$，② $p_M^N = \eta_M^N$，③ $q_M^N = \arg\max_q \Pi(q_M^N, p_M^N)$，④ $\eta_M^N = \omega_M^N$。

命题 3-1　在不退货策略下，在线零售商采用部分覆盖策略，最优零售价 p_M^{N*} 与订购量 q_M^{N*} 分别为

$$p_M^{N*} = \theta v, \quad \overline{F}(q_M^{N*}) = \frac{c-s}{\theta v - s}$$

3.3.2　全额退款退货策略下（情形 F）

消费者期望效用为

$$U_M^F = \theta(v-p) \tag{3-3}$$

消费者对产品的最高保留价格为

$$\omega_M^F = v$$

在线零售商的期望收益函数为

$$\Pi^F = \theta(p - s)\mathrm{E}(X \wedge q) - (c - s)q \qquad (3\text{-}4)$$

定义 3-2 在全额退款退货策略下，在线零售商与消费者的预期均衡 $(p_M^F, q_M^F, \omega_M^F, \eta_M^F)$ 满足条件：① $\omega_M^F = v$，② $p_M^F = \eta_M^F$，③ $q_M^F = \arg\max_q \Pi(q_M^F, p_M^F)$，④ $\eta_M^F = \omega_M^F$。

命题 3-2 在全额退款退货策略下，最优零售价 p_M^{F*} 与订购量 q_M^{F*} 分别为

$$p_M^{F*} = v, \ \bar{F}(q_M^{F*}) = \frac{c - s}{\theta(v - s)}$$

3.3.3 部分退款退货策略下（情形 P）

短视型消费者期望效用为

$$U_M^P = \theta(v - p) - (1 - \theta)(1 - a)p \qquad (3\text{-}5)$$

短视型消费者对产品的最高保留价格为

$$\omega_M^P = \frac{\theta v}{1 - a + a\theta}$$

在线零售商的期望收益函数为

$$\Pi^P = (p((1 - a)(1 - \theta) + \theta) - s\theta)\mathrm{E}(X \wedge q) - (c - s)q \qquad (3\text{-}6)$$

定义 3-3 在部分退款退货策略下，在线零售商与消费者的预期均衡 $(p_M^P, q_M^P, \omega_M^P, \eta_M^P)$ 满足条件：① $\omega_M^P = v$，② $p_M^P = \eta_M^P$，③ $q_M^P = \arg\max_q \Pi(q_M^P, p_M^P)$，④ $\eta_M^P = \omega_M^P$。

命题 3-3 在部分退款退货策略下，最优零售价 p_M^{P*} 与订购量 q_M^{P*} 分别为

$$p_M^{P*} = \frac{\theta v}{1 - a + a\theta}, \ \bar{F}(q_M^{P*}) = \frac{c - s}{\theta(v - s)}$$

3.3.4 退货策略选择

命题 3-4 $p_M^{F*} > p_M^{P*} > p_M^{N*}$；$q_M^{F*} > q_M^{P*} > q_M^{N*}$；$\Pi_M^{F*} > \Pi_M^{P*} > \Pi_M^{N*}$。

命题 3-4 表明，当消费者不具有策略行为时，在线零售商提供全额退款退货策略能获得更高的利润，这是因为退货策略提高了消费者在全价期

立即购买时所能获得的效用，消费者在退货保证下愿意支付更高的保留价格来购买产品。同时，随着退款金额提高，消费者对产品的最高保留增加，市场需求也随之增加，在线零售商的利润提高。在全额退款退货保证下，在线零售商的利润最大。

3.4　消费者有策略性购买行为时的退货策略

3.4.1　不退货策略下（情形 N）

策略型消费者在全价期与清货期购买产品的期望效用分别为

$$U_{1S}^N = \theta v - p \tag{3-7}$$

$$U_{2S}^N = \xi(\theta v - s) \tag{3-8}$$

只有当全价期的效用大于清货期的效用时，即 $\theta v - p \geqslant \xi_S^N(\theta v - s)$ 时，消费者才会选择在全价期购买。因此，在清货期能购买到产品的可能性为 ξ_S^N 下，策略型消费者对产品的最高保留价格为：$\omega_S^N = \theta v - \xi_S^N(\theta v - s)$。

定义 3-4　在不退货策略下，在线零售商与消费者的理性预期均衡 $(p_S^N, q_S^N, \omega_S^N, \xi_S^N, \eta_S^N)$ 满足条件：① $\omega_S^N = \theta v - \xi_S^N(\theta v - s)$，② $p_S^N = \eta_S^N$，③ $q_S^N = \arg\max_q \Pi(q_S^N, p_S^N)$，④ $\xi_S^N = F(q_S^N)$，⑤ $\eta_S^N = \omega_S^N$。

在线零售商的期望收益函数为

$$\Pi^N = (p - s)\mathrm{E}(X \wedge q) - (c - s)q \tag{3-9}$$

命题 3-5　在不退货策略下，最优零售价 p_S^{N*} 与订购量 q_S^{N*} 分别为

$$p_S^{N*} = \sqrt{(s-c)(s-\theta v)} + s, \quad \bar{F}(q_S^{N*}) = \frac{c-s}{\sqrt{(s-c)(s-\theta v)}}$$

其中，θ 需满足 $\theta > \dfrac{s}{v}$。

3.4.2　全额退款退货策略下（情形 F）

策略型消费者在全价期与清货期购买产品的期望效用分别为

$$U_{1S}^F = \theta(v - p) \tag{3-10}$$

$$U_{2S}^F = \xi(\theta v - s) \tag{3-11}$$

只有当全价期的效用大于清货期的效用时，即 $\theta(v - p) \geqslant \xi_S^F(\theta v - s)$ 时，

消费者才会选择在全价期购买。因此，在清货期能购买到产品的可能性为 ξ_S^R 下，策略型消费者对产品的最高保留价格为：$\omega_S^F = v - \dfrac{\xi_S^F(\theta v - s)}{\theta}$。

在线零售商的期望收益函数为

$$\Pi^F = \theta(p - s)\mathrm{E}(X \wedge q) - (c - s)q \qquad (3\text{-}12)$$

定义 3-5 在全额退款退货策略下，在线零售商与消费者的预期均衡 $(p_S^F,\ q_S^F,\ \omega_S^F,\ \xi_S^F,\ \eta_S^F)$ 满足条件：① $\omega_S^F = v - \dfrac{\xi_S^F(\theta v - s)}{\theta}$，② $p_S^F = \eta_S^F$，③ $q_S^F = \arg\max_q \Pi(q_S^F,\ p_S^F)$，④ $\xi_S^F = F(q_S^F) + (1 - \theta)\overline{F}(q_S^F)$，⑤ $\eta_S^F = \omega_S^F$。

命题 3-6 在全额退款退货策略下，最优零售价 p_S^{F*} 与订购量 q_S^{F*} 分别为

$$p_S^{F*} = \frac{\sqrt{-4\theta s(c + \theta v) + 4c\theta^2 v + (\theta + 1)^2 s^2} + \theta s + s}{2\theta}$$

$$\overline{F}(q_S^{F*}) = \frac{2(c - s)}{\sqrt{-4\theta s(c + \theta v) + 4c\theta^2 v + (\theta + 1)^2 s^2} - \theta s + s}$$

其中，θ 需满足 $4\theta^2 v(c - s) + (\theta + 1)^2 s^2 > 4\theta sc$。

3.4.3 部分退款退货策略下（情形 P）

策略型消费者在全价期与清货期购买产品的期望效用分别为

$$U_{1S}^P = \theta(v - p) - (1 - \theta)(1 - a)p \qquad (3\text{-}13)$$

$$U_{2S}^P = \xi(\theta v - s) \qquad (3\text{-}14)$$

策略型消费者进行购买决策时只考虑产品的经济效用，只有当全价期效用大于清货期效用时，即 $\theta v - (1 - a + a\theta)p \geq \xi_S^P(\theta v - s)$ 时，消费者才会选择在全价期购买后保留产品。因此，在清货期获得产品的概率为 ξ_S^P 下，策略型消费者对产品的最高保留价格为：$\omega_S^P = \dfrac{v\theta + \xi_S^P(s - v\theta)}{1 - a + a\theta}$。

在线零售商的期望收益函数为

$$\Pi^P = (p((1 - a)(1 - \theta) + \theta) - s\theta)\mathrm{E}(X \wedge q) - (c - s)q \quad (3\text{-}15)$$

定义 3-6 在部分退款退货策略下，在线零售商与消费者的预期均衡 $(p_S^P,\ q_S^P,\ \omega_S^P,\ \xi_S^P,\ \eta_S^P)$ 满足条件：① $\omega_S^P = \dfrac{v\theta + \xi_S^P(s - v\theta)}{1 - a + a\theta}$，② $p_S^P = \eta_S^P$，③ $q_S^P = \arg\max_q \Pi(q_S^P,\ p_S^P)$，④ $\xi_S^P = F(q_S^P) + (1 - \theta)\overline{F}(q_S^P)$，⑤ $\eta_S^P = \omega_S^P$。

命题 3-7 在部分退款退货策略下，最优零售价 p_S^{P*} 与订购量 q_S^{P*} 分别为

$$p_S^{P*} = \frac{\sqrt{(1+a(\theta-1))^2(4cv\theta^2+s^2(1+\theta)^2-4s\theta(c+v\theta))}+s(1+\theta+a(\theta^2-1))}{2(1+a(\theta-1))^2}$$

$$\bar{F}(q_S^{P*}) = \frac{2(c-s)(1+a(\theta-1))}{\sqrt{(1+a(\theta-1))^2(4cv\theta^2+s^2(1+\theta)^2-4s\theta(c+v\theta))}-s(1+a(\theta-1))(\theta-1)}$$

其中，θ 需满足 $4cv\theta^2 + s^2(1+\theta)^2 > 4s\theta(c+v\theta)$。

3.4.4 退货策略选择

命题 3-8 ① $p_S^F > p_S^N > p_S^P$；

② 当 $0 < \theta < \theta_s$ 时，$q_S^F = q_S^P > q_S^N$；当 $\theta_s < \theta < 1$ 时，$q_S^F = q_S^P < q_S^N$；

③ 当 $0 < a < a_s$ 时，$\Pi_S^F > \Pi_S^N > \Pi_S^P$；当 $a_s < a < 1$ 时，$\Pi_S^F > \Pi_S^P > \Pi_S^N$。

命题 3-8 表明，在受到消费者策略性购买的影响下，全额退款退货策略下的销售价格最高。当产品匹配率较低时，不退货策略下的订购量最低；当产品匹配率较高时，不退货策略下的订购量最低，但全额退款退货策略下的利润最高。在线零售商应提供全额退款退货保证，以增强消费者的购买信心，刺激消费者购买，从而提高在线零售商的收益。这是因为全额退款退货保证能最大化消费者在全价期购买产品所获得的效用。虽然退回的产品能在清货期再次销售，但全额退款退货策略能够提高消费者在全价期购买产品所获得的效用。消费者在全额退款退货策略下，愿意支付更高的价格，进而增加了在线零售商的收益。退货策略虽然能增加策略型消费者在全价期购买所获得的效用，刺激消费者在全价期购买，在一定程度上缓解了消费者的策略性购买行为，但是当退货增多且退回的商品可在清货期再次销售时，退货策略增加了产品在清货期的可获得性，这又在一定程度上加剧了消费者的策略性购买行为、因此，当产品匹配率较低时，退货策略在提升促进消费者购买方面作用显著，刺激了消费者购买，增加了市场需求，进而提高了订购量。然而，随着产品匹配率的增加，消费者的策略性购买行为加剧，在线零售商为了缓解消费者的策略性购买行为，会主动降低订购量，以刺激消费者在全价期购买。

3.5 存在混合型消费者时的退货策略

3.5.1 不退货策略下（情形 N）

策略型消费者在全价期购买与清货期购买产品的期望效用分别为

$$U_{1S}^N = \theta v - p \tag{3-16}$$

$$U_{2S}^N = \xi(\theta v - s) \tag{3-17}$$

只有当全价期的效用大于清货期的效用时，即 $\theta v - p \geq \xi_S^N(\theta v - s)$ 时，策略型消费者才会选择在全价期立即购买产品。因此，在清货期能购买到产品的可能性为 ξ_S^N 下，策略型消费者对产品的最高保留价格为：$\omega_S^N = \theta v - \xi_S^N(\theta v - s)$。

只要全价期效用大于 0，短视消费者就会购买产品，因此短视型消费者对产品的最高保留价格为：$\omega_M^N = \theta v$。

命题 3-9 $\omega_M^N > \omega_S^N$。若零售价 $p = \omega_M^N$，在线零售商采用部分覆盖策略，市场目标为短视型消费者；若零售价 $p = \omega_S^N$，在线零售商采用完全覆盖策略，市场目标为策略型消费者与短视型消费者。

命题 3-9 表明，在不退货策略下，短视型消费者为高价值消费者，这是因为策略型消费者会意识到未来可能以较低的价格买到产品但也可能缺货，最终会权衡不同购买时机下的效用以做出购买决策。这类消费者更关注产品价格，只有当全价期销售价格较低且在全价期购买能获得更大的效用时，策略型消费者才会选择在全价期立即购买，因此策略型消费者对产品的最高保留价格低于短视型消费者的最高保留价格。

在线零售商的期望收益函数为

$$\Pi_i^N = (p_i - s)\mathrm{E}(X_i \wedge q_i) - (c - s)q_i \tag{3-18}$$

其中，$x \wedge y = \min\{x, y\}$，$i = \{u, m\}$ 表示的是部分覆盖策略和完全覆盖策略，$X_u = \tilde{\varphi}X$，$X_m = X$。

定义 3-7 （1）当 $p = \omega_S^N$ 时，在线零售商采用完全覆盖策略，在线零售商与策略型消费者的理性预期均衡 $(p_{Sm}^N, q_{Sm}^N, \omega_{Sm}^N, \xi_{Sm}^N, \eta_{Sm}^N)$ 满足条件：① $\omega_{Sm}^N = \theta v - \xi_{Sm}^N(\theta v - s)$，② $p_{Sm}^N = \eta_{Sm}^N$，③ $q_{Sm}^N = \arg\max_q \Pi(q_{Sm}^N, p_{Sm}^N)$，④ $\xi_{Sm}^N = F(q_{Sm}^N)$，⑤ $\eta_{Sm}^N = \omega_{Sm}^N$。

（2）当 $p = \omega_M^N$ 时，在线零售商采用部分覆盖策略，在线零售商与短视型消费者之间预期均衡（p_{Mu}^N, q_{Mu}^N, ω_{Mu}^N, η_{Mu}^N）满足条件：① $\omega_{Mu}^N = \theta v$，② $p_{Mu}^N = \eta_{Mu}^N$，③ $q_{Mu}^N = \arg\max_q \Pi(q_{Mu}^N, p_{Mu}^N)$，④ $\eta_{Mu}^N = \omega_{Mu}^N$。

定义 3-7 表明，为了最大限度地攫取消费者剩余，在线零售商的定价应该与消费者的保留价格相等，并且在最大限度攫取消费者剩余的条件下，在线零售商应该制定使其利润最大化的订购量。

命题 3-10 不退货策略下，在线零售商的均衡结果如下：

（1）当 $p = \omega_S^N$ 时，采用完全覆盖策略，最优零售价 p_{Sm}^{N*} 与订购量 q_{Sm}^{N*} 分别为

$$p_{Sm}^{N*} = \sqrt{(s - c)(s - \theta v)} + s, \quad \overline{F}(q_{Sm}^{N*}) = \frac{c - s}{\sqrt{(s - c)(s - \theta v)}}$$

其中，θ 需满足 $\theta > \dfrac{s}{v}$。

（2）当 $p = \omega_M^N$ 时，采用部分覆盖策略，最优零售价 p_{Mu}^{N*} 与订购量 q_{Mu}^{N*} 分别为

$$p_{Mu}^{N*} = \theta v, \quad \overline{F}\left(\frac{q_{Mu}^{N*}}{\tilde{\varphi}}\right) = \frac{c - s}{\theta v - s}$$

命题 3-10 指出了在不退货策略下，在线零售商采用不同市场覆盖策略时的最优零售价与订货量。同时，命题 3-10 也表明，无论产品匹配率高低，在线零售商采用市场部分覆盖策略下的最优零售价高于市场完全覆盖下的最优零售价。当市场目标为两种类型的消费者时，在线零售商采用市场完全覆盖策略，在制定最优零售价与订购量时需考虑产品的单位成本、残值，消费者估值以及产品匹配率；但当市场目标仅为短视型消费者时，在线零售商采用市场部分覆盖策略，在制定最优零售价时仅需考虑产品匹配率与消费者估值，但在制定最优订购量时需考虑产品的单位成本、清算价，消费者估值以及产品匹配率等因素的影响。

命题 3-11 不退货策略下，存在 $\tilde{\varphi}^{N*}$。当 $\tilde{\varphi} > \tilde{\varphi}^{N*}$ 时，$\Pi_u^{N*} > \Pi_m^{N*}$；当 $\tilde{\varphi} < \tilde{\varphi}^{N*}$ 时，$\Pi_u^{N*} < \Pi_m^{N*}$，此时

$$\tilde{\varphi}^{N*} = \frac{(p_m^{N*} - s)\displaystyle\int_0^{q_m^{N*}} \overline{F}(x)\,\mathrm{d}x - (c - s)(q_m^{N*} - q_u^{N*})}{(p_u^{N*} - s)\displaystyle\int_0^{q_u^{N*}} \overline{F}(x)\,\mathrm{d}x}$$

命题 3-11 表明，在不退货策略下，当短视型消费者的比例超过了一定的数值时，在线零售商实施市场部分覆盖策略能够获得更高的利润。因为部分覆盖策略下的零售价相对更高，在线零售商的边际利润高于完全覆盖策略下的边际利润。当短视型消费者的比例高于一定的数值时，通过制定更高的零售价实施部分覆盖策略只能保证短视型消费者获得更高的利润。否则，在线零售商会降低零售价满足两种类型消费者的需求，以获得更高的利润。在线零售商的市场覆盖策略选择如图 3-2 所示。

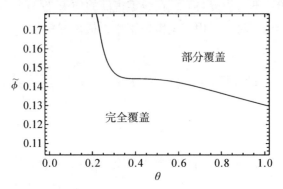

图 3-2 不退货策略下在线零售商的市场覆盖策略

接下来，本节用数值模拟的方法分析在不退货策略下，消费者对产品估值不确定对在线零售商最优利润的影响。$\theta \neq 1$，表明消费者做出购买决策时受到产品估值不确定下产品的影响；$\theta = 1$，表明消费者做出购买决策时不受产品估值不确定下产品的影响。令 $\delta_M^N = \dfrac{\Pi_M^{N*}(\theta \neq 1) - \Pi_M^{N*}(\theta = 1)}{\Pi_M^{N*}(\theta = 1)}$

与 $\delta_S^N = \dfrac{\Pi_S^{N*}(\theta \neq 1) - \Pi_S^{N*}(\theta = 1)}{\Pi_S^{N*}(\theta = 1)}$ 分别表示短视型消费者与策略型消费者对在线零售商最优利润的影响，具体如图 3-3 所示。

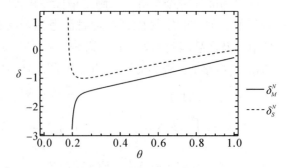

图 3-3 不退货策略下产品匹配率对在线零售商利润的影响

由图 3-3 可知，在不退货策略下，消费者对产品估值的不确定性降低了在线零售商的最优利润；但消费者策略性购买行为降低了在线零售商的损失，并且随着产品匹配率的增加，利润损失程度降低幅度减小。这是因为产品估值的不确定性阻碍了消费者购买，但是当消费者存在策略性购买行为时，这类消费者会策略性地等待降价至清货期再购买。虽然估值不确定性降低了消费者在清货期购买产品所获得的效用，但是清货期价格降低在一定程度上增加了消费者购买产品所获得的效用。当降价所导致的效用增量高于估值不确定所导致的效用损失时，消费者会提高其在全价期支付意愿，这在一定程度上降低了在线零售商的利润损失。同时，当不确定性程度降低，即产品匹配率增加时，效用损失将进一步降低，会在一定程度上有利于吸引策略性消费者购买产品，进而缓解对在线零售商利润的不利影响。

以上的分析表明，消费者对产品估值的不确定对在线零售商的利润造成了很大损失，但消费者的策略性购买行为缓解了估值不确定性对在线零售商利润的不利影响。

3.5.2 全额退款退货策略下（情形 F）

在全额退款退货策略下，只允许消费者对全价期购买的产品进行退货，并获得全额退款，退回的产品可以在清货期以清货价再次销售，但清货期的产品不允许退货，这也与现实中特价产品不退不换相符合。参考原逸超和石岿然的文献，本书认为，退货的消费者不会再进入清货期购买产品。

策略型消费者在全价期购买与清货期购买产品的期望效用分别为

$$U_{1S}^{F} = \theta(v - p) \tag{3-19}$$

$$U_{2S}^{F} = \xi(\theta v - s) \tag{3-20}$$

只有当全价期的效用大于清货期的效用时，即 $\theta(v - p) \geqslant \xi_{S}^{F}(\theta v - s)$ 时，策略型消费者才会选择在全价期立即购买。因此，在清货期能购买到产品的可能性为 ξ_{S}^{F} 下，策略型消费者对产品的最高保留价格为：$\omega_{S}^{F} = v - \dfrac{\xi_{S}^{F}(\theta v - s)}{\theta}$。

与在不退货策略下类似，只要全价期效用大于 0，短视型消费者就会购买产品，因此短视型消费者对产品的最高保留价格为：$\omega_{M}^{F} = v$。

命题3-12 $\omega_M^F > \omega_S^F$，若零售价 $p = \omega_M^F$，在线零售商采用部分覆盖策略，市场目标为短视型消费者；若零售价 $p = \omega_S^F$，在线零售商采用完全覆盖策略，市场目标为策略型消费者与短视型消费者。

命题3-12表明，在退货策略下，短视型消费者仍为高价值消费者。这是因为虽然保证了消费者退回不满意的产品，提高了消费者购买产品所获得的效用，全价期的短视型消费者只要发现购买所获得的效用大于0，就会选择购买，但是策略型消费者会比较不同购买时机下的效用以做出购买决策。只有当全价期立即购买时的效用高于清货期的效用时，策略型消费者才会购买产品；当清货期效用大于0时，在线零售商需要进一步降低全价期的产品销售价格，才有可能诱导策略型消费者全价期内购买产品。因此策略型消费者对产品的最高保留价格低于短视型消费者对产品的最高保留价格。

在退货策略下，在线零售商允许消费者退货能吸引消费者线上购买。虽然退货保证增加了策略型消费者的线上购买欲望，但由于退货增多，退回的产品可以在清货期二次销售，增加了在线零售商在清货期的产品库存，进而提高了产品在清货期的可获得性，加剧了策略型消费者的等待行为。因此，退货策略是否能够增加在线零售商的利润有待商榷。此时，在线零售商的期望收益函数为

$$\Pi_i^F = \theta(p_i - s)\mathrm{E}(X_i \wedge q_i) - (c - s)q_i \tag{3-21}$$

其中，$x \wedge y = \min\{x, y\}$，$i = \{u, m\}$ 表示的是部分覆盖策略和完全覆盖策略，$X_u = \tilde{\varphi}X$，$X_m = X$。

定义3-8 （1）当 $p = \omega_S^F$ 时，市场完全覆盖策略下，在线零售商与策略型消费者的理性预期均衡 $(p_{Sm}^F, q_{Sm}^F, \omega_{Sm}^F, \xi_{Sm}^F, \eta_{Sm}^F)$ 满足条件：① $\omega_{Sm}^F = v - \dfrac{\xi_{Sm}^F(\theta v - s)}{\theta}$，② $p_{Sm}^F = \eta_{Sm}^F$，③ $q_{Sm}^F = \arg\max_q \Pi(q_{Sm}^F, p_{Sm}^F)$，④ $\xi_{Sm}^F = F(q_{Sm}^F) + (1 - \theta)\overline{F}(q_{Sm}^F)$，⑤ $\eta_{Sm}^F = \omega_{Sm}^F$。

（2）当 $p = \omega_M^F$ 时，市场部分覆盖策略下，在线零售商与策略型消费者的理性预期均衡 $(p_{Mu}^F, q_{Mu}^F, \omega_{Mu}^F, \eta_{Mu}^F)$ 满足条件：① $\omega_{Mu}^F = v$，② $p_{Mu}^F = \eta_{Mu}^F$，③ $q_{Mu}^F = \arg\max_q \Pi(q_{Mu}^F, p_{Mu}^F)$，④ $\eta_{Mu}^F = \omega_{Mu}^F$。

命题3-13 在全额退款退货策略下，在线零售商的均衡结果如下：

（1）当 $p = \omega_S^F$ 时，采用完全覆盖策略时，最优零售价 p_{Sm}^{F*} 与订购量 q_{Sm}^{F*} 分别为

$$p_{Sm}^{F*} = \frac{\sqrt{-4\theta s(c + \theta v) + 4c\theta^2 v + (\theta + 1)^2 s^2} + \theta s + s}{2\theta}$$

$$\bar{F}(q_{Sm}^{F*}) = \frac{2(c - s)}{\sqrt{-4\theta s(c + \theta v) + 4c\theta^2 v + (\theta + 1)^2 s^2} - \theta s + s}$$

其中，$4\theta^2 v(c - s) + (\theta + 1)^2 s^2 > 4\theta s c$。

（2）当 $p = \omega_M^F$ 时，采用部分覆盖策略时，最优零售价 p_{Mu}^{F*} 与订购量 q_{Mu}^{F*} 分别为

$$p_{Mu}^{F*} = v, \quad \bar{F}\left(\frac{q_{Mu}^{F*}}{\tilde{\varphi}}\right) = \frac{c - s}{\theta(v - s)}$$

命题 3-13 指出了在退货策略下，在线零售商采用不同市场覆盖策略时的最优决策变量。

命题 3-14 退货策略下，存在 $\tilde{\varphi}^{F*}$。当 $\tilde{\varphi} > \tilde{\varphi}^{F*}$ 时，$\Pi_u^{F*} > \Pi_m^{F*}$；当 $\tilde{\varphi} < \tilde{\varphi}^{F*}$ 时，$\Pi_u^{F*} < \Pi_m^{F*}$，此时

$$\tilde{\varphi}^{F*} = \frac{\theta(p_m^{F*} - s)\int_0^{q_m^{F*}} \bar{F}(x)\,dx - (c - s)(q_m^{F*} - q_u^{F*})}{\theta(p_u^{F*} - s)\int_0^{q_u^{F*}} \bar{F}(x)\,dx}$$

命题 3-14 表明，在退货策略下，当短视型消费者的比例超过了一定的数值时，在线零售商实施市场部分覆盖策略能够获得更高的利润。因为部分覆盖策略下的零售价相对更高，在线零售商的边际利润高于完全覆盖策略下的零售价。当短视型消费者的比例高于一定的数值时，通过制定更高的零售价实施部分覆盖策略只满足短视型消费者能获得更高的利润。否则，在线零售商会以降低零售价的方式满足两种类型消费者的需求，以获得更高的利润。全额退款退货策略下在线零售商的市场覆盖策略如图 3-4 所示。

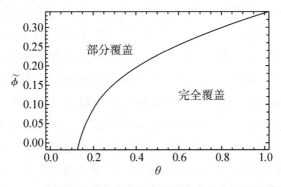

图 3-4　全额退款退货策略下在线零售商的市场覆盖策略

接下来，本节用数值模拟的方法分析在全额退款退货策略下，消费者对产品估值不确定对在线零售商最优利润的影响。$\theta \neq 1$，表明消费者做出购买决策时受到产品估值不确定下产品的影响；$\theta = 1$，表明消费者做出购买决策时不受产品估值不确定下产品的影响。令 $\delta_M^F = \dfrac{\Pi_M^{F*}(\theta \neq 1) - \Pi_M^F(\theta = 1)}{\Pi_M^{F*}(\theta = 1)}$

与 $\delta_S^F = \dfrac{\Pi_S^{F*}(\theta \neq 1) - \Pi_S^{F*}(\theta = 1)}{\Pi_S^{F*}(\theta = 1)}$ 分别表示短视型消费者与策略型消费者对在线零售商最优利润的影响，具体如图 3-5 所示。

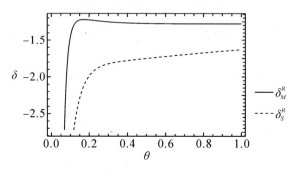

图 3-5　全额退款退货策略下产品匹配率对在线零售商利润的影响

由图 3-5 可知，在全额退款退货策略下，消费者对产品估值的不确定性降低了在线零售商的最优利润；策略性购买行为可能会加剧在线零售商的损失，但随着产品匹配率的提高，利润损失程度有所降低。与张福利等的分析类似，在退货策略下，消费者的策略性购买行为损害了在线零售商的收益。这是因为在全额退款退货策略下，消费者退货不存在退货损失，这提高了策略型消费者购买后不满意对商品退货的可能性。但是退回的商品只能在清货期进行销售，当在线零售商从销售产品中获得的利润增加小于因退货而产生的损失增量时，在线零售商的利润有所下降。同时，虽然退货策略缓解了产品估值不确定性的不利影响，增加了消费者在全价期购买所获得的效用，刺激了消费者在全价期购买产品，缓解了消费者的策略性购买行为（效用提升效应），但是在退货策略下，退回的产品可在清货期再次销售，提高了产品在清货期的可获得性，这又在一定程度上加剧了消费者的策略性购买行为（抑制购买效应）。当退货增多，消费者在预期在产品降低时仍能购买到的概率增加时，消费者会降低其在全价期的支付意愿，这在一定程度上降低了在线零售商的利润。

以上的分析表明，消费者对产品估值的不确定以及策略性购买行为对在线零售商的利润造成了很大损失，因此在线零售商在进行决策时，不仅不能忽略产品估值的不确定的不利影响，还要考虑消费者的策略性购买行为，采取最合适的市场覆盖策略，以获得更高的利润。

3.5.3 部分退款退货策略下（情形 P）

在部分退款退货策略下，策略型消费者在全价期购买与清货期购买产品的期望效用分别为

$$U_{1S}^{P} = \theta(v - p) - (1 - \theta)(1 - a)p \tag{3-22}$$

$$U_{2S}^{P} = \xi(\theta v - s) \tag{3-23}$$

策略消费者进行购买决策时只考虑产品的经济效用，只有当全价期效用大于清货期效用时，即 $\theta v - (1 - a + a\theta)p \geqslant \xi_S^P(\theta v - s)$ 时，消费者才会选择在全价期购买后保留产品。因此，在清货期获得产品的概率为 ξ_S^P 下，策略型消费者对产品的最高保留价格为：$\omega_S^P = \dfrac{v\theta + \xi_S^P(s - v\theta)}{1 - a + a\theta}$。

与在不退货策略下类似，只要全价期效用大于 0，短视型消费者就会购买产品，因此短视型消费者对产品的最高保留价格为

$$\omega_M^P = \frac{\theta v}{1 - a + a\theta}。$$

命题3-15 $\omega_M^P > \omega_S^P$，若零售价 $p = \omega_M^P$，在线零售商采用部分覆盖策略，市场目标为短视型消费者；若零售价 $p = \omega_S^P$，在线零售商采用完全覆盖策略，市场目标为策略型消费者与短视型消费者。

命题3-15表明，在部分退款退货策略下，短视型消费者对产品的最高保留价格高于策略型消费者，短视型消费者仍为高价值类型，策略型消费者仍为低价值类型。

在部分退款退货策略下，在线零售商允许消费者退货能吸引消费者线上购买，虽然退货保证增加了策略型消费者的线上购买欲望，但由于退货增多，退回的产品可以在清货期二次销售，增加了在线零售商在清货期的产品库存，进而提高了产品在清货期的可获得性，加剧了策略型消费者的等待行为。因此，退货策略是否能够增加在线零售商的利润有待商榷。此时，在线零售商的期望收益函数为

$$\Pi_i^P = (p_i((1-a)(1-\theta)+\theta)-s\theta)E(X_i \wedge q_i)-(c-s)q_i$$

$$(3\text{-}24)$$

其中，$x \wedge y = \min\{x, y\}$，$i = \{u, m\}$ 表示的是部分覆盖策略和完全覆盖策略，$X_u = \tilde{\varphi}X$，$X_m = X$。

定义 3-9 （1）当 $p = \omega_S^P$ 时，市场完全覆盖策略下，在线零售商与策略型消费者的理性预期均衡 $(p_{Sm}^P, q_{Sm}^P, \omega_{Sm}^P, \xi_{Sm}^P, \eta_{Sm}^P)$ 满足条件：① $\omega_{Sm}^P = \dfrac{v\theta + \xi_{Sm}^P(s-v\theta)}{1-a+a\theta}$，② $p_{Sm}^P = \eta_{Sm}^P$，③ $q_{Sm}^P = \arg\max_q \Pi(q_{Sm}^P, p_{Sm}^P)$，④ $\xi_{Sm}^P = F(q_{Sm}^P) + (1-\theta)\bar{F}(q_{Sm}^P)$，⑤ $\eta_{Sm}^P = \omega_{Sm}^P$。

（2）当 $p = \omega_M^P$ 时，市场部分覆盖策略下，在线零售商与策略型消费者的理性预期均衡 $(p_{Mu}^P, q_{Mu}^P, \omega_{Mu}^P, \eta_{Mu}^P)$ 满足条件：① $\omega_{Mu}^P = \dfrac{\theta v}{1-a+a\theta}$，② $p_{Mu}^P = \eta_{Mu}^P$，③ $q_{Mu}^P = \arg\max_q \Pi(q_{Mu}^P, p_{Mu}^P)$，④ $\eta_{Mu}^P = \omega_{Mu}^P$。

命题 3-16 在部分退款退货策略下，在线零售商的均衡结果如下：

（1）当 $p = \omega_S^P$ 时，采用完全覆盖策略，最优零售价 p_{Sm}^{P*} 与订购量 q_{Sm}^{P*} 分别为

$$p_{Sm}^{P*} = \frac{\sqrt{(1+a(\theta-1))^2(4cv\theta^2+s^2(1+\theta)^2-4s\theta(c+v\theta))}+s(1+\theta+a(\theta^2-1))}{2(1+a(\theta-1))^2}$$

$$\bar{F}(q_{Sm}^{P*}) = \frac{2(c-s)(1+a(\theta-1))}{\sqrt{(1+a(\theta-1))^2(4cv\theta^2+s^2(1+\theta)^2-4s\theta(c+v\theta))}-s(1+a(\theta-1))(\theta-1)}$$

其中，θ 需满足 $4cv\theta^2 + s^2(1+\theta)^2 > 4s\theta(c+v\theta)$。

（2）当 $p = \omega_M^P$ 时，采用部分覆盖策略，最优零售价 p_{Mu}^{P*} 与订购量 q_{Mu}^{P*} 为：$p_{Mu}^{P*} = \dfrac{\theta v}{1-a+a\theta}$，$\bar{F}(\dfrac{q_{Mu}^{P*}}{\tilde{\varphi}}) = \dfrac{c-s}{\theta(v-s)}$。

命题 3-16 指出了在部分退款退货策略下，在线零售商采用不同市场覆盖策略时的最优决策变量。

命题 3-17 在部分退款退货策略下，存在 $\tilde{\varphi}^{P*}$。当 $\tilde{\varphi} > \tilde{\varphi}^{P*}$ 时，$\Pi_u^{P*} > \Pi_m^{P*}$；当 $\tilde{\varphi} < \tilde{\varphi}^{P*}$ 时，$\Pi_u^{P*} < \Pi_m^{P*}$，此时 $\tilde{\varphi}^{P*} = $

$$\frac{(p_m^{P*}((1-a)(1-\theta)+\theta)-s\theta)\displaystyle\int_0^{q_m^{P*}}\bar{F}(x)\mathrm{d}x-(c-s)(q_m^{P*}-q_u^{P*})}{(p_u^{P*}((1-a)(1-\theta)+\theta)-s\theta)\displaystyle\int_0^{q_u^{P*}}\bar{F}(x)\mathrm{d}x}。$$

命题 3-17 表明，在部分退款退货策略下，当短视型消费者的比例超过了一定的数值时，在线零售商实施市场部分覆盖策略能够获得更高的利润。因为部分覆盖策略下的零售价相对更高，在线零售商的边际利润高于完全覆盖策略下的边际利润。当短视型消费者的比例高于一定的数值时，通过制定更高的零售价实施部分覆盖策略只满足短视型消费者能获得更高的利润。否则，在线零售商会降低零售价满足两种类型消费者的需求，以获得更高的利润。部分退款退货策略下在线零售商的市场覆盖策略如图 3-6 所示。

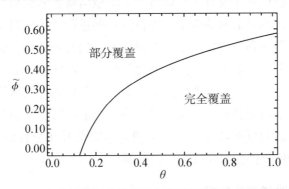

图 3-6　部分退款退货策略下在线零售商的市场覆盖策略

接下来，本节用数值模拟的方法分析在退货策略下，消费者对产品估值不确定对在线零售商最优利润的影响。$\theta \neq 1$，表明消费者做出购买决策时受到产品估值不确定下产品的影响；$\theta = 1$，表明消费者做出购买决策时不受产品估值不确定下产品的影响。令 $\delta_M^P = \dfrac{\Pi_M^{P*}(\theta \neq 1) - \Pi_M^{P*}(\theta = 1)}{\Pi_M^{P*}(\theta = 1)}$ 与

$\delta_S^P = \dfrac{\Pi_S^{P*}(\theta \neq 1) - \Pi_S^{P*}(\theta = 1)}{\Pi_S^{P*}(\theta = 1)}$ 分别表示短视型消费者与策略型消费者对

在线零售商最优利润的影响，具体如图 3-7 所示。

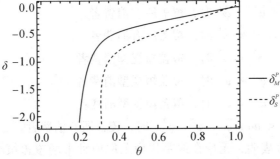

图 3-7　部分退款退货策略下产品匹配率对在线零售商利润的影响

由图 3-7 可知，在部分退款退货策略下，消费者对产品估值的不确定性降低了在线零售商的最优利润；策略性购买行为进一步加剧在线零售商的损失，但随着产品匹配率的增加，利润损失程度有所降低。

与张福利等的分析类似，当消费者在网络购物下对产品估值存在不确定时，只要在线零售商提供退货保证，消费者的策略性购买行为在允许退货的情形下损害了在线零售商的收益。这是因为在退货策略下，消费者退货的退货损失较低甚至没有，这提高了策略型消费者购买后不满意对商品退货的可能性，但是退回的商品只能在清货期进行销售。当在线零售商从销售产品中获得的利润增加小于由于退货而产生的损失增量时，在线零售商的利润有所下降。本节假设：在退货策略下，退回的产品可在清货期再次销售，因此退货在一定程度提高了产品在清货期的可获得性，这又在一定程度上加剧了消费者的策略性购买行为。当退货增多，消费者预期在清货期购买到产品的可能性提高时，消费者会降低其在全价期的支付意愿，这又在一定程度上降低了在线零售商利润。

3.5.4　退货策略选择

在上述研究的基础上，下面进一步探讨同时存在策略型消费者与短视型消费者时，在线零售商的退货策略以及市场覆盖策略选择，分析产品匹配率与短视型消费者比例对在线零售商运作策略的影响。

命题 3-18　无论在线零售商采取哪种市场覆盖策略，在线零售商总是会选择全额退款退货策略。在线零售商的市场覆盖策略选择如下：

（1）当 $\tilde{\varphi} > \max\{\tilde{\varphi}^N, \tilde{\varphi}^P, \tilde{\varphi}^F\}$ 时，覆盖短视型消费者。

（2）当 $\min\{\tilde{\varphi}^N, \tilde{\varphi}^P, \tilde{\varphi}^F\} < \tilde{\varphi} < \max\{\tilde{\varphi}^N, \tilde{\varphi}^P, \tilde{\varphi}^F\}$ 时，

① 当 $\tilde{\varphi}^N < \tilde{\varphi}^P < \tilde{\varphi}^F$ 时，覆盖所有消费者。

② 当 $\tilde{\varphi}^N < \tilde{\varphi}^P < \tilde{\varphi}^F$ 时，覆盖所有消费者。

③ 当 $\tilde{\varphi}^P < \tilde{\varphi}^N < \tilde{\varphi}^F$ 时，覆盖所有消费者。

④ 当 $\tilde{\varphi}^P < \tilde{\varphi}^F < \tilde{\varphi}^N$ 时，覆盖短视型消费者。

⑤ 当 $\tilde{\varphi}^F < \tilde{\varphi}^N < \tilde{\varphi}^P$ 时，覆盖短视型消费者。

⑥ 当 $\tilde{\varphi}^F < \tilde{\varphi}^P < \tilde{\varphi}^N$ 时，覆盖短视型消费者。

（3）当 $\tilde{\varphi} < \min\{\tilde{\varphi}^N, \tilde{\varphi}^P, \tilde{\varphi}^F\}$ 时，覆盖所有消费者。

命题 3-18 表明，无论在线零售商采取何种市场覆盖策略，退货策略总能带来更高的利润，这是因为对于短视型消费者而言，退货策略增强了

其购买信心，在一定程度上刺激了购买。对于策略型消费者而言，虽然全价期退回的产品在清货期再次销售加剧了消费者的策略性等待，但是退货保证能够提高在全价期后购买的效用，在一定程度上又刺激了消费者购买，且其效用提升效应大于抑制购买效应。在全额退货策略下的零售价与市场需求更高，在线零售商每销售一单位产品，能获得更高的边际收益，因此在线零售商总是愿意采取全额退款退货策略吸引消费者购买。但是市场覆盖策略的选择的与短视型消费者的比例有关，当其比例较高时，才会采取部分覆盖策略，否则在线零售商采取完全覆盖策略。

以上分析表明，网络购物过程中，在线零售商提供退货策略能缓解产品估值的不确定性带来的不利影响，在一定程度上提高了在线零售商的利润。全额退款退货保证目前已广泛应用于商业实践，特别是网络购物环境中，许多大型在线零售商，如天猫商城、京东、拼多多、苏宁易购等，为增强消费者的购买信心，消除消费者在网络购物中的后顾之忧，吸引消费者购买，都向消费者提供"七天无理由退货"全额退款保证。

3.6 数值分析

当消费者存在策略性购买行为时，在线零售商提供退货策略会增强消费者的购买信心，但同时也会加剧消费者的策略性购买行为，所以二者孰轻孰重有待商榷。在线零售商应该如何在退货策略的估值提升刺激购买效应与抑制购买效应之间进行权衡呢？本节采用数值分析的方法分析存在消费者策略性购买时，不同退货策略如何影响着在线零售商最优的价格、库存与利润探讨退货策略对提高在线零售商利润的作用。参数设置如下：$X \sim U[0, 1]$，$v = 24$，$c = 5$，$s = 3$。

（1）消费者无策略性行为时估值不确定对在线零售商的影响

图 3-8 表明，当消费者无策略性行为时，全额退款退货策略下在线零售商的消费价格、订购量与利润总是最高，这是因为全额退款退货策略最大限度地增强了消费者的购买信心，消费者愿意为此支付一定的溢价，因此退货保证提高了消费者的保留价格，从而提高了最优零售价。全额退款退货策略提高了消费者购买产品所获得的效用，刺激了消费者购买产品，因此在一定程度上增加了订货量，销售价格与订货量的同时增加会增加在

线零售商的收益。但随着产品匹配率的提高，提供退货策略带来的利润提升作用减弱，这是因为当产品匹配率提高时，消费者收到产品后对产品满意的可能性提高，退货需求降低，退货策略对消费者的吸引力减弱。特别地，当产品匹配率为1时，是否提供退货策略对在线零售商的利润没有影响。

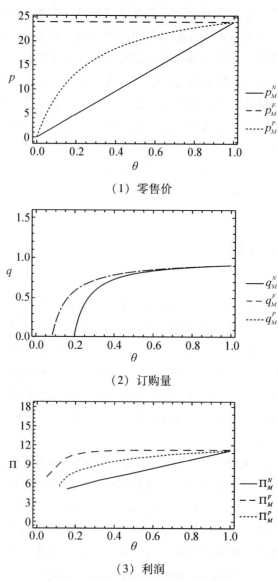

（1）零售价

（2）订购量

（3）利润

图 3-8　消费者无策略性行为的影响

（2）策略型消费者估值不确定对零售商的影响

图 3-9 表明，存在消费者策略性购买时，全额退款退货策略下的销售价格最高，全额退款与部分退款下的最优订购量是相同的，但当产品匹配率较低时，退货策略下的订购量较多；当产品匹配率较高时，不退货策略下的订购量较多。全额退款退货策略能提高在线零售商的利润。这是因为，全额退款退货保证能最大化消费者在全价期购买产品所获得的效用。虽然退回的产品能在清货期再次销售，但全额退款退货策略提高了消费者在全价期购买产品所获得的效用，刺激其购买的行为多于退货增加在清货期产品的可获得性行为。消费者在全额退款的情况下，愿意支付更高的价格，进而增加了在线零售商的收益。

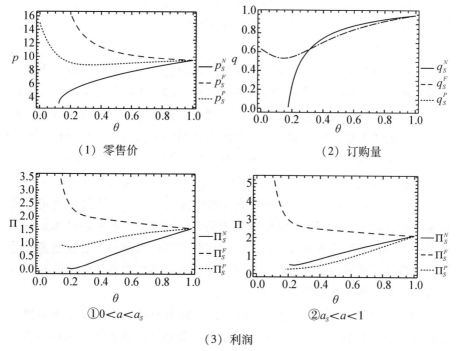

（1）零售价　　　　　　　　　　　　（2）订购量

①$0 < a < a_s$　　　　　　　　　　②$a_s < a < 1$

（3）利润

图 3-9　策略型消费者的影响

从图 3-8 与图 3-9 可知，无论面对哪种类型的消费者，退货策略下的最优零售价总是高于不退货下的最优零售价，这是因为退货策略增强了消费者的购买信心，消费者愿意为此支付一定的溢价，因此退货保证提高了消费者的保留价格，从而提高了最优零售价。

当消费者为短视型时，提供退货策略有利于增加在线零售商的最优订购量，但当消费者为策略型时，退货策略可能反而会降低在线零售商的最优订购量。这是因为当消费者为短视型时，退货策略可以使消费者在对产品不满意时，无理由退货产品，并且不承担任何损失，增加了购买产品时所获得的效用，刺激了消费者购买，提高了市场需求，进而提高了在线零售商的最优订购量（效用提升效应）。但是当消费者为策略型消费者时，退货策略虽然在效用提升效应下吸引消费者购买，但是由于退回的商品可在清货期再次销售时，退货策略提高了产品在清货期的可获得性，这又在一定程度上加剧了消费者的策略性购买行为（抑制购买效应）。因此，当产品匹配率较低时，退货策略的效用提升效应更加明显，刺激了消费者购买，增加了市场需求，进而提高了订购量。然而，随着产品匹配率的提高，效用提升效应减弱，抑制购买效应增强，消费者的策略性购买行为加剧，在线零售商为了缓解消费者的策略性购买行为，会主动减少订购量，以刺激消费者在全价期购买。

无论面对哪种类型的消费者，在线零售商提供退货策略能带来更高的收益，但随着产品匹配率的增加，提供退货策略带来的利润提升作用减弱。这是因为当产品匹配率提高时，消费者收到产品后对产品满意的可能性提高，退货需求降低，退货策略对消费者的吸引力减弱。特别地，当产品匹配率为 1 时，是否提供退货策略对在线零售商的利润没有影响。

（3）短视型与策略型消费者混合存在对在线零售商的影响

图 3-10 分析了不同退货策略下，消费者混合存在下估值不确定对最优零售价的影响。无论是否提供退货策略，短视型消费者的最高保留价格总是高于策略型消费者的最高保留，即在线零售商采取面对短视型消费者定价时只能覆盖短视型消费者，采取面对策略型消费者定价时能同时覆盖短视型与策略型两类消费者。

图 3-11 分析了在不同退货策略下，策略型消费者比例对在线零售商最优订购量的影响。市场完全覆盖策略下，策略型消费者的比例对在线零售商的最优订购量没有影响；市场部分覆盖策略下，最优订购量随着策略型消费者比例的增加而单调递减。这是因为目标市场为短视型消费者时，策略型消费者比例增加，表明短视型消费者比例减小，短视型消费者需求减少，在线零售商也会根据需求变化减少订购数量，最终部分覆盖策略下的最优订购量低于完全覆盖下的最优订购量。

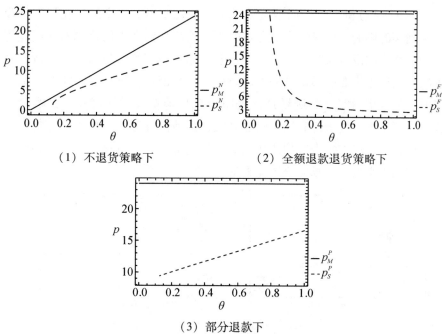

（1）不退货策略下　　　　　　（2）全额退款退货策略下

（3）部分退款下

图 3-10　估值不确定对最优零售价的影响

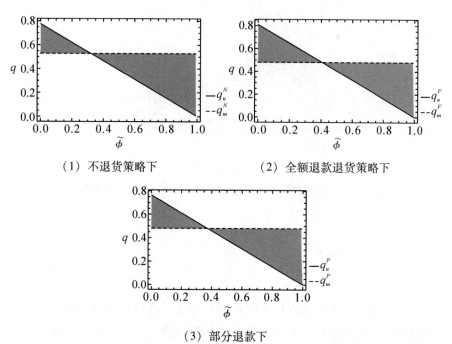

（1）不退货策略下　　　　　　（2）全额退款退货策略下

（3）部分退款下

图 3-11　不同退货策略下策略型消费者比例对最优订购量的影响

图 3-12 分析了在不同退货策略下，策略型消费者比例对在线零售商最优利润的影响。市场完全覆盖策略下，策略型消费者的比例对在线零售商的最优利润没有影响。市场部分覆盖策略下，当策略型消费者比例的增加时，在线零售商的最优利润随之降低。这是因目标市场仅为策略型消费者时，策略型消费者比例增加，表明策略型消费者比例减小，订购量减少，在线零售商的最优利润也随之降低，即使部分覆盖策略下的零售价较高，但随着策略型消费者的比例减小，最终部分覆盖策略下在线零售商的最优利润水平低于市场完全覆盖下最优利润的水平。

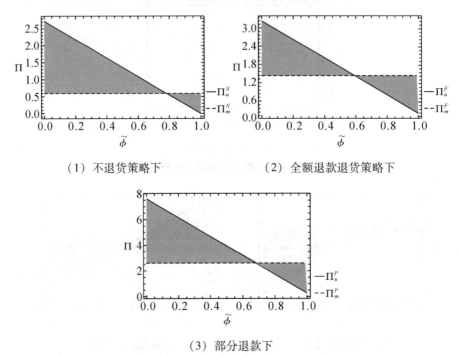

（1）不退货策略下　　　　　　　　　（2）全额退款退货策略下

（3）部分退款下

图 3-12　不同退货策略下策略型消费者比例对最优利润的影响

3.7　本章小结

本章依据消费者是否存在策略性购买行为，将市场中的消费者类型划分为策略型消费者与短视型消费者，基于理性预期假设，研究了在线零售商分别在单一短视型消费者市场、单一策略型消费者市场以及同时存在短视型消费者与策略型消费者的混合市场下，以最大化在线零售商利润为目标，分别构建了不退货策略、全额退款退货策略与部分退款退货策略下的利润模型，求解并通过数值分析讨论了不同退货策略下，在线零售商的最优零售价、最优订购量，以及最优期望利润，探讨在线零售商的最优退货策略选择。

研究表明：①退货策略加剧了消费者的策略性购买行为，但无论在何种消费者类型市场下，退货策略总是有利于增强消费者的购买信心，增加在线零售商的收益，并且全额退款退货策略有利于最大限度地提高在线零售商的收益。②在不退货策略下，产品估值的不确定会降低在线零售商的利润，消费者的策略性购买行为会缓解利润的降低，但是在全额退款与部分退款退货策略下，消费者的策略性购买行为会进一步加剧利润的降低。③当在线零售商面对短视型与策略型消费者并存的混合市场时，其最优订购量和利润会受产品匹配率、短视型消费者比例的影响，并且在市场完全覆盖下的最优订购量以及最优利润并不总是优于部分覆盖策略下的。

基于上述分析，得到以下管理启示：①随着互联网技术和电子商务的发展，在线零售商不能忽视消费者策略性购买行为和消费者对产品估值的不确定因素，否则会降低运营利润。②无论在线零售商是否提供退货策略，在线零售商都应考虑产品匹配率以及短视型消费者比例做出决策。③在线零售商都应积极实施退货策略，增加消费者购买产品所获得的效用，以刺激消费者提前购买，提高在线零售商收益。

本章仅针对消费者是否具有策略性购买行为和对产品的估值不确定性，研究了在线零售商分别在单一消费者类型与混合消费者类型下的运作与退货策略的决策问题。本章发现，退货策略有利于刺激消费者在全价期购买，减少估值不确定带来的损失。但是在两阶段销售环境中，当消费者策略性地选择购买时机时，可能还会对在全价期原价销售的产品与在折扣期降价销售的产品进行预期。如果在全价期购买，可能会因为支付高价而产生高价后悔；如果等待至清货期再购买，可能会因为产品缺货而产生缺货后悔，这种预期后悔行为又将影响消费者的策略性选择。因此，策略型消费者在两阶段购买决策中存在预期后悔行为时，在线零售商又该如何决策呢？

4 消费者预期后悔行为下在线零售商退货策略研究

4.1 引言

消费者在策略性地选择购买时机时，一方面不愿意错过折扣，另一方面又不愿意面临缺货。考虑到产品未来降价与缺货的可能性，消费者往往会对在全价期原价销售的产品与在折扣期降价销售的产品进行预期。如果在全价期购买，可能会因为支付高价而产生高价后悔；如果等待至折扣期再购买，可能会因为产品缺货而产生缺货后悔。这种在做出购买决策前所体现出的预期后悔行为同时影响着在线零售商的运作策略以及消费者的购买决策（Ke 和 Bookbinder，2018）。例如，如果消费者等到裙子清仓打折时发现这款裙子适合自己的尺码已经售罄，而后悔没有在全价期购买；相反，如果她当初立即购买却在换季清仓时发现这条裙子打折，而后悔在全价期以高价购买。

随着信息技术的发展，消费者能观察到不同购买决策下的结果并预期可能产生的后悔，这使得高价后悔和缺货后悔显著影响着消费者的购买决策。这类具有预期后悔行为的策略型消费者在权衡在各个时期购买所获得的效用时，不仅会考虑购买产品时所获得的经济效用，还可能会考虑由错误的购买决策而产生的精神成本。关于策略型消费者退货的研究鲜有同时在消费者具有预期后悔行为情况下，研究消费者购买决策和在线零售商运作决策的。因此，基于以上分析，本章研究的重点是：在不同退货策略下，策略型消费者对产品估值不确定以及预期后悔行为对在线零售商的影响，分析比较在线零售商最优的退货策略选择。

策略型消费者在选择最大化自身收益的购买时机时，往往会对在全价期原价销售的产品与在清货期降价销售的产品进行预期，会因为产品在未来降价或缺货而产生后悔。本章分析消费者所表现出来的预期后悔对其购买决策以及在线零售商策略选择的影响。根据策略型消费者是否具有预期后悔行为，本章将消费者分为策略型消费者与预期后悔型消费者，首先分析了策略型消费者不存在预期后悔行为，即所有消费者均为策略型消费者时，产品估值的不确定与策略性购买对在线零售商的影响；其次，进一步考虑策略型消费者预期后悔行为，即所有消费者均为预期后悔型消费者时，预期后悔行为对购买决策以及在线零售商运作决策的影响；最后，探讨在策略型消费者与预期后悔型消费者同时存在时，在线零售商在不同退货策略下的市场覆盖策略选择，得到其最优的退货策略选择。本章的研究内容逻辑如图 4-1 所示。

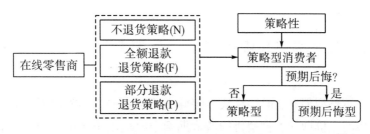

图 4-1　本章的研究内容逻辑

近年来，运作管理领域的学者也开始关注利益相关者的预期后悔问题。预期后悔指的是个体在进行行动选择前，因考虑选择可能产生的损失而带来的消极影响（Irving 和 Leon，1979）。Syam 等研究了消费者预期后悔与产品标准化之间的关系，发现预期后悔越强烈，消费者越倾向于购买标准化产品，并且这种行为会随着产品数量的增加而减弱。Nasiry 和 Popescu 描述了"行动后悔"和"放弃后悔"两种类型，分析其如何影响着在线零售商的运作决策以及消费者购买决策，并分析消费者购买决策以及在线零售商利润是如何受到消费者预期后悔行为的影响。Inmann 等探讨了消费者对放弃型后悔和选择型后悔的不同敏感程度对其购买决策与在线零售商的影响。Özer 和 Zheng 考虑在两阶段销售中，消费者存在全价期购买后因为支付高价而产生的"高价后悔"，和等待至清货期购买后因为产品缺货而产生的"缺货后悔"的两种类型，分析动态的降价促销策略和天天低价策略对企业收益的影响。结果表明，当消费者对缺货后悔更加敏感时，降价促销策略下企业利润更高。在此基础上，邝云娟和傅科考虑了在单期随机需求环境中，策略型消费者的预期后悔行为对其购买决策与在线零售商定价与订货决策的影响。以上文献考虑了预期后悔对消费者购买决策的影响，本章与之不同的是考虑了网络环境下消费者对产品估值的不确定，研究了消费者在策略性决策购买时机的预期后悔行为对在线零售商退货策略与运作决策的影响。

本章的内容安排如下：4.2 节是相关的模型描述与构建；4.3 节分析了消费者无预期后悔购买行为时，在线零售商的最优退货策略；4.4 节分析了消费者有预期后悔购买行为时，在线零售商的最优退货策略；4.5 节分析了当（不）具有预期后悔行为的策略型消费者同时存在时，在线零售商的最优退货策略选择；4.6 节运用数值模拟的方法分析不同退货策略如何影响着在线零售商最优的价格、库存与利润；4.7 节是本章小结。

4.2　模型描述与构建

存在策略型消费者时，在线零售商在不确定的市场需求下环境下，在全价销售的全价期和折扣销售的清货期两个时期里销售单一产品。清货期的清货价 s 外生给定，在线零售商需在销售季节开始前决定全价期的零售价 p 以及订购量 q，单位产品采购成本为 c，其中 $p > c > s > 0$。假设生产提前期较长，在线零售商只有一次订货机会。市场需求连续且随机，用 X 表示，相应的概率分布和概率密度函数分别为 $F(x)$ 和 $f(x)$，且 $f(x)$ 连续可微，其中 $\bar{F}(x) = 1 - F(x)$。

策略型消费者通过权衡全价期和清货期购买产品带来的效用，以及清货期可获得产品的概率决定在全价期购买还是在清货期购买。消费者在获得产品前，对产品是否满意是不确定的。参考 Gao 和 Su 的文献，本章用 $\theta \in [0, 1]$ 表示消费者对产品满意的可能性（下文称产品匹配率）。假设消费者对产品最终价值的评价有两种可能，高价值 v 和低价值 0，其可能性分别为 θ 和 $1 - \theta$。ω 为消费者保留价格，也称为消费者在全价期购买产品所愿支付的最高价格，且 $\omega < v$，η 为零售商预测的消费者保留价格，ξ 为消费者预测能在清货期买到降价产品的可能性。为了不失一般性，本章假定每个消费者至多只购买一个单位的产品。

如果策略型消费者在策略性地选择购买时机时还存在预期后悔行为，那么这类消费者被称为预期后悔型消费者。根据策略型消费者是否存在预期后悔行为，本章将消费者分为策略型消费者与预期后悔型消费者。参考 Xu 和 Duan 的研究，其中策略型消费者的比例为 φ，购买时仅考虑产品估值不确定下的经济效用；预期后悔型消费者的比例为 $\tilde{\varphi} = 1 - \varphi$，购买时不仅要考虑在产品估值不确定下的经济效用，还要考虑预期后悔行为下的心理效用。市场中仅存在策略型消费者时，$\varphi = 1$；市场中仅存在预期后悔型消费者时，$\varphi = 0$；考虑市场中同时存在策略型与预期后悔型消费者时，$0 < \varphi < 1$。参考 Adida 和 Özer 的研究，假设预期后悔型消费者同时具有高价预期后悔和缺货预期后悔行为，即在全价期购买的消费者因降价而后悔没有在清货期购买，其后悔发生的概率 ξ；等待至清货期购买的消费者因缺货而后悔没有在全价期购买，其后悔发生的概率为 $1 - \xi$，分别用 α 和 β 表示消费者高价预期后悔程度和缺货预期后悔程度。

不退货策略下，消费者在全价期能确定性地购买到产品，因此策略型消费者在全价期购买的期望效用为 $\theta(v - p) + (1 - \theta)(0 - p)$。消费者在清货期低价购买到产品的可能性为 ξ，因此策略型消费者在清货期购买的期望效用为 $\xi(\theta(v - s) + (1 - \theta)(0 - s))$。预期后悔型消费者在全价期购买的期望效用为 $\theta(v - p) - \alpha\xi(p - s) + (1 - \theta)(0 - p)$，在清货期购买的期望效用为 $\xi(\theta(v - s) + (1 - \theta)(0 - s)) - \beta(1 - \xi)(v - p)$。

在全额退款退货策略下，参考 Xu 和 Duan 的研究，只允许消费者对全价期购买的产品进行退货，清货期的产品不允许退货，这也与现实中特价产品不退不换相符合。参考原逸超和石岿然的研究，退货的消费者不会再进入清货期购买产品。因此策略型消费者在全价期购买的期望效用为 $\theta(v - p) + (1 - \theta)(0 - 0)$，在清货期购买的期望效用为 $\xi(\theta(v - s) + (1 - \theta)(0 - s))$。预期后悔型消费者在全价期购买的期望效用为 $\theta(v - p - \alpha\xi(p - s)) + (1 - \theta)(0 - 0)$，在清货期购买的期望效用为 $\xi(\theta(v - s) + (1 - \theta)(0 - s)) - \beta(1 - \xi)(v - p)$。

在部分退款退货策略下，参考相关学者的研究（Su，2009；Shang 等，2017；Altug 等，2021），退货的消费者将收到退款 $r(r < p)$，则消费者退货需付出退货成本 $p - r$。为后文分析方便，令 $r = ap$，其中，a 为退款率。则消费者退货需要付出的成本为 $(1 - a)p$。因此策略型消费者在全价期购买的期望效用为 $\theta(v - p) - (1 - \theta)(1 - a)p$，在清货期购买的期望效用为

$\xi(\theta(v - s) + (1 - \theta)(0 - s))$。预期后悔型消费者在全价期购买的期望效用为 $\theta(v - p - \alpha\xi(p - s)) - (1 - \theta)(1 - a)p$，在清货期购买的期望效用为 $\xi(\theta(v - s) + (1 - \theta)(0 - s)) - \beta(1 - \xi)(v - p)$。

4.3 消费者无预期后悔下的退货策略

若策略型消费者在策略性地选择购买时机时不存在预期后悔行为时，这和市场中仅存在策略型消费者时的分析相同（见 3.4 节）。

4.4 消费者预期后悔下的退货策略

4.4.1 不退货策略下（情形 N）

预期后悔型消费者在全价期购买与清货期购买产品的期望效用分别为

$$U_{1A}^N = \theta v - p - \alpha\xi(p - s) \tag{4-1}$$

$$U_{2A}^N = \xi(\theta v - s) - \beta(1 - \xi)(v - p) \tag{4-2}$$

预期后悔型消费者同时考虑经济效用和心理效用，只有当全价期的效用大于清货期的效用时，即 $\theta v - p - \alpha\xi_A^N(p - s) \geqslant \xi_A^N(\theta v - s) - \beta(1 - \xi_A^N)(v - p)$ 时，消费者才会选择在全价期购买。因此，在清货期能购买到产品的可能性为 ξ_A^N 时，预期后悔型消费者对产品的最高保留价格为：$\omega_e^N = \dfrac{v(\beta + \theta)(1 - \xi_e^N) + s(1 + \alpha)\,\xi_e^N}{1 + \beta + \alpha\xi_e^N - \beta\xi_e^N}$。

在线零售商的期望收益函数为

$$\Pi^N = (p - s)E(X \wedge q) - (c - s)q \tag{4-3}$$

定义 4-1 在不退货策略下，在线零售商与预期后悔型消费者之间预期均衡 $(p_A^N, q_A^N, \omega_A^N, \xi_A^N, \eta_A^N)$ 满足条件：① $\omega_A^N = \dfrac{v(\beta + \theta)(1 - \xi_A^N) + s(1 + \alpha)\,\xi_A^N}{1 + \beta + \alpha\xi_A^N - \beta\xi_A^N}$，② $p_A^N = \eta_A^N$，③ $q_A^N = \arg\max_q\Pi(q_A^N, p_A^N)$，④ $\xi_A^N = F(q_A^N)$，⑤ $\eta_A^N = \omega_A^N$。

命题 4-1 最优零售价 p_A^{N*} 与订购量 q_A^{N*} 分别为

$$p_A^{N*} = \frac{\alpha c - \beta c + \sqrt{(s-c)(-c(\alpha-\beta)^2 + s(\alpha+\beta+2)^2 - 4(\alpha+1)v(\beta+\theta))} + \alpha s + \beta s + 2s}{2(\alpha+1)}$$

$$\overline{F}(q_A^{N*}) = \frac{2(\alpha+1)(c-s)}{\alpha c - \beta c + \sqrt{(s-c)(-c(\alpha-\beta)^2 + s(\alpha+\beta+2)^2 - 4(\alpha+1)v(\beta+\theta))} - \alpha s + \beta s}$$

其中，θ 需满足 $c(\alpha-\beta)^2 - s(\alpha+\beta+2)^2 + 4(\alpha+1)v(\beta+\theta) > 0$。

4.4.2　全额退款退货策略下（情形 F）

预期后悔型消费者在全价期购买与清货期购买产品的期望效用分别为

$$U_{1A}^F = \theta(v - p - \alpha\xi(p-s)) \tag{4-4}$$

$$U_{2A}^F = \xi(\theta v - s) - \beta(1-\xi)(v-p) \tag{4-5}$$

预期后悔型消费者对产品的最高保留价格为

$$\omega_A^F = \frac{v(\beta+\theta)(1-\xi_A^F) + s(1+\alpha\theta)\xi_A^F}{\beta + \theta + \alpha\theta\xi_A^F - \beta\xi_A^F}$$

在线零售商的期望收益函数为

$$\Pi^F = \theta(p-s)\mathrm{E}(X \wedge q) - (c-s)q \tag{4-6}$$

定义 4-2　在线零售商与预期后悔型消费者的理性预期均衡（p_A^F，q_A^F，ω_A^F，ξ_A^F，η_A^F）满足条件：① $\omega_A^F = \dfrac{v(\beta+\theta)(1-\xi_A^F) + s(1+\alpha\theta)\xi_A^F}{\beta + \theta + \alpha\theta\xi_A^F - \beta\xi_A^F}$，② $p_A^F = \eta_A^F$，③ $q_A^F = \arg\max_q \Pi(q_A^F, p_A^F)$，④ $\xi_A^F = F(q_A^F) + (1-\theta)\overline{F}(q_A^F)$，⑤ $\eta_A^F = \omega_A^F$。

命题 4-2　最优零售价 p_A^{F*} 与订购量 q_A^{F*} 分别为

$$p_A^{F*} = \frac{\alpha c - \beta c + \sqrt{Y} + \alpha s + \beta s + \theta s + s}{2(\alpha + \theta)}$$

$$\overline{F}(q_A^{F*}) = \frac{2(\alpha+\theta)(c-s)}{\alpha c - \beta c + \sqrt{Y} - \alpha s + \beta s - \theta s + s}$$

其中，$Y = c(\alpha-\beta) + s(\alpha+\beta+\theta+1)^2 - 4(\alpha+\theta)(\alpha+1)cs - cv(\beta+\theta) + sv(\beta+\theta)$，$\theta$ 需满足 $Y > 0$。

4.4.3　部分退款退货策略下（情形 P）

预期后悔型消费者在全价期购买与清货期购买产品的期望效用分别为

$$U_{1A}^P = \theta(v - p - \alpha\xi(p-s)) - (1-\theta)(1-a)p \tag{4-7}$$

$$U_{2A}^P = \xi(\theta v - s) - \beta(1-\xi)(v-p) \tag{4-8}$$

消费者对产品的最高保留价格为

$$\omega_A^P = \frac{s(\alpha\xi_A^P\theta + \xi_A^P) - v(\beta+\theta)(\xi_A^P - 1)}{1 + \beta + a(\theta-1) + \alpha\xi_A^P\theta - \beta\xi_A^P}$$

在线零售商的期望收益函数为

$$\Pi^P = (p((1-a)(1-\theta)+\theta) - s\theta)E(X \wedge q) - (c-s)q \quad (4\text{-}9)$$

定义 4-3 在部分退款退货策略下，在线零售商与预期后悔型消费者的理性预期均衡 $(p_A^P, q_A^P, \omega_A^P, \xi_A^P, \eta_A^P)$ 满足条件：① $\omega_A^P = \dfrac{s(\alpha\xi_A^P\theta + \xi_A^P) - v(\beta+\theta)(\xi_A^P - 1)}{1 + \beta + a(\theta-1) + \alpha\xi_A^P\theta - \beta\xi_A^P}$，② $p_A^P = \eta_A^P$，③ $q_A^P = \arg\max_q \Pi(q_A^P, p_A^P)$，④ $\xi_A^P = F(q_A^P) + (1-\theta)\bar{F}(q_A^P)$，⑤ $\eta_A^P = \omega_A^P$。

命题 4-3 在部分退款退货策略下，最优零售价 p_A^{P*} 与订购量 q_A^{P*} 分别为

$$p_A^{P*} = \frac{s - as + s\theta + s\alpha\theta - as\alpha\theta - c\beta\theta + s\beta\theta + as\theta^2 + c\alpha\theta^2 + as\alpha\theta^2 + \sqrt{W}}{2(1+a(\theta-1))(1+a(\theta-1)+\alpha\theta)}$$

$$\bar{F}(q_A^{P*}) = \frac{2(c-s)\theta(1+a(\theta-1)+\alpha\theta)}{\sqrt{W} + c\theta(\alpha\theta-\beta) + s(1+(\alpha+\beta-1)\theta - 2\alpha\theta^2 + a(\theta-1)(1+(\alpha-1)\theta))}$$

其中，$W = (s + s(1+\alpha+\beta)\theta + c\theta(\alpha\theta-\beta) + as(\theta-1)(1+\theta+\alpha\theta))^2 - 4(1+a(\theta-1))\theta(1+a(\theta-1)+\alpha\theta)(sv(\beta+\theta) + c(s+s\alpha\theta - v(\beta+\theta)))$，$\theta$ 需满足 $W > 0$。

4.4.4　退货策略选择

命题 4-4 ① 当 $0 < a < a_A$ 时，$p_A^F > p_A^N > p_A^P$；当 $a_A < a < 1$ 时，$p_A^F > p_A^P > p_A^N$；

② $q_A^P > q_A^F > q_A^N$；

③ 当 $0 < a < a_A^*$ 时，$\Pi_A^F > \Pi_A^N > \Pi_A^P$；当 $a_A^* < a < 1$ 时，$\Pi_A^F > \Pi_A^P > \Pi_A^N$。

命题 4-4 表明，当策略型消费者具有预期后悔行为时，部分退款退货策略下的订货量总是最高的，但是全额退款退货策略下的销售价格最高，并且能最大化在线零售商的收益。在线零售商应提供全额退款退货保证以增强消费者的购买信心，解决消费者在购物中因为对产品估值不确定而产生的顾虑，以吸引消费者在全价期购买，从而提高在线零售商的收益。这是因为，全额退款退货保证能最大化消费者在全价期购买产品所获得的效用。虽然退回的产品能在清货期再次销售，但全额退款退货策略能增加消

费者在全价期购买产品所获得的效用，刺激其购买的行为高于退货增加在清货期产品的可获得性行为。消费者在全额退款下，愿意支付更高的价格，进而增加了在线零售商的收益。

4.5 存在混合型消费者时的退货策略

4.5.1 不退货策略下（情形 N）

策略型消费者在全价期购买与清货期购买产品的期望效用分别为

$$U_{1S}^N = \theta v - p \tag{4-10}$$

$$U_{2S}^N = \xi(\theta v - s) \tag{4-11}$$

策略型消费者进行购买决策时只考虑经济效用，只有当全价期的效用大于清货期的效用时才会选择在全价期购买，即 $\theta v - p \geqslant \xi_S^N(\theta v - s)$。因此，在清货期能购买到产品的可能性为 ξ_S^N 时，策略型消费者对产品的最高保留价格为：$\omega_S^N = \theta v - \xi_S^N(\theta v - s)$。

预期后悔型消费者在全价期购买与清货期购买产品的期望效用分别为

$$U_{1A}^N = \theta v - p - \alpha\xi(p - s) \tag{4-12}$$

$$U_{2A}^N = \xi(\theta v - s) - \beta(1 - \xi)(v - p) \tag{4-13}$$

预期后悔型消费者同时考虑经济效用和心理效用，只有当全价期的效用大于清货期的效用时，即 $\theta v - p - \alpha\xi_A^N(p - s) \geqslant \xi_A^N(\theta v - s) - \beta(1 - \xi_A^N)(v - p)$ 时，消费者才会选择在全价期购买。因此，在清货期能购买到产品的可能性为 ξ_A^N 时，预期后悔型消费者对产品的最高保留价格为：$\omega_A^N = \dfrac{v(\beta + \theta)(1 - \xi_A^N) + s(1 + \alpha)\xi_A^N}{1 + \beta + \alpha\xi_A^N - \beta\xi_A^N}$。

命题4-5 当 $\theta > \theta^N$ 时，$\omega_S^N > \omega_A^N$，若零售价 $p = \omega_S^N$，在线零售商采用部分覆盖策略，市场目标为策略型消费者；若零售价 $p = \omega_A^N$，在线零售商采用完全覆盖策略，市场目标为策略型消费者与预期后悔型消费者。当 $\theta < \theta^N$ 时，$\omega_S^N < \omega_A^N$，若零售价 $p = \omega_A^N$，在线零售商采用部分覆盖策略，市场目标为预期后悔型消费者；若零售价 $p = \omega_S^N$，在线零售商采用完全覆盖策略，市场目标为策略型消费者与预期后悔型消费者，此时 θ^N 需要满足：

$$\theta^N = \frac{s\alpha\xi_A^N(\xi_S^n - 1) + \beta(1 - \xi_e^N)(\xi_S^N s + v) + s(\xi_S^N - \xi_A^N)}{v((1 - \xi_S^N)(\alpha\xi_A^N + \beta(1 - \xi_A^N) - (\xi_S^N - \xi_A^N))}。$$

命题4-5表明，在不退货策略下，产品匹配率会影响消费者是否能成为高价值消费者。当产品匹率较高时，策略型消费者为高价值消费者，否则，预期后悔型消费者为高价值消费者。这是因为策略型消费者只受到估值不确定的影响，当产品的产品匹配率较高时，收到产品后不满意的概率降低，因此保留价格较高；否则，预期后悔型消费者同时受产品估值不确定和预期后悔的影响从而导致其保留价格较高。

在线零售商的期望收益函数为

$$\Pi_i^N = (p_i - s)\mathrm{E}(X_i \wedge q_i) - (c - s)q_i \tag{4-14}$$

其中，$x \wedge y = \min\{x, y\}$，$i = \{u, m\}$ 分别表示的是部分覆盖策略和完全覆盖策略。当 $\theta > \theta^N$ 时，$X_u = \varphi X$，$X_m = X$；当 $\theta < \theta^N$ 时，$X_u = (1 - \varphi)X$，$X_m = X$。

定义4-4 当 $\theta > \theta^N$ 时，

（1）当 $p = \omega_S^N$ 时，在线零售商采用部分覆盖策略，在线零售商与消费者的策略型预期均衡（p_{Su}^N，q_{Su}^N，ω_{Su}^N，ξ_{Su}^N，η_{Su}^N）满足条件：① $\omega_{Su}^N = \theta v - \xi_{Su}^N(\theta v - s)$，② $p_{Su}^N = \eta_{Su}^N$，③ $q_{Su}^N = \arg\max_q \Pi(q_{Su}^N, p_{Su}^N)$，④ $\xi_{Su}^N = F(\frac{q_{Su}^N}{\varphi})$，⑤ $\eta_{Su}^N = \omega_{Su}^N$。

（2）当 $p = \omega_A^N$ 时，在线零售商采用完全覆盖策略，在线零售商与消费者之间预期均衡（p_{Am}^N，q_{Am}^N，ω_{Am}^N，ξ_{Am}^N，η_{Am}^N）满足条件：① $\omega_{Am}^N = \frac{v(\beta + \theta)(1 - \xi_{Am}^N) + s(1 + \alpha)\xi_{Am}^N}{1 + \beta + \alpha\xi_{Am}^N - \beta\xi_{Am}^N}$，② $p_{Am}^N = \eta_{Am}^N$，③ $q_{Am}^N = \arg\max_q \Pi(q_{Am}^N, p_{Am}^N)$，④ $\xi_{Am}^N = F(q_{Am}^N)$，⑤ $\eta_{Am}^N = \omega_{Am}^N$。

当 $\theta < \theta^N$ 时，

（1）当 $p = \omega_A^N$ 时，在线零售商采用部分覆盖策略，在线零售商与消费者的策略型预期均衡（p_{Au}^N，q_{Au}^N，ω_{Au}^N，ξ_{Au}^N，η_{Au}^N）满足条件：① $\omega_{Au}^N = \frac{v(\beta + \theta)(1 - \xi_{Au}^N) + s(1 + \alpha)\xi_{Au}^N}{1 + \beta + \alpha\xi_{Au}^N - \beta\xi_{Au}^N}$，② $p_{Au}^N = \eta_{Au}^N$，③ $q_{Au}^N = \arg\max_q \Pi(q_{Au}^N, p_{Au}^N)$，④ $\xi_{Au}^N = F(\frac{q_{Au}^N}{\tilde{\varphi}})$，⑤ $\eta_{Au}^N = \omega_{Au}^N$。

（2）当 $p = \omega_S^N$ 时，在线零售商采用完全覆盖策略，在线零售商与消费者之间预期均衡 $(p_{Sm}^N, q_{Sm}^N, \omega_{Sm}^N, \xi_{Sm}^N, \eta_{Sm}^N)$ 满足条件：① $\omega_{Sm}^N = \theta v - \xi_{Sm}^N(\theta v - s)$，② $p_{Sm}^N = \eta_{Sm}^N$，③ $q_{Sm}^N = \arg\max_q \Pi(q_{Sm}^N, p_{Sm}^N)$，④ $\xi_{Sm}^N = F(q_{Sm}^N)$，⑤ $\eta_{Sm}^N = \omega_{Sm}^N$。

命题4-6 不退货策略下，当 $\theta > \theta^N$ 时，在线零售商的均衡结果如下：

（1）当 $p = \omega_S^N$ 时，采用部分覆盖策略，最优零售价 p_{Su}^{N*} 与订购量 q_{Su}^{N*} 分别为

$$p_{Su}^{N*} = \sqrt{(s-c)(s-\theta v)} + s, \quad \bar{F}\left(\frac{q_{Su}^{N*}}{\varphi}\right) = \frac{c-s}{\sqrt{(s-c)(s-\theta v)}}$$

其中，$\theta > \dfrac{s}{v}$。

（2）当 $p = \omega_A^N$ 时，采用完全覆盖策略，最优零售价 p_{Am}^{N*} 与订购量 q_{Am}^{N*} 分别为

$$p_{Am}^{N*} = \frac{\alpha c - \beta c + \sqrt{(s-c)(-c(\alpha-\beta)^2 + s(\alpha+\beta+2)^2 - 4(\alpha+1)v(\beta+\theta))} + \alpha s + \beta s + 2s}{2(\alpha+1)}$$

$$\bar{F}(q_{Am}^{N*}) = \frac{2(\alpha+1)(c-s)}{\alpha c - \beta c + \sqrt{(s-c)(-c(\alpha-\beta)^2 + s(\alpha+\beta+2)^2 - 4(\alpha+1)v(\beta+\theta))} - \alpha s + \beta s}$$

其中，θ 需满足 $c(\alpha-\beta)^2 - s(\alpha+\beta+2)^2 + 4(\alpha+1)v(\beta+\theta) > 0$。

当 $\theta < \theta^N$ 时，在线零售商的均衡结果如下：

（1）当 $p = \omega_A^N$ 时，采用部分覆盖策略，最优零售价 p_{Au}^{N*} 与订购量 q_{Au}^{N*} 分别为

$$p_{Au}^{N*} = \frac{\alpha c - \beta c + \sqrt{(s-c)(-c(\alpha-\beta)^2 + s(\alpha+\beta+2)^2 - 4(\alpha+1)v(\beta+\theta))} + \alpha s + \beta s + 2s}{2(\alpha+1)}$$

$$\bar{F}\left(\frac{q_{Au}^{N*}}{\tilde{\varphi}}\right) = \frac{2(\alpha+1)(c-s)}{\alpha c - \beta c + \sqrt{(s-c)(-c(\alpha-\beta)^2 + s(\alpha+\beta+2)^2 - 4(\alpha+1)v(\beta+\theta))} - \alpha s + \beta s}$$

其中，θ 需满足 $c(\alpha-\beta)^2 - s(\alpha+\beta+2)^2 + 4(\alpha+1)v(\beta+\theta) > 0$。

（2）当 $p = \omega_S^N$ 时，采用完全覆盖策略，最优零售价 p_{Sm}^{N*} 与订购量 q_{Sm}^{N*} 分别为

$$p_{Sm}^{N*} = \sqrt{(s-c)(s-\theta v)} + s, \quad \bar{F}(q_{Sm}^{N*}) = \frac{c-s}{\sqrt{(s-c)(s-\theta v)}}$$

其中，$\theta > \dfrac{s}{v}$。

命题 4-6 指出了在不退货策略下，在线零售商采用不同市场覆盖策略时的最优零售价与订货量。无论产品的匹配率高低，在线零售商采用市场部分覆盖策略下的最优零售价高于市场完全覆盖下的最优零售价。当市场目标仅为策略型消费者时，在线零售商在制定最优零售价与订购量时需考虑产品的单位成本、残值，消费者估值以及产品匹配率；但当市场目标包含预期后悔型消费者时，除了上述所要考虑的因素，在线零售商还需考虑消费者高价后悔与缺货后悔程度。

推论 4-1 不退货策略下，当市场目标为预期后悔型消费者时，$\dfrac{d\Pi_{Ai}^N}{d\alpha}$ < 0，$\dfrac{d\Pi_{Ai}^N}{d\beta} < 0$。

推论 4-1 表明，在不退货策略下，当消费者具有预期后悔行为时，高价后悔与缺货后悔都会降低在线零售商的利润。预期后悔程度加深，会降低消费者购买产品的期望效用，效用降低也会降低消费者对产品的最高保留价格。在线零售商为了吸引消费者在全价期购买产品，不得不降价销售，零售价下降会降低在线零售商销售产品所获得的边际利润，进而减少在线零售商总利润。因此，在不退货策略下，预期后悔减少了在线零售商的利润。

命题 4-7 不退货策略下，当 $\theta > \theta^N$ 时，存在 φ^{N*}，当 $\varphi > \varphi^{N*}$ 时，$\Pi_u^{N*} > \Pi_m^{N*}$，当 $\varphi < \varphi^{N*}$ 时，$\Pi_u^{N*} < \Pi_m^{N*}$，此时 $\varphi^{N*} = $

$$\dfrac{(p_{Am}^{N*} - s)\displaystyle\int_0^{q_{Am}^{N*}}\overline{F}(x)\mathrm{d}x - (c - s)(q_{Am}^{N*} - q_{Su}^{N*})}{(p_{Su}^{N*} - s)\displaystyle\int_0^{q_{Su}^{N*}}\overline{F}(x)\mathrm{d}x}$$；当 $\theta < \theta^N$ 时，存在 $\widetilde{\varphi}^{N*}$，

当 $\widetilde{\varphi} > \widetilde{\varphi}^{N*}$ 时，$\Pi_u^{N*} > \Pi_m^{N*}$，当 $\widetilde{\varphi} < \widetilde{\varphi}^{N*}$ 时，$\Pi_u^{N*} < \Pi_m^{N*}$，此时 $\widetilde{\varphi}^{N*} = $

$$\dfrac{(p_{Sm}^{N*} - s)\displaystyle\int_0^{q_{Sm}^{N*}}\overline{F}(x)\mathrm{d}x - (c - s)(q_{Sm}^{N*} - q_{Au}^{N*})}{(p_{Au}^{N*} - s)\displaystyle\int_0^{q_{Au}^{N*}}\overline{F}(x)\mathrm{d}x}$$。

命题 4-7 表明，在不退货策略下，当产品的产品匹配率高于一定水平

且策略型消费者的比例超过了一定的数值时，在线零售商实施市场部分覆盖策略能够获得更高的利润。因为部分覆盖策略下的零售价相对更高，在线零售商的边际利润高于完全覆盖策略下的边际利润，通过制定更高的零售价实施部分覆盖策略只能使策略型消费者获得更高的利润。然而，当产品匹配率较低时，消费者对购买的产品感到失望的可能性较高，只有当预期后悔型消费者的比例高于一定的数值时，通过制定更高的零售价实施部分覆盖策略才能使预期后悔型消费者获得更高的利润。否则，在线零售商会降低零售价满足两种类型消费者的需求，以获得更高的利润。在线零售商的市场覆盖策略选择如图4-2所示。

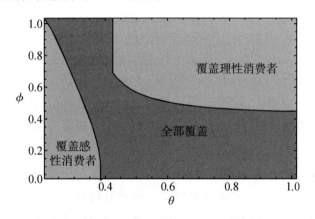

图4-2　不退货下在线零售商的市场覆盖策略

由图4-2可知，在不退货策略下，在消费者对产品的估值不确定且消费者受到预期后悔的影响时，在线零售商会根据产品匹配率与策略型消费者的比例实施合适的市场覆盖策略。当产品匹配率较高且策略型消费者的比例较大时，在线零售商采用市场部分覆盖策略，市场目标为策略型消费者；当产品的产品匹配率较低且预期后悔型消费者的比例较大时，在线零售商同样采用市场部分覆盖策略，但市场目标为预期后悔型消费者；当产品的产品匹配率较低且策略型消费者的比例较大时，或当产品的产品匹配率较高且预期后悔型消费者的比例较大时，在线零售商采用市场完全覆盖策略，市场目标为两种类型消费者，以获得更高的利润。以上分析为现实中在线零售商提供了一定的管理启示：只有当市场中某一类消费者的比例足够高时，在线零售商才应该针对该类消费者实施相应的销售策略，否则，在线零售商应该实施针对所有类型消费者的销售策略。

命题4-8　不退货策略下，当 $\theta > \theta^N$ 时，存在 φ^{N0}，当 $\varphi > \varphi^{N0}$ 时，$q_u^{N*} > q_m^{N*}$，当 $\varphi < \varphi^{N0}$ 时，$q_u^{N*} < q_m^{N*}$，此时，

$$\varphi^{N0} = \frac{\bar{F}^{-1}\left(\dfrac{2(\alpha+1)(c-s)}{\alpha c - \beta c + \sqrt{(s-c)(-c(\alpha-\beta)^2 + s(\alpha+\beta+2)^2 - 4(\alpha+1)v(\beta+\theta))} - \alpha s + \beta s}\right)}{\bar{F}^{-1}\left(\dfrac{c-s}{\sqrt{(s-c)(s-\theta v)}}\right)}$$

当 $\theta < \theta^N$ 时，存在 $\tilde{\varphi}^{N0}$，当 $\tilde{\varphi} > \tilde{\varphi}^{N0}$ 时，$q_u^{N*} > q_m^{N*}$，当 $\tilde{\varphi} < \tilde{\varphi}^{N0}$ 时，$q_u^{N*} < q_m^{N*}$，此时，

$$\tilde{\varphi}^{N0} = \frac{\bar{F}^{-1}\left(\dfrac{c-s}{\sqrt{(s-c)(s-\theta v)}}\right)}{\bar{F}^{-1}\left(\dfrac{2(\alpha+1)(c-s)}{\alpha c - \beta c + \sqrt{(s-c)(-c(\alpha-\beta)^2 + s(\alpha+\beta+2)^2 - 4(\alpha+1)v(\beta+\theta))} - \alpha s + \beta s}\right)}$$

命题4-8表明，市场完全覆盖策略下在线零售商的订购量并不总是高于部分覆盖策略下的订购量。这是因为当在线零售商实施市场完全覆盖策略时，零售价下降会降低边际利润，在线零售商会减少产品订购量从而降低产品在清货期的可获得率。然而，当实施市场部分覆盖策略时，零售价升高会增加边际利润，产品的缺货损失也相对较高，在线零售商会增加订购量以降低未来缺货的可能性。因此，当高价值消费者比例较高时，部分覆盖策略下在线零售商的订购量高于完全覆盖策略下的订购量。

接下来，本章用数值模拟的方法分析不退货策略下，消费者对产品估值不确定与预期后悔对在线零售商最优利润的影响。当 α 和 β 为零时，表明消费者为策略型消费者，在做出购买决策时仅考虑估值不确定下产品的经济效用；当 α 和 β 不为零时，表明消费者为预期后悔型消费者，在做出购买决策时不仅要考虑在估值不确定下产品的经济效用，还要考虑预期后悔影响下的心理效用。令 $\delta_S^N = \dfrac{\Pi^{N*}(\theta \neq 1, \alpha = 0, \beta = 0) - \Pi^{N*}(\theta = 1, \alpha = 0, \beta = 0)}{\Pi^{N*}(\theta = 1, \alpha = 0, \beta = 0)}$

与 $\delta_A^N = \dfrac{\Pi^{N*}(\theta \neq 1, \alpha \neq 0, \beta \neq 0) - \Pi^{N*}(\theta = 1, \alpha = 0, \beta = 0)}{\Pi^{N*}(\theta = 1, \alpha = 0, \beta = 0)}$ 分别表示策略型消费者与预期后悔型消费者对在线零售商最优利润的影响，具体如图4-3所示。

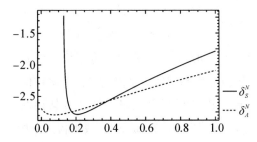

图 4-3　不退货策略下估值不确定及预期后悔对在线零售商利润的影响

由图 4-3 可知，不退货策略下，消费者对产品估值的不确定性水平降低了在线零售商的最优利润；预期后悔行为可能会加剧在线零售商的损失，但随着产品匹配率的增加，利润损失程度有所降低。以上的分析表明，消费者对产品估值的不确定以及预期后悔行为对在线零售商的利润造成了很大损失。因此，在线零售商在进行决策时，不仅不能忽视消费者策略性购买行为，而且要考虑到消费者对产品估值的不确定以及预期后悔等因素的影响。

4.5.2　全额退款退货策略下（情形 F）

在全额退款退货策略下，参考 Xu 和 Duan 的研究，只允许消费者对全价期购买的产品进行退货，清货期的产品不允许退货，这也与现实中特价产品不退不换相符合。参考原逸超和石岿然的研究，退货的消费者不会再进入清货期购买产品。

策略型消费者在全价期购买与清货期购买产品的期望效用分别为

$$U_{1S}^{F} = \theta(v - p) \tag{4-15}$$

$$U_{2S}^{F} = \xi(\theta v - s) \tag{4-16}$$

策略型消费者进行购买决策时只考虑经济效用，只有当全价期的效用大于清货期的效用时才会选择在全价期购买，即 $\theta(v - p) \geqslant \xi_S^F(\theta v - s)$。因此，在清货期能购买到产品的可能性为 ξ_S^F 时，策略型消费者对产品的最高保留价格为：$\omega_S^F = v - \dfrac{\xi_S^F(\theta v - s)}{\theta}$。

预期后悔型消费者在全价期购买与清货期购买产品的期望效用分别为

$$U_{1A}^{F} = \theta(v - p - \alpha\xi(p - s)) \tag{4-17}$$

$$U_{2A}^{F} = \xi(\theta v - s) - \beta(1 - \xi)(v - p) \tag{4-18}$$

预期后悔型消费者对产品的最高保留价格为

$$\omega_A^F = \frac{v(\beta + \theta)(1 - \xi_A^F) + s(1 + \alpha\theta)\xi_A^F}{\beta + \theta + \alpha\theta\xi_A^F - \beta\xi_A^F}$$

命题4-9 当 $\theta > \theta^F$ 时，$\omega_S^F < \omega_A^F$，若零售价 $p = \omega_A^F$，在线零售商采用部分覆盖策略，市场目标为预期后悔型消费者；若零售价 $p = \omega_S^F$，在线零售商采用完全覆盖策略，市场目标为策略型消费者与预期后悔型消费者。当 $\theta < \theta^F$ 时，$\omega_S^F > \omega_A^F$，若零售价 $p = \omega_S^F$，在线零售商采用部分覆盖策略，市场目标为策略型消费者；若零售价 $p = \omega_A^F$，在线零售商采用完全覆盖策略，市场目标为策略型消费者与预期后悔型消费者，此时，

$$\theta^F = \frac{\xi_A^F\ (\alpha\ (s-v)\ +s)\ +\xi_S^F\ (v\beta-s)\ +v\xi_A^F\xi_S^F\ (\alpha-\beta)}{2v(\xi_A^F - \xi_S^F)} +$$

$$\frac{\sqrt{4sv\xi_S^F((\beta-\alpha)\xi_A^F-\beta)(\xi_A^F-\xi_S^F)+((s+s\alpha-v\alpha)\xi_A^F+((\beta+(\alpha-\beta)\xi_A^F))v\xi_S^F-s)^2}}{2v(\xi_A^F - \xi_S^F)}$$

命题4-9表明，在全额退款退货策略下，产品匹配率同样会影响消费者是否能成为高价值消费者。当产品匹率较高时，预期后悔型消费者为高价值消费者，否则，策略型消费者为高价值消费者。这是因为退货策略降低了估值不确定性对消费者购买决策的影响。因此，当产品的匹配率较高时，退货策略对缓解估值不确定的影响不大，但对于预期后悔型消费者，退货策略有利于缓解高价预期后悔的影响，增加了预期后悔型消费者的效用，预期后悔型消费者的保留价格较高；当产品的产品匹配率较低时，退货策略很大程度上缓解了估值不确定对策略型消费者的影响，因此策略型消费者为高价值消费者。

在线零售商允许消费者退货能吸引消费者线上购买，虽然退货保证增加了策略型消费者的线上购买欲望，但由于退货增多，退回的产品可以在清货期二次销售，增加了在线零售商在清货期的产品库存，进而提高了产品在清货期的可获得性，加剧了策略型消费者的等待行为，因此退货策略是否能够增加在线零售商的利润有待商榷。此时，在线零售商的期望收益函数为

$$\Pi_i^F = \theta(p_i - s)\mathrm{E}(X_i \wedge q_i) - (c - s)q_i \tag{4-19}$$

其中，$x \wedge y = \min\{x,\ y\}$，$i = \{u,\ m\}$ 表示的是部分覆盖策略和完全覆盖策略，当 $\theta < \theta^F$ 时，$X_u = \varphi X$，$X_m = X$；当 $\theta > \theta^F$ 时，$X_u = (1 - \varphi)X$，$X_m = X$。

定义4-5 当 $\theta < \theta^F$ 时，

(1) 当 $p = \omega_S^F$ 时，在市场部分覆盖策略下，在线零售商与消费者的理

性预期均衡 $(p_{Su}^F, q_{Su}^F, \omega_{Su}^F, \xi_{Su}^F, \eta_{Su}^F)$ 满足条件：① $\omega_{Su}^F = v - \dfrac{\xi_{Su}^F(\theta v - s)}{\theta}$，

② $p_{Su}^F = \eta_{Su}^F$，③ $q_{Su}^F = \arg\max_q \Pi(q_{Su}^F, p_{Su}^F)$，④ $\xi_{Su}^F = F(\dfrac{q_{Su}^F}{\varphi}) + (1 -$

$\theta)\bar{F}(\dfrac{q_{Su}^F}{\varphi})$，⑤ $\eta_{Su}^F = \omega_{Su}^F$。

（2）当 $p = \omega_A^F$ 时，在市场完全覆盖策略下，在线零售商与消费者的理性预期均衡 $(p_{Am}^F, q_{Am}^F, \omega_{Am}^F, \xi_{Am}^F, \eta_{Am}^F)$ 满足条件：① $\omega_{Am}^F = \dfrac{v(\beta + \theta)(1 - \xi_{Am}^F) + s(1 + \alpha\theta)\xi_{Am}^F}{\beta + \theta + \alpha\theta\xi_{Am}^F - \beta\xi_{Am}^F}$，② $p_{Am}^F = \eta_{Am}^F$，③ $q_{Am}^F = \arg\max_q \Pi(q_{Am}^F, p_{Am}^F)$，④ $\xi_{Am}^F = F(q_{Am}^F) + (1 - \theta)\bar{F}(q_{Am}^F)$，⑤ $\eta_{Am}^F = \omega_{Am}^F$。

当 $\theta > \theta^F$ 时，

（1）当 $p = \omega_A^F$ 时，在市场部分覆盖策略下，在线零售商与消费者的理性预期均衡 $(p_{Au}^F, q_{Au}^F, \omega_{Au}^F, \xi_{Au}^F, \eta_{Au}^F)$ 满足条件：① $\omega_{Au}^F = \dfrac{v(\beta + \theta)(1 - \xi_{Au}^F) + s(1 + \alpha\theta)\xi_{Au}^F}{\beta + \theta + \alpha\theta\xi_{Au}^F - \beta\xi_{Au}^F}$，② $p_{Au}^F = \eta_{Au}^F$，③ $q_{Au}^F = \arg\max_q \Pi(q_{Au}^F,$

$p_{Au}^F)$，④ $\xi_{Au}^F = F(\dfrac{q_{Au}^F}{\widetilde{\varphi}}) + (1 - \theta)\bar{F}(\dfrac{q_{Au}^F}{\widetilde{\varphi}})$，⑤ $\eta_{Au}^F = \omega_{Au}^F$。

（2）当 $p = \omega_S^F$ 时，在市场完全覆盖策略下，在线零售商与消费者的理性预期均衡 $(p_{Sm}^F, q_{Sm}^F, \omega_{Sm}^F, \xi_{Sm}^F, \eta_{Sm}^F)$ 满足条件：① $\omega_{Sm}^F = v - \dfrac{\xi_{Sm}^F(\theta v - s)}{\theta}$，

②$p_{Sm}^F = \eta_{Sm}^F$，③ $q_{Sm}^F = \arg\max_q \Pi(q_{Sm}^F, p_{Sm}^F)$，④ $\xi_{Sm}^F = F(q_{Sm}^F) + (1 -$

$\theta)\bar{F}(q_{Sm}^F)$，⑤ $\eta_{Sm}^F = \omega_{Sm}^F$。

命题 4-10 在全额退款退货策略下，当 $\theta < \theta^F$ 时，在线零售商的均衡结果如下：

（1）当 $p = \omega_S^F$ 时，在线零售商采用部分覆盖策略，最优零售价 p_{Su}^{F*} 与订购量 q_{Su}^{F*} 分别为

$$p_{Su}^{F*} = \frac{\sqrt{4c\theta^2 v + (\theta + 1)^2 s^2 - 4\theta s(c + \theta v)} + \theta s + s}{2\theta}$$

$$\bar{F}(\frac{q_{Su}^{F*}}{\varphi}) = \frac{2(c - s)}{\sqrt{4c\theta^2 v + (\theta + 1)^2 s^2 - 4\theta s(c + \theta v)} - \theta s + s},$$

其中,θ 需满足 $4\theta s(c + \theta v) - 4c\theta^2 v - (\theta + 1)^2 s^2 < 0$。

(2) 当 $p = \omega_A^F$ 时,在线零售商采用完全覆盖策略,最优零售价 p_{Am}^{F*} 与订购量 q_{Am}^{F*} 分别为

$$p_{Am}^{F*} = \frac{\alpha c - \beta c + \sqrt{Y} + \alpha s + \beta s + \theta s + s}{2(\alpha + \theta)},$$

$$\overline{F}(q_{Am}^{F*}) = \frac{2(\alpha + \theta)(c - s)}{\alpha c - \beta c + \sqrt{Y} - \alpha s + \beta s - \theta s + s}$$

其中,$Y = c(\alpha - \beta) + s(\alpha + \beta + \theta + 1)^2 - 4(\alpha + \theta)(\alpha + 1)cs - cv(\beta + \theta) + sv(\beta + \theta)$,$\theta$ 需满足 $Y > 0$。

当 $\theta > \theta^F$ 时,在线零售商的均衡结果如下:

(1) 当 $p = \omega_A^F$ 时,在线零售商采用部分覆盖策略,最优零售价 p_{Au}^{F*} 与订购量 q_{Au}^{F*} 分别为

$$p_{Au}^{F*} = \frac{\alpha c - \beta c + \sqrt{Y} + \alpha s + \beta s + \theta s + s}{2(\alpha + \theta)},$$

$$\overline{F}(\frac{q_{Au}^{F*}}{\widetilde{\varphi}}) = \frac{2(\alpha + \theta)(c - s)}{\alpha c - \beta c + \sqrt{Y} - \alpha s + \beta s - \theta s + s}$$

其中,$Y = c(\alpha - \beta) + s(\alpha + \beta + \theta + 1)^2 - 4(\alpha + \theta)(\alpha + 1)cs - cv(\beta + \theta) + sv(\beta + \theta)$,$\theta$ 需满足 $Y > 0$。

(2) 当 $p = \omega_S^F$ 时,在线零售商采用完全覆盖策略,最优零售价 p_{Sm}^{F*} 与订购量 q_{Sm}^{F*} 分别为

$$p_{Sm}^{F*} = \frac{\sqrt{4c\theta^2 v + (\theta + 1)^2 s^2 - 4\theta s(c + \theta v)} + \theta s + s}{2\theta}$$

$$\overline{F}(q_{Sm}^{F*}) = \frac{2(c - s)}{\sqrt{4c\theta^2 v + (\theta + 1)^2 s^2 - 4\theta s(c + \theta v)} - \theta s + s}$$

其中,θ 需满足 $4\theta s(c + \theta v) - 4c\theta^2 v - (\theta + 1)^2 s^2 < 0$。

命题 4-10 指出了在全额退款退货策略下,在线零售商采用不同市场覆盖策略时的最优决策变量。

推论 4-2 退货策略下,当市场目标为预期后悔型消费者时,$\dfrac{d\Pi_{Ai}^F}{d\alpha} < 0$。

当 $s > v\theta$ 时,$\dfrac{d\Pi_{Ai}^F}{d\beta} < 0$;当 $s < v\theta$ 时,$\dfrac{d\Pi_{Ai}^F}{d\beta} > 0$。

推论 4-2 表明,在全额退款退货策略下,高价后悔会降低在线零售商

的利润，当 $s < v\theta$ 时，缺货后悔有利于增加在线零售商的利润。这是因为高价后悔下，消费者更关注高价购买产品时的效用损失，因此他们会选择等待至清货期购买。在线零售商为了吸引消费者在全价期购买只能降低零售价，零售价下降会降低边际利润，进而影响在线零售商的期望利润。而在缺货后悔下，消费者更关注产品的可获得性，因此他们更愿意在全价期购买，从而增加在线零售商的期望利润。

推论 4-1 与推论 4-2 表明，不退货策略下，预期后悔会降低在线零售商的利润；退货策略下，在线零售商可以从消费者预期后悔行为中获利。这是因为当消费者对产品估值不确定且缺货后悔程度对其影响更大时，退货策略可以增强消费者的购买信心，消费者更愿意在全价期购买产品。因此，全额退款退货策略可在一定程度上缓解消费者的策略性购买行为，刺激策略型消费者放弃等待在全价期购买，从而增加在线零售商的利润。以上分析为现实中在线零售商（比如：京东和唯品会）提供了一定的管理启示：当消费者表现为策略性且存在预期后悔行为时，在线零售商应在正常销售季中提供宽松的退货政策，以此增强消费者的购买信心，刺激消费者在正常销售季中购买，缓解消费者的策略性购买行为，进而增加自身利润。

命题 4-11 在全额退款退货策略下，当 $\theta < \theta^F$ 时，存在 φ^{F*}，当 $\varphi > \varphi^{F*}$ 时，$\Pi_u^{F*} > \Pi_m^{F*}$，当 $\varphi < \varphi^{F*}$ 时，$\Pi_u^{F*} < \Pi_m^{F*}$，此时 $\varphi^{F*} =$

$$\frac{\theta(p_{Am}^{F*} - s)\int_0^{q_{Am}^{F*}} \overline{F}(x)\,\mathrm{d}x - (c - s)(q_{Am}^{F*} - q_{Su}^{F*})}{\theta(p_{Su}^{F*} - s)\int_0^{q_{Su}^{F*}} \overline{F}(x)\,\mathrm{d}x}$$

；当 $\theta > \theta^F$ 时，存在 $\tilde{\varphi}^{F*}$，

当 $\tilde{\varphi} > \tilde{\varphi}^{F*}$ 时，$\Pi_u^{F*} > \Pi_m^{F*}$，当 $\tilde{\varphi} < \tilde{\varphi}^{F*}$ 时，$\Pi_u^{F*} < \Pi_m^{F*}$。此时，$\tilde{\varphi}^{F*} =$

$$\frac{\theta(p_{Sm}^{F*} - s)\int_0^{q_{Sm}^{F*}} \overline{F}(x)\,\mathrm{d}x - (c - s)(q_{Sm}^{F*} - q_{Au}^{F*})}{\theta(p_{Au}^{F*} - s)\int_0^{q_{Au}^{F*}} \overline{F}(x)\,\mathrm{d}x}$$

。

命题 4-11 表明，在全额退款退货策略下，当产品匹配率较低时，若策略型消费者的比例超过了一定的数值，在线零售商实施部分覆盖策略能获得更高的利润。因为策略型消费者只受产品匹配率的影响，产品匹配率较低表明消费者对产品不满意的可能性较高，但退货策略保证了消费者在对产品不满意时可以退货，减少了产品匹配率较低时的效用损失，刺激策

略型消费者在全价期购买。同时，部分覆盖策略下的零售价相对更高，在线零售商的边际利润高于完全覆盖策略下的边际利润，通过制定更高的零售价实施部分覆盖策略只能使策略型消费者获得更高的利润。然而，当产品匹配率较高时，消费者对购买的产品感到满意的可能性较高，此时只有当预期后悔型消费者的比例高于一定的数值时，在线零售商通过设置更高的零售价实施部分覆盖策略只能使预期后悔型消费者获得更高的利润，否则，在线零售商将降低零售价以满足市场上两种类型的消费者，从而获得更高的利润。在线零售商的市场覆盖策略选择如图4-4所示。

由图4-4可知，在全额退款退货策略下，因为消费者对产品的估值不确定且预期后悔型消费者进行购买决策时会受到预期后悔行为的影响，所以在线零售商会根据产品匹配率与策略型消费者的比例实施合适的市场覆盖策略。全额退款退货策略减少了消费者对产品不满意时的效用损失，因此当产品匹配率较高且预期后悔型消费者的比例较大时，在线零售商采用市场部分覆盖策略，市场目标为预期后悔型消费者；当产品匹配率较低且策略型消费者的比例较大时，在线零售商同样采用市场部分覆盖策略，但市场目标为策略型消费者；当产品匹配率较低且预期后悔型消费者的比例较大时或当产品匹配率较高且策略型消费者的比例较大时，在线零售商采用市场完全覆盖策略，市场目标为两种类型消费者，以获得更高利润。

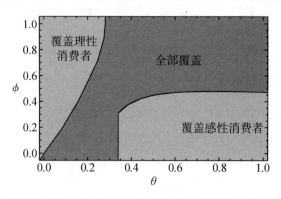

图4-4　全额退款退货策略下在线零售商的市场覆盖策略

命题4-11与命题4-7表明，在线零售商在考虑消费者对产品估值不确定的影响时，不能忽视消费者预期后悔行为，否则会造成较大的利润损失。当高价值消费者比例高于一定的数值时，采用覆盖策略只能使高价值消费者获得更高的利润，即同时覆盖两种类型消费者的完全覆盖策略并不总能带给在线零售商更高的利润，这是因为当高价值消费者的数量很多时，在线零售商将提高零售价，市场目标定位于高价值消费者，以期获取更高的边际收入。同时，由于高价值消费者的市场需求足够大，在线零售商最终获得的利润会比以较低的价格面向两种类型消费者时获得的利润更高。

在现实中，全额退款退货策略被在线零售商广泛采用。当在线零售商推出如手机、平板等新产品时，消费者对产品不熟悉，往往会做出理性的购买决策。考虑到消费者的策略性购买行为，在线零售商通常会通过制定较高的零售价并提供退货策略增强消费者的购买信心，吸引消费者立即购买，进而获得更多的利润。

命题 4-12 在全额退款退货策略下，当 $\theta < \theta^F$ 时，存在 φ^{F0}，当 $\varphi > \varphi^{F0}$ 时，$q_u^{F*} > q_m^{F*}$，当 $\varphi < \varphi^{F0}$ 时，$q_u^{F*} < q_m^{F*}$，此时，

$$\varphi^{F0} = \frac{\overline{F}^{-1}\left(\dfrac{2(\alpha+\theta)(c-s)}{\alpha c-\beta c+\sqrt{(c(\alpha-\beta)+s(\alpha+\beta+\theta+1))^2-4(\alpha+\theta)((\alpha+1)cs-cv(\beta+\theta)+sv(\beta+\theta))}-\alpha s+\beta s-\theta s+s}\right)}{\overline{F}^{-1}\left(\dfrac{2(c-s)}{\sqrt{-4\theta s(c+\theta v)+4c\theta^2 v+(\theta+1)^2 s^2}-\theta s+s}\right)}$$

当 $\theta > \theta^F$ 时，存在 $\tilde{\varphi}^{F0}$，当 $\tilde{\varphi} > \tilde{\varphi}^{F0}$ 时，$q_u^{F*} > q_m^{F*}$，当 $\tilde{\varphi} < \tilde{\varphi}^{F0}$ 时，$q_u^{F*} < q_m^{F*}$，此时，

$$\tilde{\varphi}^{F0} = \frac{\overline{F}^{-1}\left(\dfrac{2(c-s)}{\sqrt{-4\theta s(c+\theta v)+4c\theta^2 v+(\theta+1)^2 s^2}-\theta s+s}\right)}{\overline{F}^{-1}\left(\dfrac{2(\alpha+\theta)(c-s)}{\alpha c-\beta c+\sqrt{(c(\alpha-\beta)+s(\alpha+\beta+\theta+1))^2-4(\alpha+\theta)((\alpha+1)cs-cv(\beta+\theta)+sv(\beta+\theta))}-\alpha s+\beta s-\theta s+s}\right)}$$

命题 4-12 表明，在全额退款退货策略下，完全覆盖策略下在线零售商的订购量并不总是高于部分覆盖策略下的订购量。这是因为部分覆盖策略下在线零售商的目标市场为高价值消费者，当高价值消费者比例较高且销售价格较高时，部分覆盖策略下在线零售商的订购量高于完全覆盖策略下的订购量。因此，在线零售商并不是订购越多越好，而应该根据市场上消费者的类型进行合理的订货决策。

接下来，本章用数值模拟的方法分析全额退款退货策略下，消费者对产品估值的不确定与预期后悔对利润的影响，令 $\delta_S^F =$

$$\frac{\Pi^{F*}(\theta \neq 1, \ \alpha = 0, \ \beta = 0) - \Pi^{F*}(\theta = 1, \ \alpha = 0, \ \beta = 0)}{\Pi^{F*}(\theta = 1, \ \alpha = 0, \ \beta = 0)} \quad 与 \quad \delta_A^F =$$

$$\frac{\Pi^{F*}(\theta \neq 1, \ \alpha \neq 0, \ \beta \neq 0) - \Pi^{F*}(\theta = 1, \ \alpha = 0, \ \beta = 0)}{\Pi^{F*}(\theta = 1, \ \alpha = 0, \ \beta = 0)}, \quad 分别表示策$$

略型消费者与预期后悔型消费者对在线零售商利润的影响，如图 4-5
所示。

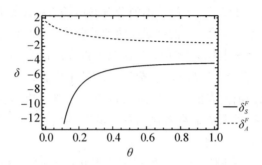

图 4-5　全额退款退货策略下估值不确定及预期后悔对在线零售商利润的影响

由图 4-5 可知，在全额退款退货策略下，消费者对产品估值的不确定
会造成在线零售商利润损失，但消费者的预期后悔行为有利于增加在线零
售商的利润。这是因为策略型消费者一旦购买后，不会持续关注产品价
格，高价后悔对消费者的决策影响要低于缺货后悔（Nasiry 和 Popescu，
2012），并且全额退款退货策略在一定程度上降低了消费者对产品不满意
时的效用损失，消费者更关注产品在清货期的可获得性。根据推论 4-2，
缺货后悔在一定条件下有利于提高在线零售商的利润。

以上分析表明，在网络购物过程中，由于消费者对产品估值的不确定
以及预期后悔对其购买决策的影响，在线零售商提供退货策略能消除策略
型消费者等待购买等行为，缓解产品估值的不确定性以及预期后悔行为带
来的不利影响，提高在线零售商的利润。退货策略目前已广泛应用于商业
实践，特别是网络购物环境中，许多大型在线零售商，如淘宝、京东、拼
多多、亚马逊等，都向消费者提供"七天无理由退货"，以此吸引消费者
线上购买。

4.5.3　部分退款退货策略下（情形 P）

部分退款退货策略下，策略型消费者在全价期购买与清货期购买产品
的期望效用分别为

$$U_{1S}^{P} = \theta(v - p) - (1 - \theta)(1 - a)p \tag{4-20}$$

$$U_{2S}^{P} = \xi(\theta v - s) \tag{4-21}$$

策略型消费者进行购买决策时只考虑经济效用，只有当全价期的效

用大于清货期的效用时才会选择在全价期购买，即 $\theta v - (1 - a + a\theta)p \geq \xi_S^P(\theta v - s)$。因此，在清货期能购买到产品的可能性为 ξ_S^P 时，策略型消费者对产品的最高保留价格为：$\omega_S^P = \dfrac{v\theta + s\xi_S^P - v\theta\xi_S^P}{1 - a + a\theta}$。

预期后悔型消费者在全价期购买与清货期购买产品的期望效用分别为

$$U_{1A}^P = \theta(v - p - \alpha\xi(p - s)) - (1 - \theta)(1 - a)p \qquad (4\text{-}22)$$

$$U_{2A}^P = \xi(\theta v - s) - \beta(1 - \xi)(v - p) \qquad (4\text{-}23)$$

其对产品的最高保留价格为

$$\omega_A^P = \frac{s(\alpha\xi_A^P\theta + \xi_A^P) - v(\beta + \theta)(\xi_A^P - 1)}{1 + \beta + a(\theta - 1) + \alpha\xi_A^P\theta - \beta\xi_A^P}$$

命题 4-13 当 $\theta > \theta^P$ 时，$\omega_S^P < \omega_A^P$，若零售价 $p = \omega_A^P$，在线零售商采用部分覆盖策略，市场目标为预期后悔型消费者；若零售价 $p = \omega_S^P$，在线零售商采用完全覆盖策略，市场目标为策略型消费者与预期后悔型消费者。当 $\theta < \theta^P$ 时，$\omega_S^P > \omega_A^P$，若零售价 $p = \omega_S^P$，在线零售商采用部分覆盖策略，市场目标为策略型消费者；若零售价 $p = \omega_A^P$，在线零售商采用完全覆盖策略，市场目标为策略型消费者与预期后悔型消费者，此时 θ 满足：

$$\theta^P = \frac{\xi_A^P(as\alpha - s\alpha - as + v - av - v\beta + av\beta) + v\beta - av\beta + \xi_S^P(as - v + av + s\alpha\xi_A^P - v\beta + v\beta\xi_A^P)}{2((as\alpha - v\alpha - av)\xi_A^P + v(a + \alpha\xi_A^P)\xi_S^P)}$$
$$+ \frac{\sqrt{\begin{array}{l}(((a-)v(\beta(\xi_A^P-1)-\xi_A^P) + s((a-1)a\xi_A^P - a\xi_A^P) + ((a(s+v) + sa\xi_A^P + v(+\beta(\xi_e^P-1)-1))\xi_S^P)^2 \\ + 4(as\alpha\xi_A^P - va\xi_A^P - av\xi_A^P + v(a+\alpha\xi_A^P)\xi_S^P)(-(a-1)(v\beta(\xi_A^P-1)-s\xi_A^P) + s(1-a+\beta-\beta\xi_A^P)\xi_S^P))\end{array}}}{2((as\alpha - v\alpha - av)_A^P + v(a + \alpha\xi_A^P)\xi_S^P)}$$

在线零售商的期望收益函数为

$$\Pi_i^P = (p_i((1 - a)(1 - \theta) + \theta) - s\theta)E(X_i \wedge q_i) - (c - s)q_i \qquad (4\text{-}24)$$

其中，$x \wedge y = \min\{x, y\}$，$i = \{u, m\}$ 表示的是部分覆盖策略和完全覆盖策略，当 $\theta < \theta^P$ 时，$X_u = \varphi X$，$X_m = X$；当 $\theta > \theta^P$ 时，$X_u = (1 - \varphi)X$，$X_m = X$。

定义 4-6 当 $\theta < \theta^P$ 时，

(1) 当 $p = \omega_S^P$ 时，市场部分覆盖策略下，在线零售商与消费者的理性预期均衡 $(p_{Su}^P, q_{Su}^P, \omega_{Su}^P, \xi_{Su}^P, \eta_{Su}^P)$ 满足条件：① $\omega_{Su}^P = v - \dfrac{\xi_{Su}^P(\theta v - s)}{\theta}$，② $p_{Su}^P = \eta_{Su}^P$，③ $q_{Su}^P = \arg\max_q \Pi(q_{Su}^P, p_{Su}^P)$，④ $\xi_{Su}^P = F\left(\dfrac{q_{Su}^P}{\varphi}\right) + (1 - \theta)\overline{F}\left(\dfrac{q_{Su}^P}{\varphi}\right)$，

⑤ $\eta_{Su}^{P} = \omega_{Su}^{P}$。

（2）当 $p = \omega_{A}^{P}$ 时，市场完全覆盖策略下，在线零售商与消费者的理性预期均衡 $(p_{Am}^{P}, q_{Am}^{P}, \omega_{Am}^{P}, \xi_{Am}^{P}, \eta_{Am}^{P})$ 满足条件：① $\omega_{Am}^{P} = \dfrac{s(\alpha\xi_{Am}^{P}\theta + \xi_{Am}^{P}) - v(\beta + \theta)(\xi_{Am}^{P} - 1)}{1 + \beta + a(\theta - 1) + \alpha\xi_{Am}^{P}\theta - \beta\xi_{Am}^{P}}$，② $p_{Am}^{P} = \eta_{Am}^{P}$，③ $q_{Am}^{P} = \arg \max_{q}\Pi(q_{Am}^{P}, p_{Am}^{P})$，④ $\xi_{Am}^{P} = F(q_{Am}^{P}) + (1 - \theta)\overline{F}(q_{Am}^{P})$，⑤ $\eta_{Am}^{P} = \omega_{Am}^{P}$。

当 $\theta > \theta^{P}$ 时，

（1）当 $p = \omega_{A}^{P}$ 时，市场部分覆盖策略下，在线零售商与消费者的理性预期均衡 $(p_{Au}^{P}, q_{Au}^{P}, \omega_{Au}^{P}, \xi_{Au}^{P}, \eta_{Au}^{P})$ 满足条件：① $\omega_{Au}^{P} = \dfrac{s(\alpha\xi_{Au}^{P}\theta + \xi_{Au}^{P}) - v(\beta + \theta)(\xi_{Au}^{P} - 1)}{1 + \beta + a(\theta - 1) + \alpha\xi_{Au}^{P}\theta - \beta\xi_{Au}^{P}}$，② $p_{Au}^{P} = \eta_{Au}^{P}$，③ $q_{Au}^{P} = \arg \max_{q}\Pi(q_{Au}^{P}, p_{Au}^{P})$，④ $\xi_{Au}^{P} = F(\dfrac{q_{Au}^{P}}{\underset{\sim}{\varphi}}) + (1 - \theta)\overline{F}(\dfrac{q_{Au}^{P}}{\underset{\sim}{\varphi}})$，⑤ $\eta_{Au}^{P} = \omega_{Au}^{P}$。

（2）当 $p = \omega_{S}^{P}$ 时，市场完全覆盖策略下，在线零售商与消费者的理性预期均衡 $(p_{Sm}^{P}, q_{Sm}^{P}, \omega_{Sm}^{P}, \xi_{Sm}^{P}, \eta_{Sm}^{P})$ 满足条件：① $\omega_{Sm}^{P} = v - \dfrac{\xi_{Sm}^{P}(\theta v - s)}{\theta}$，② $p_{Sm}^{P} = \eta_{Sm}^{P}$，③ $q_{Sm}^{P} = \arg \max_{q}\Pi(q_{Sm}^{P}, p_{Sm}^{P})$，④ $\xi_{Sm}^{P} = F(q_{Sm}^{P}) + (1 - \theta)\overline{F}(q_{Sm}^{P})$，⑤ $\eta_{rm}^{P} = \omega_{rm}^{P}$。

命题 4-14 部分退款退货策略下，当 $\theta < \theta^{P}$ 时，在线零售商的均衡结果如下：

（1）当 $p = \omega_{S}^{P}$ 时，在线零售商采用部分覆盖策略，最优零售价 p_{Su}^{P*} 与订购量 q_{Su}^{P*} 分别为

$$p_{Su}^{P*} = \frac{\sqrt{(1+a(\theta-1))^{2}(4cv\theta^{2}+s^{2}(1+\theta)^{2}-4s\theta(c+v\theta))} + s(1+\theta+a(\theta^{2}-1))}{2(1+a(\theta-1))^{2}}$$

$$\overline{F}(\frac{q_{Su}^{P*}}{\varphi}) = \frac{2(c-s)(1+a(\theta-1))}{\sqrt{(1+a(\theta-1))^{2}(4cv\theta^{2}+s^{2}(1+\theta)^{2}-4s\theta(c+v\theta))} - s(1+a(\theta-1))(\theta-1)}$$

其中，θ 需满足 $4cv\theta^{2} + s^{2}(1 + \theta)^{2} > 4s\theta(c + v\theta)$。

（2）当 $p = \omega_{A}^{P}$ 时，在线零售商采用完全覆盖策略，最优零售价 p_{Am}^{P*} 与订购量 q_{Am}^{P*} 分别为

$$p_{Am}^{P*} = \frac{s-as+s\theta+s\alpha\theta-as\alpha\theta-c\beta\theta+s\beta\theta+as\theta^{2}+c\alpha\theta^{2}+as\alpha\theta^{2}+\sqrt{W}}{2(1+a(\theta-1))(1+a(\theta-1)+\alpha\theta)}$$

$$\overline{F}(q_{Am}^{P*}) = \frac{2(c-s)\theta(1+a(\theta-1)+\alpha\theta)}{\sqrt{W}+c\theta(\alpha\theta-\beta)+s(1+(\alpha+\beta-1)\theta-2\alpha\theta^2+a(\theta-1)(1+(\alpha-1)\theta))}$$

其中，$W = (s+s(1+\alpha+\beta)\theta+c\theta(-\beta+\alpha\theta)+as(\theta-1)(1+\theta+\alpha\theta))^2 - 4(1+a(\theta-1))\theta(1+a(\theta-1)+\alpha\theta)(sv(\beta+\theta)+c(s+s\alpha\theta-v(\beta+\theta)))$，$\theta$ 需满足 $W>0$。

当 $\theta > \theta^P$ 时，在线零售商的均衡结果如下：

（1）当 $p = \omega_A^P$ 时，在线零售商采用部分覆盖策略，最优零售价 p_{Au}^{P*} 与订购量 q_{Au}^{P*} 分别为

$$p_{Au}^{P*} = \frac{s-as+s\theta+s\alpha\theta-as\alpha\theta-c\beta\theta+s\beta\theta+as\theta^2+c\alpha\theta^2+as\alpha\theta^2+\sqrt{W}}{2(1+a(\theta-1))(1+a(\theta-1)+\alpha\theta)}$$

$$\overline{F}\left(\frac{q_{Au}^{P*}}{\widetilde{\varphi}}\right) = \frac{2(c-s)\theta(1+a(\theta-1)+\alpha\theta)}{\sqrt{W}+c\theta(\alpha\theta-\beta)+s(1+(\alpha+\beta-1)\theta-2\alpha\theta^2+a(\theta-1)(1+(\alpha-1)\theta))}$$

其中，$W = (s+s(1+\alpha+\beta)\theta+c\theta(-\beta+\alpha\theta)+as(\theta-1)(1+\theta+\alpha\theta))^2 - 4(1+a(\theta-1))\theta(1+a(\theta-1)+\alpha\theta)(sv(\beta+\theta)+c(s+s\alpha\theta-v(\beta+\theta)))$，$\theta$ 需满足 $W>0$。

（2）当 $p = \omega_S^P$ 时，在线零售商采用完全覆盖策略，最优零售价 p_{Sm}^{P*} 与订购量 q_{Sm}^{P*} 为

$$p_{Sm}^{P*} = \frac{\sqrt{(1+a(\theta-1))^2(4cv\theta^2+s^2(1+\theta)^2-4s\theta(c+v\theta))}+s(1+\theta+a(\theta^2-1))}{2(1+a(\theta-1))^2}$$

$$\overline{F}(q_{Sm}^{P*}) = \frac{2(c-s)(1+a(\theta-1))}{\sqrt{(1+a(\theta-1))^2(4cv\theta^2+s^2(1+\theta)^2-4s\theta(c+v\theta))}-s(1+a(\theta-1))(\theta-1)}$$

其中，θ 需满足 $4cv\theta^2 + s^2(1+\theta)^2 > 4s\theta(c+v\theta)$。

命题 4-15 在部分退款退货策略下，当 $\theta < \theta^P$ 时，存在 φ^{P*}，当 $\varphi > \varphi^{P*}$ 时，$\Pi_u^{P*} > \Pi_m^{P*}$，当 $\varphi < \varphi^{P*}$ 时，$\Pi_u^{P*} < \Pi_m^{P*}$，此时，

$$\varphi^{P*} = \frac{(p_{Am}^{P*}((1-a)(1-\theta)+\theta)-s\theta)\int_0^{q_{Am}^{P*}}\overline{F}(x)\,dx-(c-s)(q_{Am}^{P*}-q_{Su}^{P*})}{(p_{Su}^{P*}((1-a)(1-\theta)+\theta)-s\theta)\int_0^{q_{Su}^{P*}}\overline{F}(x)\,dx}$$

当 $\theta > \theta^P$ 时，存在 $\widetilde{\varphi}^{P*}$，当 $\widetilde{\varphi} > \widetilde{\varphi}^{P*}$ 时，$\Pi_u^{P*} > \Pi_m^{P*}$，当 $\widetilde{\varphi} < \widetilde{\varphi}^{P*}$ 时，$\Pi_u^{P*} < \Pi_m^{P*}$。此时，

$$\widetilde{\varphi}^{P*} = \frac{(p_{Sm}^{P*}((1-a)(1-\theta)+\theta)-s\theta)\int_0^{q_{Sm}^{P*}}\overline{F}(x)\,dx-(c-s)(q_{Sm}^{P*}-q_{Au}^{P*})}{(p_{Au}^{P*}((1-a)(1-\theta)+\theta)-s\theta)\int_0^{q_{Au}^{P*}}\overline{F}(x)\,dx}$$

命题 4-15 表明，与在全额退款退货策略下类似，在部分退款退货策

略下，当产品匹配率较低时，若策略型消费者的比例超过了一定的数值，在线零售商实施部分覆盖策略能获得更高的利润。然而，当产品匹配率较高时，消费者对购买的产品感到满意的可能性较高，此时只有当预期后悔型消费者的比例高于一定的数值，在线零售商通过设置更高的零售价实施部分覆盖策略只能使预期后悔型消费者获得更高的利润，否则，在线零售商将降低零售价以满足市场上两种类型的消费者，从而获得更高的利润。部分退款退货策略下在线零售商的市场覆盖策略如图4-6所示。

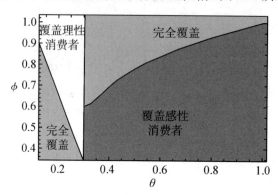

图4-6　部分退款退货策略下在线零售商的市场覆盖策略

由图4-6可知，在部分退款退货策略下，考虑到消费者对产品的估值不确定，以及预期后悔型消费者进行购买决策时会受到预期后悔行为的影响，在线零售商的市场覆盖策略选择会受到产品匹配率与策略型消费者的比例的影响。由于退货策略减少了消费者对产品不满意时的效用损失，因此当产品匹配率较高且预期后悔型消费者的比例较大时，在线零售商采用部分覆盖策略，市场目标为预期后悔型消费者；当产品匹配率较低且策略型消费者的比例较大时，在线零售商同样采用部分覆盖策略，但市场目标为策略型消费者；当产品匹配率较低且预期后悔型消费者的比例较大时或当产品的产品匹配率较高且策略型消费者的比例较大时，在线零售商采用完全覆盖策略，市场目标为两种类型消费者，以获得更高利润。

命题4-16　在部分退款退货策略下，当 $\theta < \theta^P$ 时，存在 φ^{P0}，当 $\varphi > \varphi^{P0}$ 时，$q_u^{P*} > q_m^{P*}$，当 $\varphi < \varphi^{P0}$ 时，$q_u^{P*} < q_m^{P*}$，此时，

$$\varphi^{P0} = \frac{\overline{F}^{-1}\left(\dfrac{2(c-s)\theta(1+a(\theta-1)+\alpha\theta)}{\sqrt{W}+c\theta(\alpha\theta-\beta)+s(1+(\alpha+\beta-1)\theta-2\alpha\theta^2+a(\theta-1)(1+(\alpha-1)\theta))}\right)}{\overline{F}^{-1}\left(\dfrac{2(c-s)(1+a(\theta-1))}{\sqrt{(1+a(\theta-1))^2(4cv\theta^2+s^2(1+\theta)^2-4s\theta(c+v\theta))}-s(1+a(\theta-1))(\theta-1)}\right)}$$

当 $\theta > \theta^p$ 时，存在 $\tilde{\varphi}^{P0}$，当 $\tilde{\varphi} > \tilde{\varphi}^{P0}$ 时，$q_u^{P*} > q_m^{P*}$，当 $\tilde{\varphi} < \tilde{\varphi}^{P0}$ 时，$q_u^{P*} < q_m^{P*}$，此时，

$$\tilde{\varphi}^{P0} = \frac{\bar{F}^{-1}\left(\dfrac{2(c-s)(1+a(\theta-1))}{\sqrt{(1+a(\theta-1))^2(4cv\theta^2+s^2(1+\theta)^2-4s\theta(c+v\theta))}-s(1+a(\theta-1))(\theta-1)}\right)}{\bar{F}^{-1}\left(\dfrac{2(c-s)\theta(1+a(\theta-1)+\alpha\theta)}{\sqrt{W}+c\theta(\alpha\theta-\beta)+s(1+(\alpha+\beta-1)\theta-2\alpha\theta^2+a(\theta-1)(1+(\alpha-1)\theta))}\right)}$$

其中，$W=(s+s(1+\alpha+\beta)\theta+c\theta(-\beta+\alpha\theta)+as(\theta-1)(1+\theta+\alpha\theta))^2-4(1+a(\theta-1))\theta(1+a(\theta-1)+\alpha\theta)(sv(\beta+\theta)+c(s+s\alpha\theta-v(\beta+\theta)))$。

命题 4-16 表明，在部分退款退货策略下，完全覆盖策略下在线零售商的订购量并不总是高于部分覆盖策略下的订购量。命题 4-8、命题 4-12、命题 4-16 均表明，无论在线零售商采取何种退货策略，在线零售商并不是订购得越多越好，而应该根据市场上消费者的类型采取合理的订货决策。

接下来，本章用数值模拟的方法分析部分退款退货策略下，消费者对产品估值的不确定与预期后悔对利润的影响，令 $\delta_S^P = \dfrac{\Pi^{P*}(\theta \neq 1, \alpha = 0, \beta = 0) - \Pi^{P*}(\theta = 1, \alpha = 0, \beta = 0)}{\Pi^{P*}(\theta = 1, \alpha = 0, \beta = 0)}$ 与 $\delta_A^P = \dfrac{\Pi^{P*}(\theta \neq 1, \alpha \neq 0, \beta \neq 0) - \Pi^{P*}(\theta = 1, \alpha = 0, \beta = 0)}{\Pi^P(\theta = 1, \alpha = 0, \beta = 0)}$，分别表示策略型消费者与预期后悔型消费者对在线零售商利润的影响，如图 4-7 所示。

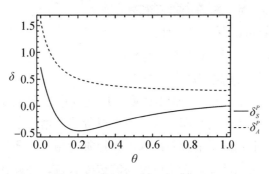

图 4-7　部分退款退货策略下估值不确定及预期后悔对在线零售商利润的影响

由图 4-7 可知，在部分退款退货策略下，消费者对产品估值的不确定会造成在线零售商利润损失，但消费者的预期后悔行为有利于增加在线零售商的利润。图 4-6 与图 4-7 表明，当策略型消费者存在预期后悔行为

时，无论在线零售商采取全额退款还是部分退款退货策略，退货策略都有利于提高在线零售商的利润水平。

4.5.4 退货策略选择

以上的分析表明，消费者的策略性购买行为会降低在线零售商的利润，预期后悔会加剧利润的降低，退货策略可以在一定程度上缓解在线零售商利润的降低。接下来将进一步分析当同时存在预期后悔型消费者与策略型消费者时，在线零售商的退货策略以及市场覆盖策略选择，分析产品匹配率与策略型消费者的比例对在线零售商运作策略的影响。

命题 4-17 无论在线零售商采取哪种市场覆盖策略，在线零售商总是会选择全额退款退货策略。在线零售商的市场覆盖策略选择如下：

（1）当 $\theta > \max\{\theta^P, \theta^F\}$ 时，

①当 $\varphi > \tilde{\varphi}^F$ 时，覆盖预期后悔型消费者；

②当 $\varphi < \tilde{\varphi}^F$ 时，覆盖所有消费者。

（2）当 $\min\{\theta^P, \theta^F\} < \theta < \max\{\theta^P, \theta^F\}$ 时，

① 当 $\theta^P < \theta^F$ 时，

a. 当 $\varphi > \tilde{\varphi}^F$ 时，覆盖所有消费者；

b. 当 $\varphi < \tilde{\varphi}^F$ 时，覆盖预期后悔型消费者。

② 当 $\theta^P > \theta^F$ 时，

a. 当 $\varphi > \varphi^F$ 时，覆盖所有消费者；

b. 当 $\varphi < \varphi^F$ 时，覆盖策略型消费者。

（3）当 $\theta < \max\{\theta^P, \theta^F\}$ 时，

①当 $\varphi > \varphi^F$ 时，覆盖策略型消费者；

②当 $\varphi < \varphi^F$ 时，覆盖所有消费者。

命题 4-17 表明，无论在线零售商采取何种市场覆盖策略，全额退款退货策略总能带来更高的利润，这是因为退货策略增强了消费者的购买信心，在一定程度上刺激了消费者购买。在退货策略下，零售价更高，在线零售商每销售一单位产品，能获得更高的边际收益，因此在线零售商总是愿意采取退货策略吸引消费者购买。但是市场覆盖策略的选择与产品匹配率以及策略型消费者比例有关：①当产品匹配率较低时：策略型消费者比例较低时，采用市场完全覆盖策略，同时覆盖预期后悔型消费者与策略型消费者；当策略型消费者比例较高时，采用市场部分覆盖策略，覆盖策略

型消费者。②当产品匹配率适当时：在线零售商根据产品匹配率的大小采用市场部分或完全覆盖策略。③当产品匹配率较高时：策略型消费者比例较低时，预期后悔型消费者比例较高时，采用市场部分覆盖策略，覆盖预期后悔型消费者；当策略型消费者比例较高时，预期后悔型消费者比例较低时，采用市场完全覆盖策略，同时覆盖预期后悔型消费者与策略型消费者。

以上分析表明，考虑到网络购物过程中，消费者在购买前对产品估值存在不确定，以及消费者在策略性地选择购买时机时受到预期后悔的影响，在线零售商提供退货策略能缓解产品估值的不确定性带来的不利影响，在一定程度上提高了在线零售商的利润。全额退款退货保证策略目前已广泛应用于商业实践，特别是网络购物环境中，许多大型在线零售商，如京东自营、天猫、拼多多等为增强消费者的购买信心，吸引消费者购买，都向消费者提供"七天无理由退货"全额退款保证。

4.6 数值分析

本节用数值分析的方法探讨策略型消费者对产品估值不确定且存在预期后悔时，不退货策略、全额退款退货策略、部分退款退货策略对消费者购买决策及在线零售商运作决策的影响。参考 Xu 和 Duan 的研究，参数设置如下：$X \sim U[0, 1]$，$v = 24$，$c = 5$，$s = 3$，$\alpha = 0.2$，$\beta = 0.8$。

（1）策略型消费者估值不确定对在线零售商的影响

策略型消费者估值不确定对在线零售商的影响与图 3-7 的分析相同。

（2）预期后悔型消费者估值不确定对在线零售商的影响

图 4-8 表明，当策略型消费者具有预期后悔行为时，部分退款下的订货量最高，但是在全额退款下的销售价格更高，并且能最大化在线零售商的收益。在线零售商应提供全额退款退货保证以增强消费者的购买信心，刺激消费者购买，从而提高在线零售商的收益。这是因为，退货策略能提高消费者的在全价期购买产品所获得的效用，消费者愿意为此支付一定的溢价。由于退回的产品可以在清货期再次销售，退货策略提高了产品在清货期的可获得性，而全额退款退货保证能最大化消费者在全价期购买产品所获得的效用。当在线零售商刺激消费者购买的行为高于退货增加在清货

期产品的可获得性行为时，全额退款退货策略提高了销售价格，进而增加了在线零售商的收益。

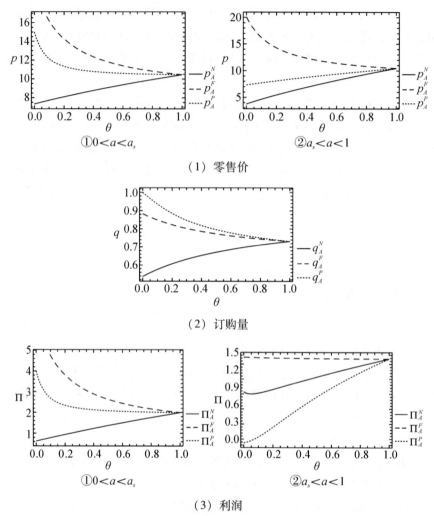

（1）零售价

（2）订购量

（3）利润

图4-8　预期后悔型消费者的影响

（3）策略型消费者与预期后悔型消费者混合存在对在线零售商的影响

图4-9分析了不同退货策略下，消费者对产品估值不确定性水平对最优零售价的影响。在不退货策略下，最优零售价随着产品匹配率的提高而单调递增，如图4-9所示：①当产品匹配率 $\theta > \theta^N$ 时，策略型消费者为高价值消费者，预期后悔型消费者为低价值消费者。在线零售商面向策略型消费者定价时，采用的部分覆盖策略；面向预期后悔型消费者定价时，采

用的是完全覆盖策略。②当产品匹配率 $\theta < \theta^N$ 时，预期后悔型消费者为高价值消费者，策略型消费者为低价值消费者。在线零售商面向预期后悔型消费者定价时，采用的是部分覆盖策略；在线零售商面向策略型消费者定价时，采用的是完全覆盖策略。全额退款与部分退款退货策略下的情形与之相反。

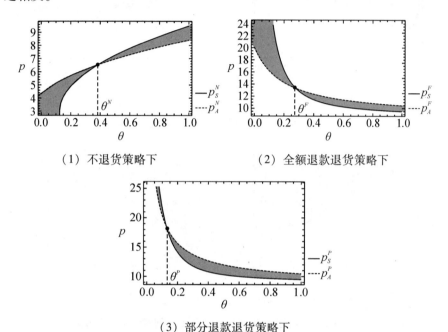

（1）不退货策略下　　　　　　　　（2）全额退款退货策略下

（3）部分退款退货策略下

图 4-9　估值不确定对最优零售价的影响

图 4-10 分析了在不退货策略下，策略型消费者比例对在线零售商最优订购量的影响。市场完全覆盖策略下，策略型消费者的比例对在线零售商的最优订购量没有影响。市场部分覆盖策略下，①当产品匹配率 $\theta > \theta^N$ 时，最优订购量随着策略型消费者比例的增加而单调递增，这是因为目标市场为策略型消费者时，当策略型消费者比例增加，表明策略型消费者需求增加，在线零售商的最优订购量也随之增加，最终部分覆盖策略下最优订购量高于完全覆盖下的最优订购量；②当产品匹配率 $\theta < \theta^N$ 时，最优订购量随着策略型消费者比例的增加而单调递减，这是因为目标市场为预期后悔型消费者时，策略型消费者比例增加，表明预期后悔型消费者比例减小，预期后悔型消费者需求减少，在线零售商的最优订购量也随之减少，最终部分覆盖策略下的最优订购量低于完全覆盖下的最优订购量。在全额

退款与部分退款退货策略下，市场完全覆盖策略下情形与之类似，部分覆盖策略下的情形与之相反，如图4-11、图4-12所示。

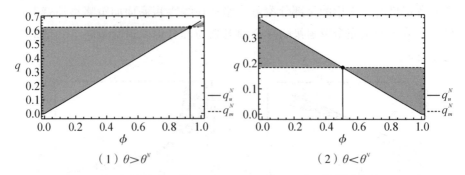

（1）$\theta > \theta^N$　　　　　　　（2）$\theta < \theta^N$

图4-10　不退货策略下策略型消费者比例对最优订购量的影响

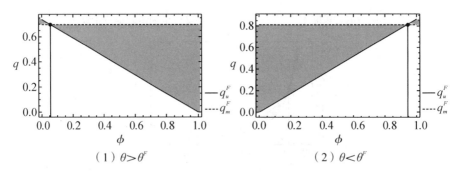

（1）$\theta > \theta^F$　　　　　　　（2）$\theta < \theta^F$

图4-11　全额退款退货策略下策略型消费者比例对最优订购量的影响

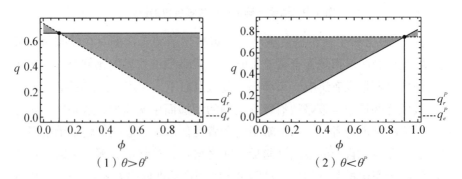

（1）$\theta > \theta^P$　　　　　　　（2）$\theta < \theta^P$

图4-12　部分退款退货策略下策略型消费者比例对最优订购量的影响

图4-13分析了在不退货策略下，策略型消费者比例对在线零售商利润的影响。在市场完全覆盖策略下，策略型消费者的比例对在线零售商的最优利润没有影响。市场部分覆盖策略下，①当产品匹配率 $\theta > \theta^N$ 时，在

线零售商的最优利润随着策略型消费者比例的增加而单调递增，这是因为目标市场为策略型消费者时，当策略型消费者比例增加，价格与订购量均增加，在线零售商的最优利润也随之增加，因此最终部分覆盖策略下在线零售商的最优利润高于完全覆盖下的最优利润；②当产品匹配率 $\theta < \theta^N$ 时，在线零售商的最优利润随着策略型消费者比例的增加而单调递减，这是因为目标市场为预期后悔型消费者时，策略型消费者比例增加，表明预期后悔型消费者比例减小，订购量减少，在线零售商的最优利润也随之降低，即使部分覆盖策略下的零售价较高，但随着预期后悔型消费者的比例减小，最终部分覆盖策略下在线零售商的最优利润低于市场完全覆盖下最优利润的水平。在全额退款与部分退款退货策略下，市场完全覆盖策略下情形类似，市场部分覆盖策略下的情形与之相反，如图 4-14、图 4-15 所示。

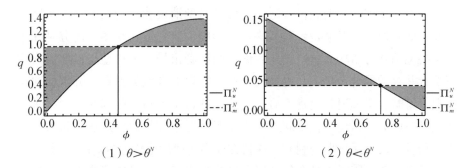

图 4-13　不退货策略下策略型消费者比例对最优利润的影响

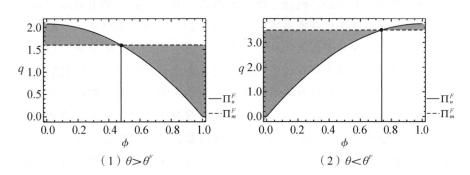

图 4-14　全额退款退货策略下策略型消费者比例对最优利润的影响

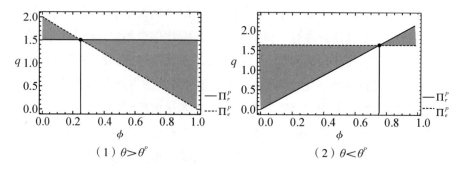

图 4-15 部分退款退货策略下策略型消费者比例对最优利润的影响

4.7 本章小结

本章基于理性预期假设，同时考虑策略型消费者对产品的估值不确定以及预期后悔行为对消费者购买决策的影响，研究了在线零售商分别在单一策略型消费者市场、单一预期后悔型消费者市场、策略型与预期后悔型消费者并存的混合市场下，以最大化在线零售商利润为目标，分别构建了不退货策略、全额退款退货策略、部分退款退货策略下的利润模型，求解并通过数值分析讨论了在不同退货策略下，在线零售商的最优零售价、最优订购量，以及最优期望利润，探讨在线零售商的最优退货策略选择。

研究表明：①无论是在何种消费者类型市场下，退货策略总是有利于增强消费者的购买信心，提高在线零售商的收益，并且全额退款退货策略有利于最大限度地提高在线零售商的收益。②在不退货策略下，产品估值的不确定会降低在线零售商的利润，预期后悔会加剧利润的降低；但全额退款与部分退款退货策略有利于刺激消费者在全价期购买，缓解估值不确定带来的损失程度，并且策略型消费者的预期后悔行为反而提高了在线零售商的利润。③当在线零售商面对策略型消费者与预期后悔型消费者同时存在的混合市场时，产品匹配率、策略型消费者比例影响着在线零售商的最优订购量和利润，并且在市场完全覆盖下的最优订购量和利润并不总是优于部分覆盖策略下的最优订购量。

基于上述分析，本章得到以下管理启示：①在退货保证下，消费者的策略性购买行为确实会减少在线零售商的收益，但是预期后悔行为却有利于增加利润。当消费者策略性地决策购买时机时，在线零售商应通过巧妙的价格政策与库存政策诱导消费者产生预期后悔行为，从而增加收益。②无论在线零售商如何选择退货策略，在线零售商都应考虑产品匹配率以及消费者比例进行运作决策。③考虑到消费者的策略性购买行为以及预期后悔行为，在线零售商应积极实施全额退款退货策略，以刺激消费者提前购买，缓解估值不确定及预期后悔行为对在线零售商绩效的不利影响。

本章仅针对消费者预期后悔行为和对产品的估值不确定性，研究了在线零售商在不同市场覆盖下的运作与退货策略的决策问题。本章发现，退货策略利于刺激消费者在全价期购买，缓解估值不确定与预期后悔带来的损失程度。同时，消费者的预期后悔行为增加了在线零售商的利润，但是当退货成本忽略不计时，策略型消费者可能会持续关注产品价格且可以在全价时购买后退货，等待至产品降价时再次购买。例如，在折扣促销前，消费者可能在全价期先购买产品后退货，根据产品质量决定是否在清货期以低价再次购买。在这种情形下，清货期不存在消费者对产品价值不确定的问题。当在线零售商面对这类具有投机行为的消费者，继续提供全额退款退货保证可能会提高网络交易的退货率，减少收益。那么是否存在相应机制来缓解这类消费者的投机行为呢？

相关研究表明：部分退款可以消除消费者的投机行为（Shang，2017）。但由于在部分退款策略下，消费者退货时需要承担一定损失，这可能会降低消费者的购买信心，阻碍消费者购买，因此部分退款策略虽然能消除消费者投机行为、保证在线零售商的收益，但也有可能会阻碍消费者购买，进而影响在线零售商的利润。考虑到策略型消费者在两阶段购买中还存在预期后悔行为，随着消费者的行为方式更加复杂，部分退款策略是否同样可以消除消费者的投机行为，提高在线零售商的利润呢？

5 消费者投机行为下
在线零售商退货策略研究

5.1 引言

退货保证虽然可以增强消费者购买信心，刺激消费者购买，但是宽松的退货保证滋生了消费者只是为了在退货时效内享受产品带来的收益的机会主义行为。Akturk 等将在大型比赛前，为了更好的观感体验而购买大屏幕电视，在比赛结束后的退货期限内立即退货，或者为了特殊活动购买衣服或西装，短暂使用后退货的行为理解为机会主义退货行为。在两阶段销售中，退货保证在一定程度上有利于减少产品估值不确定带来的不利影响，然而当退货成本忽略不计时，消费者可能会有目的地在购买产品后退货，并在产品降价时再次购买，以期获得更大的效用。例如，在折扣促销前，消费者可能先全价购买产品，根据产品质量以及产品促销时的可获得性决定是保留产品还是在产品促销时以低价再次购买，消费者在折扣促销时购买不存在对产品价值不确定的问题。本章将这种在全价期购买后退货，再在清货期以低价再次购买的行为称为投机行为。

如何科学地制定退货策略也一直吸引着学术界的关注。在线零售商需要进一步考虑退货策略在降低消费者估值不确定性与滋生消费者投机退货之间的权衡问题。因此本章研究的重点是：策略型消费者在退货保证下的投机行为如何影响在线零售商的退货策略。

根据消费者是否存在投机行为，本章将消费者分为策略型消费者与投机型消费者，首先分析了策略型消费者在退货保证下不存在投机行为时，即所有消费者均为策略型消费者时，产品估值的不确定与策略性购买行为对在线零售商的影响；其次，在策略型消费者在退货保证下存在投机行为时，即所有消费者均为投机型消费者时，分析投机行为其购买决策对在线零售商运作决策的影响；最后，探讨策略型消费者与投机型消费者同时存在时，在线零售商在不同退货策略下的市场覆盖策略选择，得到其最优的退货策略选择。本章的研究内容逻辑如图 5-1 所示。

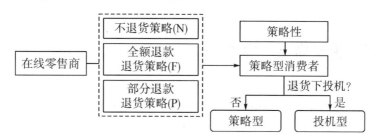

图 5-1　本章的研究内容逻辑

投机行为的相关研究源于交易成本理论，任何交易方只要有机会，都有可能投机（Gibbons，2010；张闯和徐佳，2018）。营销、金融领域相关的学者对投机行为进行了丰富的研究（Hess 等，1996；Chu 等，1998；Davis 等，1998）。随后，Wathne 等、刘宏等指出投机行为是人们在交易的过程中，以不正当、不诚信的手段谋取自身利益最大化的行为，并且损害了交易对方的利益。近年来，运作管理领域的学者也开始关注消费者在退货保证下的投机行为。Ülkü 等研究了在全额退款退货保证下，部分消费者存在投机行为时，当机会主义消费者的效用随着退货时限的延长而增加时，在线零售商的最优定价与最优退货策略。在此基础上，Ülkü 和 Gürler进一步考虑了在供应链中，消费者存在投机行为时，在线零售商的最优运作策略。Shang 等研究了消费者存在投机行为时，在线零售商的最优定价与退款策略。赵骞等指出消费者投机行为是消费者购买产品使用一段时间后利用商家宽松的退货政策有目的性地退回产品的行为，这种恶意退货行为会造成商家退货率上升、收益受损等问题。Alug 等在消费者投机下，对比分析了统一退款、目标式退款、菜单式退款三种退款策略。基于现有文献，本章考虑策略型消费者在退货保证下是否具有投机行为，研究退货保证对策略型消费者行为的影响，并探讨在线零售商在（不）存在投机行为策略型消费者并存的情形中的最优退货策略以及市场覆盖策略选择。

本章的内容安排如下：5.2 节是相关的模型描述与构建；5.3 节分析了策略型消费者在退货保证下不存在投机行为时，在线零售商的最优退货策略；5.4 节分析了策略型消费者在退货保证下存在投机行为时，在线零售商的最优退货策略；5.5 节分析了当在退货保证下（不）具有投机行为的策略型消费者同时存在时，在线零售商的最优退货策略选择；5.6 节运用数值模拟的方法分析不同退货策略如何影响在线零售商最优的价格、库存与利润；5.7 节是本章小结。

5.2 模型描述与构建

本章假定在不确定的市场需求环境下，在线零售商在全价销售的全价期和折扣销售的清货期两个时期里销售单一产品。清货期的清货价 s 外生给定，在线零售商需要在销售季节开始前决定全价期的零售价 p 以及订购量 q，单位产品采购成本为 c，其中 $p > c > s > 0$。市场需求连续且随机，用 X 表示，相应的概率分布和概率密度函数分别为 $F(x)$ 和 $f(x)$，且 $f(x)$ 连续可微，其中 $\bar{F}(x) = 1 - F(x)$。假设生产提前期较长，零售商只有一次订货机会。

消费者在获得产品前，对产品是否满意是不确定的。参考 Gao 和 Su 的文献，本书用 $\theta \in [0, 1]$ 表示消费者对产品满意的可能性（下文称产品匹配率）。假设消费者对产品最终价值的评价有两种可能，高价值 v 和低价值 0，其可能性分别为 θ 和 $1 - \theta$。ω 为消费者保留价格，也称为消费者在全价期购买产品所愿支付的最高价格，且 $\omega < v$，η 为在线零售商预测的消费者保留价格，ξ 为消费者预测能在清货期买到降价产品的可能性。为了不失一般性，本书假定每个消费者至多只购买一个单位的产品。

在不退货策略下，策略型消费者不存在投机行为，此时所有消费者都为策略型消费者，消费者在全价期一定可以获得产品，因此消费者在全价期购买的期望效用为 $\theta v - p$，在清货期策略型消费者获得产品的概率为 ξ，因此在清货期购买的期望效用为 $\xi(\theta v - s)$。

在退货策略下，考虑到策略型消费者在退货保证下存在投机行为，本书将这类消费者称为投机型消费者。根据策略型消费者在退货保证下是否存在投机行为，本书将消费者分为策略型消费者与投机型消费者。投机型消费者在退货保证下，存在"在全价期购买观测到产品实际价值后退货，再在清货期再次购买"的投机行为，而策略型消费者在退货保证下不存在投机行为。参考 Xu 和 Duan 的研究，其中策略型消费者的比例为 φ，投机型消费者的比例为 $\tilde{\varphi} = 1 - \varphi$。市场中仅存在策略型消费者时，$\varphi = 1$；市场中仅存在投机型消费者时，$\varphi = 0$；市场中同时存在策略型与投机型消费者时，$0 < \varphi < 1$。在线零售商只允许消费者对全价期购买的产品进行退货，并获得全额退款，退回的产品可以在清货期以清货价再次销售，但清货期的产品不允许退货（李勇建等，2012；汪峻萍等，2013；Qin 等，2016；Xu 和 Duan，2020），这也与现实中特价产品不退不换相符合。参考原逸超和石岩然的研究，退货的消费者不会再进入清货期购买产品。因此在全额退款退货策略下，策略型消费者在全价期购买的期望效用为 $\theta(v - p)$，在清货期购买的期望效用为 $\xi(\theta v - s)$；投机型消费者在全价期购买的期望效用为 $\theta(v - p)$，在清货期购买的期望效用为 $\xi(v - s)$。在部分退款退货策略下，策略型消费者在全价期购买的期望效用为 $\theta(v - p) - (1 - \theta)(1 - a)p$，在清货期购买的期望效用为 $\xi(\theta v - s)$；投机型消费者在全价期购买的期望效用为 $\theta(v - p)$，在清货期购买的期望效用为 $\xi(v - s) - (1 - a)p$。

5.3　消费者不投机下的退货策略

若策略型消费者在策略性地选择购买时机时不存在预期后悔行为，这和市场中仅有单一策略型消费者时下的分析相同（见 3.4 节）。

5.4　消费者投机下的退货策略

5.4.1　不退货策略下（情形 N）

在退货保证下，策略型消费者才会存在全价期购买后退货，再在清货期再次购买的投机行为。因此，在不退货策略下，策略型消费者不具有投机行为，消费者类型仍为策略型消费者。在不退货策略下，消费者不具有投机行为，市场上所有的消费者都为策略型消费者。这和市场中仅存在策略型消费者的分析相同（见 3.4 节）。

5.4.2 全额退款退货策略下（情形 F）

投机型消费者在全价期购买与清货期购买产品的期望效用分别为

$$U_{1o}^F = \theta(v - p) \tag{5-1}$$

$$U_{2o}^F = \xi(v - s) \tag{5-2}$$

投机型消费者进行购买决策时只考虑产品的经济效用，只有当全价期效用大于清货期效用时，即 $\theta(v - p) \geqslant \xi_o^F(v - s)$ 时，消费者才会选择在全价期购买后保留产品。因此，在清货期获得产品的概率为 ξ_o^F 时，投机型消费者对产品的最高保留价格为：$\omega_o^R = v - \dfrac{\xi_o^F(v - s)}{\theta}$。

在线零售商的期望收益函数为

$$\Pi^F = \theta(p - s)\mathrm{E}(X \wedge q) - (c - s)q \tag{5-3}$$

参考 Su 和 Zhang 的研究，本章通过理性预期理论（Muth，1961）探讨在线零售商与消费者之间的均衡问题。

定义 5-1 在全额退款退货策略下，在线零售商与投机型消费者之间预期均衡 $(p_o^F, q_o^F, \omega_o^F, \xi_o^F, \eta_o^F)$ 满足条件：① $\omega_o^F = \dfrac{v\theta + s\xi_o^F - v\xi_o^F}{\theta}$，② $p_o^F = \eta_o^F$，③ $q_o^F = \arg\max_q \Pi(q_o^F, p_o^F)$，④ $\xi_o^F = F(q_o^F) + (1 - \theta)\bar{F}(q_o^F)$，⑤ $\eta_o^F = \omega_o^F$。

命题 5-1 在全额退款退货策略下，最优零售价 p_o^{F*} 与订购量 q_o^{F*} 分别为

$$p_o^{F*} = \frac{s - v + s\theta + v\theta + \sqrt{J}}{2\theta}, \quad \bar{F}(q_o^{F*}) = \frac{2c - 2s}{s - v - s\theta + v\theta + \sqrt{J}}$$

其中，$J = (s - v)(v(1 - \theta)^2 - 4c\theta + s(1 + \theta)^2)$，且 θ 需要满足 $J(\theta) > 0$。

5.4.3 部分退款退货策略下（情形 P）

投机型消费者在全价期购买与清货期购买产品的期望效用分别为

$$U_{1o}^P = \theta(v - p) \tag{5-4}$$

$$U_{2o}^P = \xi(v - s) - (1 - a)p \tag{5-5}$$

投机型消费者进行购买决策时只考虑产品的经济效用，只有当全价期效用大于清货期效用时，即 $\theta(v - p) \geqslant \xi_o^P(v - s) - (1 - a)p$ 时，消费者才会选择在全价期购买后保留产品。因此，在清货期获得产品的概率为 ξ_r^{RP}

时，理性消费者对产品的最高保留价格为：$\omega_o^P = \dfrac{v\theta + s\xi_o^P - v\xi_o^P}{\theta + a - 1}$。

在线零售商的期望收益函数为

$$\Pi^P = (p((1-a)(1-\theta) + \theta) - s\theta)\mathrm{E}(X \wedge q) - (c - s)q \quad (5\text{-}6)$$

定义 5-2　在部分退款退货策略下，在线零售商采取完全覆盖策略，在线零售商与消费者之间预期均衡（p_o^P，q_o^P，ω_o^P，ξ_o^P，η_o^P）满足条件：① $\omega_o^P = \dfrac{v\theta + s\xi_o^P - v\xi_o^P}{\theta + a - 1}$，② $p_o^P = \eta_o^P$，③ $q_o^P = \arg\max_q \Pi(q_o^P, p_o^P)$，④ $\xi_o^P = F(q_o^P) + (1-\theta)\bar{F}(q_o^P)$，⑤ $\eta_o^P = \omega_o^P$。

命题 5-2　在部分退款退货策略下，最优零售价 p_o^{P*} 与订购量 q_o^{P*} 分别为

$$p_o^{P*} = \frac{s - as - v + av - s\theta + 2as\theta + v\theta - 2av\theta + s\theta^2 + av\theta^2 + \sqrt{H}}{2(a^2(-1+\theta) - 1 + \theta + a(2 - 2\theta + \theta^2))}$$

$$\bar{F}(q_o^{P*}) = \frac{2(c - s)(a + \theta - 1)}{s - as - v + av + s\theta + v\theta - 2av\theta - s\theta^2 + av\theta^2 + \sqrt{H}}$$

其中，$H = (v(1 + a(\theta - 1))(\theta - 1) + s(1 - \theta + \theta^2 + a(2\theta - 1)))^2 - 4\theta(c(s-v) + sv\theta)(a^2(\theta - 1) - 1 + \theta + a(2 - 2\theta + \theta^2))$，且 θ 需要满足 $H(\theta) > 0$。

5.4.4　退货策略选择

命题 5-3　① 当 $0 < \theta < \theta_o^1$ 时，$p_o^N > p_o^F > p_o^P$；当 $\theta_o^1 < \theta < \theta_o^2$ 时，$p_o^N > p_o^P > p_o^F$；当 $\theta_o^2 < \theta < 1$ 时，$p_o^P > p_o^N > p_o^F$。

② 当 $0 < \theta < \theta_o^3$ 时，$q_o^N > q_o^P > q_o^F$；当 $\theta_o^3 < \theta < 1$ 时，$q_o^P > q_o^N > q_o^F$。

③ 当 $0 < \theta < \theta_o^*$ 时，$\Pi_o^N > \Pi_o^P > \Pi_o^F$；当 $\theta_o^* < \theta < 1$ 时，$\Pi_o^P > \Pi_o^N > \Pi_o^F$。

命题 5-3 表明，当策略型消费者在退货保证下具有投机行为时，在线零售商不能单一采取某一种退货策略，而应该根据产品匹配率选择合适的退货策略。当产品匹配率较低时，不退货策略下的销售价格、订购量与利润更高，在线零售商应该提供不退货策略。然而，当产品匹配率较高时，部分退款退货策略下的销售价格、订购量与利润更高，在线零售商应该提供部分退款退货策略。这是因为，当产品匹配率较低时，消费者对产品满意的可能性较低，购买后在全价期保留产品时获得的效用较低，对比在全价期退货后在清货期再次购买产品所获得的效用，消费者有动机退货后再

购买，这在一定程度上损害了在线零售商的收益。因此，在线零售商为减小消费者投机对其利润的不利影响，会选择不提供退货策略。当产品匹配率较高时，消费者对产品满意的可能性较高，在全价期购买并保留产品所获得的效用增大，在全价期购买并保留产品的可能性提高。但是与全额退款退货策略相比，在部分退款退货策略下，消费者在全价期购买产品所获得的效用未发生改变，但却降低了在清货期再次购买产品的效用，部分退款退货策略提高了消费者的愿意支付的最高保留价格，在一定程度上增加了在线零售商的收益。

5.5　存在混合型消费者时的退货策略

5.5.1　不退货策略下（情形 N）

在不退货策略下，消费者不具有投机行为，市场上所有的消费者都为策略型消费者。这和仅市场中存在策略型消费者时下的分析相同（见3.4 节）。

5.5.2　全额退款退货策略下（情形 F）

在全额退货策略下，在线零售商只允许消费者对全价期购买的产品进行退货，并获得全额退款，退回的产品可以在清货期以清货价再次销售，但清货期的产品不允许退货，这也与现实中特价产品不退不换相符合。参考原逸超和石岿然的研究，退货的消费者不会再进入清货期购买产品。市场上存在两类消费者：一类是因产品质量而正常退货的策略型消费者，比例为 φ，这类消费者根据产品的价格和可获得性决定购买时机。另一类是宽松的退货环境滋生的投机型消费者，比例为 $\tilde{\varphi} = 1 - \varphi$。本书将存在有目的地购买并退货行为的消费者称为投机型消费者，这类消费者在全价期购买产品后面临以下选择：①对产品满意且保留产品；②对产品满意但退货，等待至清货期再次购买，再次购买时不再存在估值不确定，然而清货期可能面临缺货；③对产品不满意直接退货。

策略型消费者在全价期购买与清货期购买产品的期望效用分别为

$$U_{1S}^{F} = \theta(v - p) \tag{5-7}$$

$$U_{2S}^{F} = \xi(\theta v - s) \tag{5-8}$$

只有当全价期的效用大于清货期的效用时策略型消费者才会选择在全价期购买，即 $\theta(v-p) \geqslant \xi_S^F(\theta v-s)$。因此，在清货期能购买到产品的可能性为 ξ_S^F 时，策略型消费者对产品的最高保留价格为：$\omega_S^F = v - \dfrac{\xi_S^F(\theta v - s)}{\theta}$。

投机型消费者在全价期购买与清货期购买产品的期望效用分别为

$$U_{1o}^F = \theta(v - p) \tag{5-9}$$

$$U_{2o}^F = \xi(v - s) \tag{5-10}$$

投机型消费者做出购买决策时只考虑产品的经济效用。只有当全价期效用大于清货期效用时，即 $\theta(v-p) \geqslant \xi_r^F(v-s)$ 时，消费者才会选择在全价期购买后保留产品。因此，在清货期获得产品的概率为 ξ_o^F 时，投机型消费者对产品的最高保留价格为：$\omega_o^F = v - \dfrac{\xi_o^F(v-s)}{\theta}$。

命题 5-4 $\omega_o^F < \omega_S^F$，若零售价 $p = \omega_S^F$，在线零售商采用部分覆盖策略，市场目标为策略型消费者；若零售价 $p = \omega_o^F$，在线零售商采用完全覆盖策略，市场目标为策略型消费者与投机型消费者。

策略型消费者的最高保留价格较高。这是因为策略型消费者在全价期与清货期购买都受到产品估值不确定性的影响。然而，投机型消费者在全价期购买后退货再在清货期再次购买时，已经了解了产品的价值，不再受到产品估值不确定性的影响。投机型消费者在清货期购买产品所获得的效用增加，其对产品的最高保留价格降低，因此投机型消费者对产品的最高保留价格低于策略型消费者的最高保留价格。

在线零售商的期望收益函数为

$$\Pi^F = \theta(p - s)\mathrm{E}(X \wedge q) - (c - s)q \tag{5-11}$$

其中，$x \wedge y = \min\{x, y\}$，$i = \{u, m\}$ 表示的是部分覆盖策略和完全覆盖策略，$X_u = \tilde{\varphi}X$，$X_m = X$。

定义 5-3 当 $p = \omega_S^F$ 时，在市场部分覆盖策略下，在线零售商与消费者之间的理性预期均衡 $(p_{Su}^F, q_{Su}^F, \omega_{Su}^F, \xi_{Su}^F, \eta_{Su}^F)$ 满足条件：① $\omega_{Su}^F = v - \dfrac{\xi_{Su}^F(\theta v - s)}{\theta}$，② $p_{Su}^F = \eta_{Su}^F$，③ $q_{Su}^F = \arg\max_q \Pi(q_{Su}^F, p_{Su}^F)$，④ $\xi_{Su}^F = F(q_{Su}^F) + (1-\theta)\overline{F}(\dfrac{q_{Su}^F}{\varphi})$，⑤ $\eta_{Su}^F = \omega_{Su}^F$。当 $p = \omega_o^F$ 时，在市场完全覆盖策略下，在线零售商与消费者之间的理性预期均衡 $(p_{om}^F, q_{om}^F, \omega_{om}^F, \xi_{om}^F, \eta_{om}^F)$ 满足条

件：① $\omega_{om}^F = \dfrac{v\theta + s\xi_{om}^F - v\xi_{om}^F}{\theta}$，② $p_{om}^F = \eta_{om}^F$，③ $q_{om}^F = \arg\max_q \Pi(q_{om}^F, p_{om}^F)$，

④ $\xi_{om}^F = F(q_{om}^F) + (1-\theta)\overline{F}(q_{om}^F)$，⑤ $\eta_{om}^F = \omega_{om}^F$。

命题 5-5 当 $p = \omega_S^F$ 时，在线零售商采用部分覆盖策略，最优零售价与订购量 q_n^{F*} 分别为

$$p_{Su}^{F*} = \frac{\sqrt{-4\theta s(c+\theta v) + 4c\theta^2 v + (\theta+1)^2 s^2} + \theta s + s}{2\theta}$$

$$\overline{F}\left(\frac{q_{Su}^{F*}}{\varphi}\right) = \frac{2(c-s)}{\sqrt{-4\theta s(c+\theta v) + 4c\theta^2 v + (\theta+1)^2 s^2} - \theta s + s}$$

其中，$4\theta^2 v(c-s) + (\theta+1)^2 s^2 > 4\theta sc$。

当 $p = \omega_o^F$ 时，在线零售商采用完全覆盖策略，零售价 p_{om}^{F*} 与订购量 q_{om}^{F*} 分别为

$$p_{om}^{F*} = \frac{s - v + s\theta + v\theta + \sqrt{J}}{2\theta}, \quad \overline{F}(q_{om}^{F*}) = \frac{2c - 2s}{s - v - s\theta + v\theta + \sqrt{J}}$$

其中，$J = (s-v)(v(1-\theta)^2 - 4c\theta + s(1+\theta)^2)$，且 θ 需要满足 $J(\theta) > 0$。

命题 5-6 在全额退款退货策略下，存在 φ^{F*}，当 $\varphi > \varphi^{F*}$ 时，$\Pi_{Su}^{F*} > \Pi_{om}^{F*}$，当 $\varphi < \varphi^{F*}$ 时，$\Pi_{Su}^{F*} < \Pi_{om}^{F*}$，此时

$$\varphi^{F*} = \frac{\theta(p_{om}^{F*} - s)\displaystyle\int_0^{q_{om}^{F*}} \overline{F}(x)\,\mathrm{d}x - (c-s)(q_{om}^{F*} - q_{Su}^{F*})}{\theta(p_{Su}^{F*} - s)\displaystyle\int_0^{q_{Su}^{\xi*}} \overline{F}(x)\,\mathrm{d}x}$$

命题 5-6 表明，在全额退款退货策略下，当产品匹配率较高时，只有当策略型消费者的比例高于一定的数值，在线零售商通过设置更高的零售价实施部分覆盖策略只能使策略型消费者时获得更高的利润，否则，在线零售商将降低零售价，以满足市场上两种类型的消费者，从而获得更高的利润。然而，当产品匹配率较低时，若投机型消费者的比例超过了一定的数值，在线零售商实施部分覆盖策略能获得更高的利润，否则，在线零售商将降低零售价以同时满足市场上两种类型的消费者，从而获得更高的利润。这是因为当投机型消费者受到产品估值不确定性的影响时，当产品匹配率较高时，消费者对购买的产品感到满意的可能性较高，投机型消费者在全价期还是清货期购买产品获得的效用差高于策略型消费者。投机型消

费者更有可能在全价期购买产品，此时只有当策略型消费者的比例高于一定的数值且投机型消费者比例较小时，在线零售商通过设置更高的零售价实施部分覆盖策略只能使策略型消费者获得更高的利润，否则在线零售商将降低零售价以满足市场上两种类型的消费者，从而获得更高的利润。产品匹配率较低表明投机型消费者购买产品获得的效用较低，降低了投机型消费者在全价期购买产品的欲望，但是投机型消费者的最高保留价格相对更高，在线零售商的边际利润高于完全覆盖策略下的边际利润。当投机型消费者比例较高，在线零售商通过制定更高的零售价实施部分覆盖策略只能使投机型消费者获得更高的利润。全额退款退货策略下在线零售商的市场覆盖策略选择如图 5-2 所示。

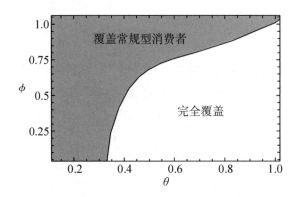

图 5-2 全额退款退货策略下在线零售商的市场覆盖策略

由图 5-2 可知，在全额退款退货策略下，消费者对产品的估值不确定且策略型消费者在退货保证下存在投机行为，在线零售商会根据产品匹配率与策略型消费者的比例实施合适的市场覆盖策略。退货策略降低了消费者对产品不满意时的效用损失，但退货保证滋生了消费者在全价期购买后退货，在清货期再次购买的投机行为。因此当产品匹配率较高且策略型消费者的比例较大时，在线零售商采用市场部分覆盖策略，市场目标为策略型消费者；当产品匹配率较低且投机型消费者的比例较大时，在线零售商同样采用市场部分覆盖策略，但市场目标为投机型消费者；当产品匹配率较低且策略型消费者的比例较大时或当产品匹配率较高且投机型消费者的比例较大时，在线零售商采用市场完全覆盖策略，市场目标为两种类型消费者，以获得更高利润。

命题 5-7 在全额退款退货策略下，存在 φ^{F0}，当 $\varphi > \varphi^{F0}$ 时，$q_u^{F*} > q_m^{F*}$，当 $\varphi < \varphi^{F0}$ 时，$q_u^{F*} < q_m^{F*}$，此时，

$$\varphi^{F0} = \frac{\overline{F}^{-1}\left(\dfrac{2c - 2s}{s - v - s\theta + v\theta + \sqrt{J}}\right)}{\overline{F}^{-1}\left(\dfrac{2(c - s)}{\sqrt{-4\theta s(c + \theta v) + 4c\theta^2 v + (\theta + 1)^2 s^2} - \theta s + s}\right)}$$

其中，$J = (s - v)\left(v(1 - \theta)^2 - 4c\theta + s(1 + \theta)^2\right)$。

命题 5-7 表明，在全额退款退货策略下，完全覆盖策略下在线零售商的订购量并不总是高于部分覆盖策略。这是因为部分覆盖策略下在线零售商的目标市场为高价值消费者，当高价值消费者比例较高且销售价格较高时，部分覆盖策略下在线零售商的订购量高于完全覆盖策略下的订购量。因此，在线零售商并不是订购越多越好，而应该根据市场上消费者的类型进行合理的订货决策。

接下来，本章用数值模拟的方法分析全额退款退货策略下，消费者对产品估值的不确定与预期后悔对利润的影响，令 $\delta_S^F = \dfrac{\Pi^{F*}(\theta \neq 1) - \Pi^{F*}(\theta = 1)}{\Pi^{F*}(\theta = 1)}$ 与 $\delta_o^F = \dfrac{\Pi^{F*}(\theta \neq 1) - \Pi^{F*}(\theta = 1)}{\Pi^{F*}(\theta = 1)}$，分别表示策略型消费者与投机型消费者对在线零售商利润的影响，如图 5-3 所示。

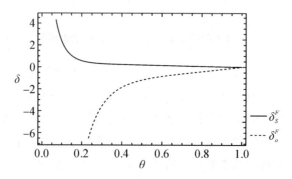

图 5-3 全额退款退货策略下估值不确定对在线零售商利润的影响

由图 5-3 可知，在全额退款退货策略下，策略型消费者的投机行为减少了在线零售商的利润，但随着产品匹配率的提高，利润降低程度减弱。这表明当策略型消费者在退货保证下存在投机行为时，在全额退款退货策略下，策略型消费者的投机行为会减少在线零售商的利润；在面对投机型消费者时，全额退款退货策略会减少在线零售商的收益。

5.5.3　部分退款退货策略下（情形 P）

在部分退款退货策略下，在线零售商只允许消费者对全价期购买的产品进行退货，并获得全额退款，退回的产品可以在清货期以清货价再次销售，但清货期的产品不允许退货，这也与现实中特价产品不退不换相符合。参考原逸超和石岿然的研究，退货的消费者不会再进入清货期购买产品。市场上同样存在两类消费者：一类是由于产品原因而正常退货的策略型消费者，比例为 φ，这类消费者根据产品的价格和可获得性选择购买时机。另一类是宽松的退货政策滋生的投机型消费者，比例为 $\tilde{\varphi} = 1 - \varphi$。投机型消费者在全价期购买产品后，面临以下选择：①对产品满意且保留产品；②对产品满意但退货，等待至清货期再次购买，再次购买时不再存在估值不确定，然而清货期可能面临缺货；③对产品不满意直接退货。

Shang 的研究表明：部分退款可以消除消费者的投机行为。但是在部分退款退货策略下，退货需要付出相应的成本，对于策略型消费者来说，他们对产品不满意时才选择退货，部分退款退货策略会损害这类消费者的收益，减小了其期望效用，降低了其购买信心。同时，由于消费者退货需要承担相应的损失，这可能在一定程度上缓解了消费者的投机退货行为。因此，当市场上同时存在策略型与投机型两类消费者时，在线零售商是否应该推出部分退款退货策略呢？

策略型消费者在全价期购买与清货期购买产品的期望效用分别为

$$U_{1S}^{P} = \theta(v - p) - (1 - \theta)(1 - a)p \tag{5-12}$$

$$U_{2S}^{P} = \xi(\theta v - s) \tag{5-13}$$

策略型消费者进行购买决策时只考虑产品的经济效用，只有当全价期效用大于清货期效用时，即 $\theta v - (1 - a + a\theta)p \geqslant \xi_S^P(\theta v - s)$ 时，消费者才会选择在全价期购买后保留产品。因此，在清货期获得产品的概率为 ξ_S^P 时，策略型消费者对产品的最高保留价格为：$\omega_S^P = \dfrac{v\theta + s\xi_S^P - v\theta\xi_S^P}{1 - a + a\theta}$。

投机型消费者在全价期购买与清货期购买产品的期望效用分别为

$$U_{1o}^{P} = \theta(v - p) \tag{5-14}$$

$$U_{2o}^{P} = \xi(v - s) - (1 - a)p \tag{5-15}$$

投机型消费者进行购买决策时只考虑产品的经济效用，只有当全价期效用大于清货期效用时，即 $\theta(v - p) \geqslant \xi_o^P(v - s) - (1 - a)p$ 时，消费者才会选择在全价期购买后保留产品。因此，在清货期获得产品的概率为 ξ_o^P 时，投机型消费者对产品的最高保留价格为：$\omega_o^P = \dfrac{v\theta + s\xi_o^P - v\xi_o^P}{\theta + a - 1}$。

命题 5-8 当 $\theta < \theta^P$ 时，$\omega_o^P < \omega_S^P$，若零售价 $p = \omega_S^P$，在线零售商采用部分覆盖策略，市场目标为策略型消费者；若零售价 $p = \omega_o^P$，在线零售商采用完全覆盖策略，市场目标为策略型消费者与投机型消费者。当 $\theta > \theta_o^P$ 时，$\omega_o^P > \omega_S^P$，若零售价 $p = \omega_o^P$，在线零售商采用部分覆盖策略，市场目标为投机型消费者；若零售价 $p = \omega_S^P$，在线零售商采用完全覆盖策略，市场目标为策略型消费者与投机型消费者，此时，

$$\theta^P = \frac{2av - 2v + \xi_o^P a(v-s) + \xi_S^P(s+v-av)}{2v(a+\xi_S^P-1)} +$$

$$\frac{\sqrt{4(a-1)v(a+\xi_S^P-1)\left((s-v)\xi_o^P + s\xi_S^P\right) + \left(v(a(2+\xi_o^P)-2) - as\xi_o^P + (s+v-av)\xi_S^P\right)^2}}{2v(a+\xi_S^P-1)}$$

在线零售商的期望收益函数为

$$\Pi_i^P = \left(p_i\left((1-a)(1-\theta)+\theta\right) - s\theta\right)\mathrm{E}(X_i \wedge q_i) - (c-s)q_i$$

$$(5\text{-}16)$$

其中，$x \wedge y = \min\{x, y\}$，$i = \{u, m\}$ 表示的是部分覆盖策略和完全覆盖策略，$X_u = \tilde{\varphi}X$，$X_m = X$。

定义 5-4 (1) 当 $\theta < \theta^P$ 时，当 $p = \omega_S^P$ 时，市场部分覆盖策略下，在线零售商与消费者的理性预期均衡 $(p_{Su}^P, q_{Su}^P, \omega_{Su}^P, \xi_{Su}^P, \eta_{Su}^P)$ 满足条件：① $\omega_{Su}^P = v - \dfrac{\xi_{Su}^P(\theta v - s)}{\theta}$，② $p_{Su}^P = \eta_{Su}^P$，③ $q_{Su}^P = \arg\max_q \Pi(q_{Su}^P, p_{Su}^P)$，④ $\xi_{Su}^P = F(q_{Su}^P) + (1-\theta)\bar{F}(\dfrac{q_{Su}^P}{\varphi})$，⑤ $\eta_{Su}^P = \omega_{Su}^P$。当 $p = \omega_o^P$ 时，在线零售商采取完全覆盖策略，在线零售商与消费者的理性预期均衡 $(p_{om}^P, q_{om}^P, \omega_{om}^P, \xi_{om}^P, \eta_{om}^P)$ 满足条件：① $\omega_{om}^P = \dfrac{v\theta + s\xi_{om}^P - v\theta\xi_{om}^P}{1 - a + a\theta}$，② $p_{om}^P = \eta_{om}^P$，③ $q_{om}^P = \arg\max_q \Pi(q_{om}^P, p_{om}^P)$，④ $\xi_{om}^P = F(q_{om}^P) + (1-\theta)\bar{F}(q_{om}^P)$，⑤ $\eta_{om}^P = \omega_{om}^P$。

(2) 当 $\theta > \theta^P$ 时，当 $p = \omega_S^P$ 时，市场完全覆盖策略下，在线零售商与消费者的理性预期均衡 $(p_{Sm}^P, q_{Sm}^P, \omega_{Sm}^P, \xi_{Sm}^P, \eta_{Sm}^P)$ 满足条件：① $\omega_{Sm}^P = v - \dfrac{\xi_{Sm}^P(\theta v - s)}{\theta}$，② $p_{Sm}^P = \eta_{Sm}^P$，③ $q_{Sm}^P = \arg\max_q \Pi(q_{Sm}^P, p_{Sm}^P)$，④ $\xi_{Sm}^P = F(q_{Sm}^P)$

$+ (1 - \theta)\overline{F}(q_{Sm}^P)$，⑤ $\eta_{Sm}^P = \omega_{Sm}^P$。当 $p = \omega_o^P$ 时，在线零售商采取完全覆盖策略，在线零售商与消费者的理性预期均衡 $(p_{ou}^P, q_{ou}^P, \omega_{ou}^P, \xi_{ou}^P, \eta_{ou}^P)$ 满足条件：① $\omega_{ou}^P = \dfrac{v\theta + s\xi_{ou}^P - v\theta\xi_{ou}^P}{1 - a + a\theta}$，② $p_{ou}^P = \eta_{ou}^P$，③ $q_{ou}^P = \arg\max_q \Pi(q_{ou}^P,$

$p_{ou}^P)$，④ $\xi_{ou}^P = F(q_{ou}^P) + (1 - \theta)\overline{F}(\dfrac{q_{ou}^P}{\varphi})$，⑤ $\eta_{ou}^P = \omega_{ou}^P$。

命题 5-9 （1）当 $\theta < \theta^P$ 时，当 $p = \omega_S^P$ 时，在线零售商采用部分覆盖策略，消费者立即购买下零售价 p_{Su}^{P*} 与订购量 q_{Su}^{P*} 分别为

$$p_{Su}^{P*} = \frac{\sqrt{(1+a(\theta-1))^2(4cv\theta^2+s^2(1+\theta)^2-4s\theta(c+v\theta))}+s(1+\theta+a(\theta^2-1))}{2(1+a(\theta-1))^2}$$

$$\overline{F}(\frac{q_{Su}^{P*}}{\varphi}) = \frac{2(c-s)(1+a(\theta-1))^2}{\theta(\sqrt{(1+a(\theta-1))^2(4cv\theta^2+s^2(1+\theta)^2-4s\theta(c+v\theta))}-(2a-1)s(1+a(\theta-1))(\theta-1))}$$

当 $p = \omega_o^P$ 时，在线零售商采用完全覆盖策略，消费者立即购买下零售价 p_{om}^{P*} 与订购量 q_{om}^{P*} 分别为

$$p_{om}^{P*} = \frac{s - as - v + av - s\theta + 2as\theta + v\theta - 2av\theta + s\theta^2 + av\theta^2 + \sqrt{H}}{2(a^2(-1+\theta) - 1 + \theta + a(2 - 2\theta + \theta^2))}$$

$$\overline{F}(q_{om}^{P*}) = \frac{2(c-s)(a+\theta-1)}{s - as - v + av + s\theta + v\theta - 2av\theta - s\theta^2 + av\theta^2 + \sqrt{H}}$$

其中，$H = (v(1 + a(\theta - 1))(\theta - 1) + s(1 - \theta + \theta^2 + a(2\theta - 1)))^2$ $- 4\theta(c(s - v) + sv\theta)(a^2(\theta - 1) - 1 + \theta + a(2 - 2\theta + \theta^2))$，且 θ 需满足 $H(\theta) > 0$。

（2）当 $\theta > \theta^P$ 时，当 $p = \omega_S^P$ 时，在线零售商采用完全覆盖策略，消费者立即购买下零售价 p_{Sm}^{P*} 与订购量 q_{Sm}^{P*} 分别为

$$p_{Sm}^{P*} = \frac{\sqrt{(1+a(\theta-1))^2(4cv\theta^2+s^2(1+\theta)^2-4s\theta(c+v\theta))}+s(1+\theta+a(\theta^2-1))}{2(1+a(\theta-1))^2}$$

$$\overline{F}(q_{Sm}^{P*}) = \frac{2(c-s)(1+a(\theta-1))^2}{\theta(\sqrt{(1+a(\theta-1))^2(4cv\theta^2+s^2(1+\theta)^2-4s\theta(c+v\theta))}-(2a-1)s(1+a(\theta-1))(\theta-1))}$$

当 $p = \omega_o^P$ 时，在线零售商采用部分覆盖策略，消费者立即购买下零售价 p_{or}^{P*} 与订购量 q_{or}^{P*} 分别为

$$p_{or}^{P*} = \frac{s - as - v + av - s\theta + 2as\theta + v\theta - 2av\theta + s\theta^2 + av\theta^2 + \sqrt{H}}{2(a^2(-1+\theta) - 1 + \theta + a(2 - 2\theta + \theta^2))}$$

$$\overline{F}(\frac{q_{or}^{P*}}{\tilde{\varphi}}) = \frac{2(c-s)(a+\theta-1)}{s-as-v+av+s\theta+v\theta-2av\theta-s\theta^2+av\theta^2+\sqrt{H}}$$

其中，$H = \begin{aligned}&(v(1+a(\theta-1))(\theta-1)+s(1-\theta+\theta^2+a(2\theta-1)))^2\\ &-4\theta(c(s-v)+sv\theta)(a^2(\theta-1)-1+\theta+a(2-2\theta+\theta^2))\end{aligned}$，且

θ需满足$H(\theta)>0$。

命题5-10 在部分退款退货策略下，当$\theta<\theta^P$时，存在φ^{P*}，当$\varphi>\varphi^{P*}$时，$\Pi_{nu}^{P*}>\Pi_{om}^{P*}$，当$\varphi<\varphi^{P*}$时，$\Pi_{Su}^{P*}<\Pi_{om}^{P*}$，此时，

$$\varphi^{P*} = \frac{(p_{om}^{P*}((1-a)(1-\theta)+\theta)-s\theta)\int_0^{q_{om}^{P*}}\overline{F}(x)\,\mathrm{d}x-(c-s)(q_{om}^{P*}-q_{Su}^{P*})}{(p_{Su}^{P*}((1-a)(1-\theta)+\theta)-s\theta)\int_0^{q_{Su}^{P*}}\overline{F}(x)\,\mathrm{d}x}$$

当$\theta>\theta^P$时，存在$\tilde{\varphi}^{P*}$，当$\tilde{\varphi}>\tilde{\varphi}^{P*}$时，$\Pi_{ou}^{P*}>\Pi_{Sm}^{P*}$，当$\tilde{\varphi}<\tilde{\varphi}^{P*}$时，$\Pi_{ou}^{P*}<\Pi_{Sm}^{P*}$。此时，

$$\tilde{\varphi}^{P*} = \frac{(p_{Sm}^{P*}((1-a)(1-\theta)+\theta)-s\theta)\int_0^{q_{Sm}^{P*}}\overline{F}(x)\,\mathrm{d}x-(c-s)(q_{Sm}^{P*}-q_{ou}^{P*})}{(p_{ou}^{P*}((1-a)(1-\theta)+\theta)-s\theta)\int_0^{q_{ou}^{P*}}\overline{F}(x)\,\mathrm{d}x}$$

命题5-10表明，与在全额退款退货策略下情形一致，在部分退款退货策略下，当产品匹配率较高时，消费者对购买的产品感到满意的概率越大，投机型消费者在全价期还是清货期购买产品获得的效用差高于策略型消费者，投机型消费者更有可能在全价期购买产品。此时，只有当策略型消费者的比例高于一定的数值，而投机型消费者比例较小时，在线零售商通过设置更高的零售价实施部分覆盖策略才能使策略型消费者获得更高的利润，否则，在线零售商将降低零售价满足市场上两种类型的消费者从而获得更高的利润。然而，当产品匹配率较低时，若投机型消费者的比例超过了一定的数值，在线零售商实施部分覆盖策略能获得更高的利润。因为投机型消费者受到产品匹配率的影响时，产品匹配率降低了投机型消费者购买产品的期望效用，进而降低了投机型消费者在全价期购买产品的欲望，但是投机型消费者的最高保留价格相对更高，在线零售商的边际利润高于完全覆盖策略下的边际利润。当投机型消费者比例较高，在线零售商通过制定更高的零售价实施部分覆盖策略才能使投机型消费者获得更高的利润。部分退款退货策略下在线零售商的市场覆盖策略如图5-4所示。

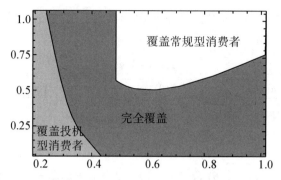

图 5-4　部分退款退货策略下在线零售商的市场覆盖策略

由图 5-4 可知，在部分退款退货策略下，消费者对产品的估值不确定且策略型消费者在退货保证下存在投机行为，在线零售商会根据产品匹配率与策略型消费者的比例实施合适的市场覆盖策略。退货策略降低了消费者对产品不满意时的效用损失，但退货保证滋生了消费者在全价期购买后退货，再在清货期再次购买的投机行为。因此，当产品匹配率较高且策略型消费者的比例较大时，在线零售商采用部分市场覆盖策略，市场目标为策略型消费者；当产品匹配率较低且投机型消费者的比例较大时，在线零售商同样采用部分市场覆盖策略，但市场目标为投机型消费者；当产品匹配率较低且策略型消费者的比例较大时或当产品匹配率较高且投机型消费者的比例较大时，在线零售商采用完全市场覆盖策略，市场目标为两种类型的消费者。

命题 5-6 与命题 5-10 表明，在线零售商在考虑消费者对产品估值不确定的影响时，不能忽视策略型消费者在退货保证下的投机行为，否则会造成较大的利润损失。当高价值消费者比例高于一定的数值时，采用覆盖策略只能使高价值消费者获得更多的利润，即同时覆盖两种类型消费者的完全覆盖策略并不总能为在线零售商带来更多的利润，这是因为当高价值消费者的数量很多时，在线零售商将市场目标定位于高价值消费者能提高零售价，获取更高的边际收入。由于高价值消费者的数量足够多，在线零售商最终获得的利润会比以较低的价格面向两种类型消费者时获得的利润更多。

命题 5-11　在部分退款退货策略下，当 $\theta < \theta^P$ 时，存在 φ^{P0}，当 $\varphi > \varphi^{P0}$ 时，$q_u^{P*} > q_m^{P*}$；当 $\varphi < \varphi^{P0}$ 时，$q_u^{P*} < q_m^{P*}$，此时，

$$\varphi^{P0} = \frac{\overline{F}^{-1}\left(\dfrac{2(c-s)(a+\theta-1)}{s-as-v+av+s\theta+v\theta-2av\theta-s\theta^2+av\theta^2+\sqrt{H}}\right)}{\overline{F}^{-1}\left(\dfrac{2(c-s)(1+a(\theta-1))^2}{\theta\left(\sqrt{(1+a(\theta-1))^2(4cv\theta^2+s^2(1+\theta)^2-4s\theta(c+v\theta))}-(2a-1)s(1+a(\theta-1))(\theta-1)\right)}\right)}$$

当 $\theta > \theta^p$ 时，存在 $\tilde{\varphi}^{P0}$，当 $\tilde{\varphi} > \tilde{\varphi}^{P0}$ 时，$q_u^{P*} > q_m^{P*}$；当 $\tilde{\varphi} < \tilde{\varphi}^{P0}$ 时 $q_u^{P*} < q_m^{P*}$，此时，

$$\tilde{\varphi}^{P0} = \frac{\bar{F}^{-1}\left(\dfrac{2(c-s)(1+a(\theta-1))^2}{\theta\left(\sqrt{(1+a(\theta-1))^2(4cv\theta^2+s^2(1+\theta)^2-4s\theta(c+v\theta))}-(2a-1)s(1+a(\theta-1))(\theta-1)\right)}\right)}{\bar{F}^{-1}\left(\dfrac{2(c-s)(a+\theta-1)}{s-as-v+av+s\theta+v\theta-2av\theta-s\theta^2+av\theta^2+\sqrt{H}}\right)},$$

其中，$\begin{aligned}H = &(v(1+a(\theta-1))(\theta-1)+s(1-\theta+\theta^2+a(2\theta-1)))^2 \\ &-4\theta(c(s-v)+sv\theta)(a^2(\theta-1)-1+\theta+a(2-2\theta+\theta^2))\end{aligned}$ 。

命题 5-11 表明，在部分退款退货策略下，完全覆盖策略下在线零售商的订购量并不总是高于部分覆盖策略下。命题 5-7、命题 5-11 均表明，无论在线零售商采取全额退款策略还是部分退款退货策略，在线零售商并不是订购得越多越好，而应该根据市场上消费者的类型做出合理的订货决策。

接下来用数值模拟的方法分析全额退款退货策略下，消费者对产品估值的不确定与预期后悔对利润的影响，令 $\delta_S^P = \dfrac{\Pi^{P*}(\theta \neq 1) - \Pi^{P*}(\theta = 1)}{\Pi^{P*}(\theta = 1)}$ 与 $\delta_o^P = \dfrac{\Pi^{P*}(\theta \neq 1) - \Pi^{P*}(\theta = 1)}{\Pi^{P*}(\theta = 1)}$ 分别表示策略型消费者与短视型消费者对在线零售商利润的影响，如图 5-5 所示。

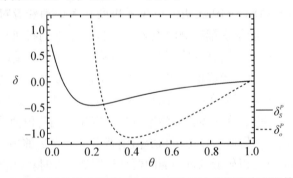

图 5-5　全额退款退货策略下估值不确定对在线零售商利润的影响

由图 5-5 可知，在部分退款退货策略下，策略型消费者的投机行为对在线零售商利润的影响呈现先增加再降低的趋势。当产品匹配率较低时，策略型消费者的投机行为提高了在线零售商的利润，但随着产品匹配率的增加，策略型消费者的投机行为降低了在线零售商的利润，利润降低程度随着产品匹配率的提高而减弱。

5.5.4　退货策略选择

命题 5-12　策略型消费者存在投机行为时，在线零售商的退货策略以及市场覆盖策略选择如下：

（1）当 $\theta > \max\{\theta^P, \theta^*\}$ 时

①当 $\tilde{\varphi} > \max\{\tilde{\varphi}^P, \tilde{\varphi}^F\}$ 时，在线零售商采取部分退款退货策略，覆盖投机型消费者。

②当 $\min\{\tilde{\varphi}^P, \tilde{\varphi}^F\} < \varphi < \max\{\tilde{\varphi}^P, \tilde{\varphi}^F\}$ 时，①当 $\tilde{\varphi}^P < \tilde{\varphi}^F$ 时，在线零售商采取部分退款退货策略，覆盖投机型消费者；②当 $\tilde{\varphi}^P > \tilde{\varphi}^F$ 时，在线零售商采取部分退款退货策略，覆盖所有消费者。

③当 $\tilde{\varphi} < \min\{\tilde{\varphi}^P, \tilde{\varphi}^F\}$ 时，在线零售商采取部分退款退货策略，覆盖所有消费者。

（2）当 $\min\{\theta^P, \theta^*\} < \theta < \max\{\theta^P, \theta^*\}$ 时

①当 $\theta^P > \theta^*$ 时

a. 当 $\varphi > \max\{\varphi^P, \varphi^F\}$ 时，在线零售商采取全额退款退货策略，覆盖策略型消费者。

b. 当 $\min\{\varphi^P, \varphi^F\} < \varphi < \max\{\varphi^P, \varphi^F\}$ 时，当 $\varphi^P < \varphi^F$ 时，在线零售商采取全额退款退货策略，覆盖策略型消费者；当 $\varphi^P > \varphi^F$ 时，在线零售商采取部分退货策略，覆盖所有消费者。

c. 当 $\varphi < \min\{\varphi^P, \varphi^F\}$ 时，在线零售商采取部分退款退货策略，覆盖所有消费者。

②当 $\theta^P < \theta^*$ 时

a. 当 $\tilde{\varphi} > \max\{\tilde{\varphi}^P, \tilde{\varphi}^F\}$ 时，在线零售商采取不退货策略，覆盖所有消费者。

b. 当 $\min\{\tilde{\varphi}^P, \tilde{\varphi}^F\} < \varphi < \max\{\tilde{\varphi}^P, \tilde{\varphi}^F\}$ 时，当 $\tilde{\varphi}^P < \tilde{\varphi}^F$ 时，在线零售商采取全额退款退货策略，覆盖策略型消费者；当 $\tilde{\varphi}^P > \tilde{\varphi}^F$ 时，在线零售商采取不退货策略，覆盖所有消费者。

c. 当 $\tilde{\varphi} < \min\{\tilde{\varphi}^P, \tilde{\varphi}^F\}$ 时，在线零售商采取全额退款退货策略，覆盖策略型消费者。

（3）当 $\theta < \min\{\theta^P, \theta^*\}$ 时

①当 $\varphi > \max\{\varphi^P, \varphi^F\}$ 时，在线零售商采取全额退款退货策略，覆盖策略型消费者。

②当 $\min\{\varphi^P, \varphi^F\} < \varphi < \max\{\varphi^P, \varphi^F\}$ 时，当 $\varphi^P < \varphi^F$ 时，在线零售

商采取不退货策略，覆盖所有消费者；当 $\varphi^P > \varphi^F$ 时，在线零售商采取全额退款退货策略，覆盖策略型消费者。

③ 当 $\varphi < \min\{\varphi^P, \varphi^F\}$ 时，在线零售商采取不退货策略，覆盖所有消费者。

命题 5-10 表明，策略型消费者在退货保证下存在投机行为时，没有某一种退货策略恒优，也没有某一种市场覆盖策略下的利润总是最高，在线零售商不能单一采取某一种退货策略与市场覆盖策略，而应该根据产品匹配率以及消费者比例选择合适的退货策略以及市场覆盖策略。当产品匹配率较高时，在线零售商根据短视型消费者比例选择合适的退货策略与市场覆盖策略；当产品匹配率适中时，在线零售商需要同时考虑策略型消费者与短视型消费者比例来选择合适的退货策略与市场覆盖策略；当产品匹配率较低时，在线零售商应根据策略型消费者比例来选择合适的退货策略与市场覆盖策略。

5.6 数值分析

策略型消费者在退货保证下才会产生投机行为，因此在不退货策略下，所有的策略型消费者都不具有投机行为。本节用数值分析的方法探讨策略型消费者对产品估值不确定且在退货保证下存在投机行为时，全额退款策略、部分退款退货策略对消费者购买决策及在线零售商运作决策的影响。参考 Xu 和 Duan 的研究，参数设置如下：$X \sim U[0, 1]$，$v = 24$，$c = 5$，$s = 3$，$\alpha = 0.2$，$\beta = 0.8$。

（1）策略型消费者估值不确定对在线零售商的影响

策略型消费者估值不确定对在线零售商的影响与图 3-8 的分析相同。

（2）投机型消费者估值不确定对在线零售商的影响

图 5-6 表明，当策略型消费者在退货保证下具有投机行为时，在线零售商应根据产品匹配率采取合适的退货策略。当产品匹配率较低时，不退货策略下的销售价格、订购量与利润更高，在线零售商应该提供不退货策略。然而，当产品匹配率较高时，部分退款退货策略下的销售价格、订购量与利润更高，在线零售商应该提供部分退款退货策略。这是因为，当产品匹配较低时，消费者对产品满意的可能性较低，在全价期保留产品获得的效用较低，购买后退货在清货期再次购买的可能性增大，退货后再购买在一定程度上损害了在线零售商的收益。因此，在线零售商为减小消费者

投机对其利润的不利影响，不提供退货策略是其最优的策略选择。当产品匹配率较高时，消费者对产品满意的可能性较高时，在全价期购买并保留产品所获得的效用增大，购买后退货在清货期再次购买的可能性较低，但与全额退款退货策略相比，部分退款策略降低了在清货期再次购买产品的效用，提高了消费者的愿意支付的最高保留价格，在一定程度上增加了在线零售商的收益。

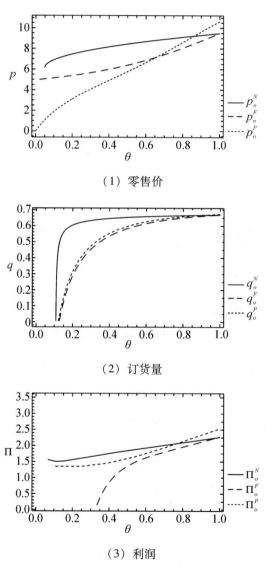

（1）零售价

（2）订货量

（3）利润

图 5-6　不同退货策略下的最优利润

（3）策略型消费者与投机型消费者混合存在的影响

图 5-7（1）分析了在全额退款退货策略下，消费者对产品估值不确定性水平对最优零售价的影响，发现策略型消费者的最高保留价格总是高于投机型消费者的最高保留价格。因此，策略型消费者为高价值消费者，投机型消费者为低价值消费者。图 5-7（2）分析了在部分退款退货策略下，最优零售价随着产品匹配率的变化，如图 5-7（2）所示，当产品匹配率 $\theta > \theta^P$ 时，投机型消费者为高价值消费者，策略型消费者为低价值消费者。在线零售商面向投机型消费者定价时，采用的部分覆盖策略；面向策略型消费者定价时，采用的是完全覆盖策略。当产品匹配率 $\theta < \theta^P$ 时，策略型消费者为高价值消费者，投机型消费者为低价值消费者。在线零售商面向策略型性消费者定价时，采用的是部分覆盖策略；在线零售商面向投机型消费者定价时，采用的是完全覆盖策略。

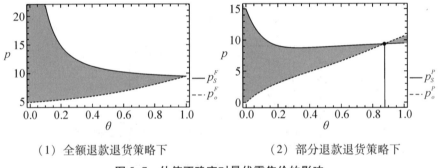

（1）全额退款退货策略下　　　　（2）部分退款退货策略下

图 5-7　估值不确定对最优零售价的影响

图 5-8 分析了在全额退款退货策略下，在线零售商最优订购量随着策略型消费者比例的变化情况。市场完全覆盖策略下，策略型消费者的比例对在线零售商的最优订购量没有影响；市场部分覆盖策略下，最优订购量随着策略型消费者比例的增加而单调递增。因此，当策略型消费者的比例较低时，完全覆盖策略下的最优订购量更多；当策略型消费者的比例较高时，部分覆盖策略下的最优订购量更多。

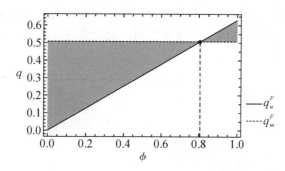

图 5-8　全额退款退货策略下策略型消费者比例对最优订购量的影响

图 5-9 分析了在部分退款退货策略下，在线零售商最优订购量随着策略型消费者比例的变化情况。①当产品匹配率 $\theta < \theta^P$ 时，最优订购量随着策略型消费者比例的增加而单调递增，这是因为目标市场为策略型消费者时，策略型消费者比例增加，表明策略型消费者需求增加，在线零售商也提高了订购量，最终部分覆盖策略下最优订购量高于完全覆盖下的最优订购量；②当产品匹配率 $\theta > \theta^P$ 时，最优订购量随着策略型消费者比例的增加而单调递减，这是因为目标市场为策略型消费者时，策略型消费者比例增加，表明投机型消费者比例减小，投机型消费者需求减少，在线零售商的最优订购量也随之减少，最终部分覆盖策略下的最优订购量低于完全覆盖下的最优订购量。

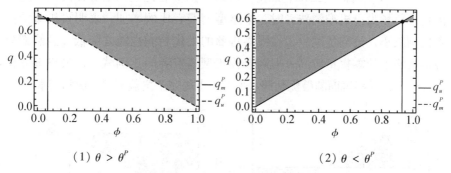

（1）$\theta > \theta^P$　　　　　　　　　　（2）$\theta < \theta^P$

图 5-9　部分退款退货策略下策略型消费者比例对最优订购量的影响

图 5-10 分析了在不退货策略下，策略型消费者比例如何影响在线零售商的利润。在市场完全覆盖策略下，策略型消费者的比例对在线零售商的最优利润没有影响。在市场部分覆盖策略下，当策略型消费者的比例增加时，在线零售商的利润也提高了。因此，当策略型消费者的比例较低

时，在线零售商应面向投机型消费者定价，实施市场完全覆盖策略；当策略型消费者的比例较高时，在线零售商应面向策略型消费者定价，实施部分市场覆盖策略。

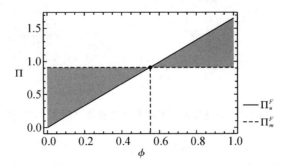

图 5-10　全额退款退货策略下策略型消费者比例对最优利润的影响

图 5-11 分析了在全额退款退货策略下，策略型消费者比例对在线零售商最优利润的影响。市场完全覆盖策略下，策略型消费者的比例对在线零售商的最优利润没有影响。市场部分覆盖策略下，当产品匹配率 $\theta < \theta^P$ 时，在线零售商的最优利润随着策略型消费者比例的增加而单调递增，这是因为目标市场为策略型消费者时，策略型性消费者比例增加，价格与订购量均增加，在线零售商的最优利润也随之增加，因此最终部分覆盖策略下在线零售商的最优利润高于完全覆盖下的最优利润；当产品匹配率 $\theta > \theta^P$ 时，在线零售商的最优利润随着策略型消费者比例的增加而降低，这是因目标市场为投机型消费者时，策略型消费者比例增加，表明投机型消费者比例减小，订购量减少，在线零售商的最优利润也随之降低。虽然部分覆盖策略下的零售价较高，但随着投机型消费者的比例减小，最终部分覆盖策略下在线零售商的最优利润水平低于市场完全覆盖下的最优利润水平。

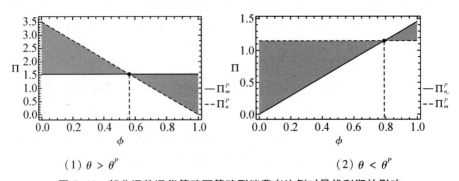

（1）$\theta > \theta^P$　　　　　　　　　　（2）$\theta < \theta^P$

图 5-11　部分退款退货策略下策略型消费者比例对最优利润的影响

5.7 本章小结

本章根据策略型消费者在退货保证下是否存在投机行为，将消费者分别策略型消费者与投机型消费者，基于理性预期假设，分别构建了在线零售商分别在单一策略型消费者市场、单一投机型消费者市场、策略型消费者与投机型消费者并存的混合市场下，以最大化在线零售商利润为目标，不退货策略、全额退款退货策略、部分退款退货策略下的利润模型。本章利用数值分析的方法讨论了不同退货策略下，在线零售商的最优零售价、最优订购量，以及最优期望利润，并探讨在线零售商的最优退货策略选择。

研究表明：①策略型消费者在退货保证下的投机行为降低了在线零售商的利润，但随着产品匹配率的提高，在线零售商的利润损失有所降低。②在策略型消费者与预期后悔型消费者并存的混合市场中，在全额退款退货策略下，投机型消费者对产品的最高保留价格总是低于策略型消费者；而在部分退款退货策略下，当产品匹配率较低时，策略型消费者的最高保留价格较高；当产品匹配率较高时，投机型消费者的最高保留价格较高，在线零售商在市场完全覆盖下的最优利润并不总是优于部分覆盖策略下的最优利润。③当策略型消费者在退货保证下存在投机行为时，全额退款退货策略总是最不利的，在线零售商应选择不退货策略或者部分退款退货策略。具体而言，当市场中仅存在投机型消费者时，当产品匹配率较低时，不退货策略下的利润更高；当产品匹配率较高时，部分退款退货策略下的利润更高；当市场中同时存在策略型与短视型消费者时，在线零售商的退货策略选择变得更加复杂，并且不存在某一种退货策略恒优，产品匹配率、策略型消费者比例的大小都直接影响着不同退货策略下利润的大小。

基于上述分析，本章得到以下管理启示：①销售策略确实可以在一定程度上刺激销量并且提高利润，但是随着消费者行为方式变得更加复杂，固定不变的销售策略可能会被消费者利用，从而损害在线零售商的收益。②考虑到退货保证可能滋生消费者的投机行为，在线零售商应在退货策略推出之前，对消费者行为与类型进行充分的了解，从而选择合适的退货策略，甚至可以不提供退货策略，从而保障其收益。③在线零售商并非总是需要覆盖市场上所有的消费者，应在充分分析目标市场中消费者类型和各类消费者比例后，选择"薄利多销"或"厚利适销"的销售策略。

6 投机消费者预期后悔行为下在线零售商退货策略研究

6.1 引言

随着无理由退货保证的推行，消费者在网络购物环境中的权益受到了保护，但是根据第 5 章的分析，在宽松的退货策略下，当退货成本忽略不计时，投机型消费者可能会持续关注产品价格且可以在全价时购买后退货，等待至产品降价时再次购买。这类投机型消费者在全价期购买并对产品满意时，还是会考虑是在全价期保留，还是退货后再在折扣期以低价再次购买，但在折扣期可能存在缺货。第 5 章的分析表明，当策略型消费者在退货保证下存在投机行为时，不存在某一种退货策略恒优，在线零售商应根据产品匹配率、投机型消费者比例的大小而采取不同的退货策略。

本章进一步考虑这类投机型消费者在策略性地选择时机时，还是会存在预期后悔行为。如果消费者在全价期保留产品，可能会因为支付高价而产生高价后悔；如果消费者在全价期退货并等待至折扣期再购买，可能会由于产品缺货而产生缺货后悔，这种预期后悔行为又将影响投机型消费者的策略性选择。因此本章研究的重点是：当投机型消费者在策略性地选择时机存在预期后悔行为时，投机型消费者的预期后悔行为对消费者决策和在线零售的影响。

投机型消费者在策略性地选择时机时，还是会存在预期后悔行为。如果在全价期保留，可能会因为支付高价而产生高价后悔；如果在全价期退货并等待至折扣期再购买，可能会由于产品缺货而产生缺货后悔，这种预期后悔行为又将影响投机型消费者的策略性选择。研究内容四在假设所有策略型消费者在退货保证下都存在投机行为的前提下，即所有的消费者均为投机型消费者时，根据投机型消费者是否存在预期后悔行为，将消费者分为投机型消费者与投机后悔型消费者，首先分析了不考虑投机型消费者存在预期后悔行为，即所有消费者均为投机型消费者时，投机行为对购买决策以及在线零售商运作决策的影响；其次，进一步考虑投机型消费者预期后悔行为，即所有消费者均为投机后悔型消费者时，投机下的预期后悔行为对其购买决策以及在线零售商运作决策的影响；最后探讨在投机型消费者与投机后悔型消费者同时存在时，在线零售商在不同退货策略下的市场覆盖策略选择，得到其最优的退货策略选择。本章研究内容逻辑见图6-1。

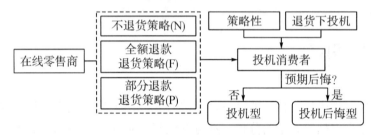

图 6-1　研究内容逻辑

本章的内容安排如下：6.2 节是相关的模型描述与构建；6.3 分析了投机型消费者存在预期后悔行为时，在线零售商的最优退货策略；6.4 节分析了投机型消费者存在预期后悔行为时，在线零售商的最优退货策略；6.5 节分析了当（不）具有预期后悔行为的投机型消费者同时存在时，在线零售商的最优退货策略选择；6.6 节运用数值模拟的方法分析不同退货策略如何影响在线零售商最优的价格、库存与利润；6.7 节是本章小结。

6.2　模型描述与构建

存在策略型消费者时，在线零售商（以下简称零售商）在不确定的市场需求环境下，在全价销售的全价期和折扣销售的清货期两个时期里销售单一产品。清货期的清货价 s 外生给定，在线零售商需要在销售季节开始前决定全价期的零售价 p、订购量 q 以及合适的退货策略。参考 Xu 和 Duan 的研究，在线零售商只允许消费者对全价期购买的产品进行退货，清货期的产品不允许退货，这也与现实中特价产品不退不换相符合。单位产

品采购成本为 c，其中 $p > c > s > 0$。假设生产提前期较长，在线零售商只有一次订货机会。市场需求连续且随机，用 X 表示，相应的概率分布和概率密度函数分别为 $F(x)$ 和 $f(x)$，且 $f(x)$ 连续可微，其中 $\bar{F}(x) = 1 - F(x)$。

消费者通过比较全价期购买产品和清货期购买产品获得的效用，以及产品在清货期可获得的概率决定是在全价期购买还是在清货期购买。消费者在获得产品前，对产品是否满意是不确定的。参考 Gao 和 Su 的研究，本章用 $\theta \in [0, 1]$ 表示消费者对产品满意的可能性（下文称产品匹配率），假设消费者对产品最终价值的评价有两种可能，高价值 v 和低价值 0，其可能性分别为 θ 和 $1 - \theta$。ω 为消费者保留价格，也称为消费者在全价期购买产品所愿支付的最高价格，且 $\omega < v$，η 为在线零售商预测的消费者保留价格，ξ 为消费者预测能在清货期买到降价产品的可能性。为了不失一般性，假定每个消费者至多只购买一个单位的产品。

根据投机型消费者是否存在预期后悔行为，本章将消费者分为投机型消费者与投机后悔型消费者。参考 Adida 和 Özer 的研究，假设投机后悔型消费者同时存在高价预期后悔和缺货预期后悔行为，即在全价期购买的消费者有 ξ 的概率在清货期也能买到降价产品，而后悔在全价期以高价购买，其后悔发生的概率为 ξ；等待至清货期购买的消费者有 $1 - \xi$ 的概率无法在清货期买到降价产品，而后悔没有在全价期购买，其后悔发生的概率为 $1 - \xi$，本章分别用 α 和 β 表示消费者高价预期后悔程度和缺货预期后悔程度。

参考 Xu 和 Duan 的研究，假设市场上存在投机型与投机后悔型两种类型的消费者，其中投机型消费者的比例为 φ，购买时仅考虑产品估值不确定下的经济效用；投机后悔型消费者的比例为 $\bar{\varphi} = 1 - \varphi$，购买时不仅要考虑在产品估值不确定下的经济效用，还要考虑预期后悔行为下的心理效用。市场中仅存在投机型消费者时，$\varphi = 1$；市场中仅存在投机后悔型消费者时，$\varphi = 0$；市场中同时存在投机型消费者与投机后悔型消费者时，$0 < \varphi < 1$。

在不退货策略下（情形 N），消费者在全价期能确定性地购买到产品，投机型消费者在全价期购买保留产品的期望效用为 $\theta v - p$，在清货期消费者获得产品的概率为 ξ。因此，投机型消费者在清货期购买保留产品的期望效用为 $\xi(\theta v - s)$。投机后悔型消费者在全价期购买保留产品的期望效用为 $\theta v - p - \alpha\xi(p - s)$，在清货期购买保留产品的期望效用为 $\xi(\theta v - s) -$

$\beta(1-\xi)(v-p)$。

在退货策略下，消费者在在线零售商退货保证下存在投机行为时，消费者在全价期购买产品后面临以下选择：①对产品满意且保留产品；②对产品满意但退货，等待至清货期再次购买，再次购买时不再存在估值不确定问题，然而清货期可能面临缺货；③对产品不满意直接退货。两类消费者在退货保证下均存在投机行为，因此在全额退款下（情形 F），退款金额为 p，投机型消费者在全价期购买保留产品的期望效用为 $\theta(v-p)$，在全价期退货、清货期再次购买的期望效用为 $\xi(v-s)$。投机后悔型消费者在全价期购买保留产品的期望效用为 $\theta(v-p-\alpha\xi(p-s))$，在全价期退货，清货期再次购买的期望效用为 $\xi(v-s)-\beta(1-\xi)(v-p)$。同理，在部分退款下（情形 P），参考相关学者的研究，退货的消费者将收到退款 $r(r<p)$，则消费者退货需要付出退货成本 $p-r$。为方便分析，令 $r=ap$，其中，为 a 退款率。因此，投机型消费者在全价期购买保留产品的期望效用为 $\theta(v-p)$，在全价期退货、清货期再次购买的期望效用为 $\xi(v-s)-(1-a)p$。投机后悔型消费者在全价期购买保留产品的期望效用为 $\theta(v-p)-\alpha\xi(p-s)$，在全价期退货、清货期再次购买的期望效用为 $\xi(v-s)-\beta(1-\xi)(v-p)-(1-a)p$。

6.3　投机消费者无预期后悔下的退货策略

若投机型消费者不存在预期后悔行为，这和仅存在投机型消费者时的情形相同（见 5.4 节）。

6.4　投机消费者预期后悔下的退货策略

6.4.1　不退货策略下（情形 N）

在不退货策略下，消费者不具有投机行为，市场上所有的消费者都为策略型消费者。这和分析策略型消费者在不退货下是否存在预期后悔行为时的情形相同（见 4.5.1 节）。

6.4.2 全额退款退货策略下（情形 F）

投机后悔型消费者在全价期购买与清货期购买产品的期望效用分别为

$$U_{1e}^F = \theta(v - p - \alpha\xi(p - s)) \tag{6-1}$$

$$U_{2e}^F = \xi(v - s) - \beta(1 - \xi)(v - p) \tag{6-2}$$

消费者对产品的最高保留价格为

$$\omega_e^F = \frac{s(1 + \alpha\theta)\xi_e^F + v(\beta + \theta - \xi_e^F - \beta\xi_e^F)}{\beta + \theta - \beta\xi_e^F + \alpha\theta\xi_e^F}。$$

在线零售商的期望收益函数为

$$\Pi^F = \theta(p - s)\mathrm{E}(X \wedge q) - (c - s)q \tag{6-3}$$

参考 Su 和 Zhang 的研究，本章通过理性预期理论（Muth，1961）探讨在线零售商与消费者之间的均衡问题。

定义 6-1 在全额退款退货策略下，在线零售商与投机后悔型消费者的理性预期均衡 $(p_e^F, q_e^F, \omega_e^F, \xi_e^F, \eta_e^F)$ 满足条件：① $\omega_e^F = \frac{s(1 + \alpha\theta)\xi_e^F + v(\beta + \theta - \xi_e^F - \beta\xi_e^F)}{\beta + \theta - \beta\xi_e^F + \alpha\theta\xi_e^F}$，② $p_e^F = \eta_e^F$，③ $q_e^F = \arg\max_q \Pi(q_e^F, p_e^F)$，④ $\xi_e^F = F(q_e^F) + (1 - \theta)\bar{F}(q_e^F)$，⑤ $\eta_e^F = \omega_e^F$。

命题 6-1 在全额退款退货策略下，最优零售价 p_e^{F*} 与订购量 q_e^{F*} 分别为

$$p_e^{F*} = \frac{s - v + \beta(s - c) + \theta(s + v + c\alpha + s\alpha) + \sqrt{Z}}{2(1 + \alpha)\theta}$$

$$\bar{F}(q_e^{F*}) = \frac{2(c - s)(1 + \alpha)}{s - v + \beta(s - c) + \theta(s + v + c\alpha + s\alpha) + \sqrt{Z}}$$

其中，$Z = (v(\theta - 1) - c(\beta + \alpha\theta) + s(1 + \beta + \theta + \alpha\theta))^2 - 4(1 + \alpha)\theta(sv(\beta + \theta) + c(s - v(1 + \beta) + s\alpha\theta))$ 且 θ 需满足 $Z(\theta) > 0$。

6.4.3 部分退款退货策略下（情形 P）

投机后悔型消费者在全价期购买与清货期购买产品的期望效用分别为

$$U_{1e}^P = \theta(v - p - \alpha\xi(p - s)) \tag{6-4}$$

$$U_{2e}^P = \xi(\theta v - s) - \beta(1 - \xi)(v - p) - (1 - a)p \tag{6-5}$$

投机后悔型消费者进行购买决策时只考虑产品的经济效用，只有当全价期购买产品效用大于清货期效用时，即 $\theta(v - p - \alpha\xi(p - s)) \geq \xi(\theta v - s)$

$-\beta(1-\xi)(v-p)-(1-a)p$ 时，消费者才会选择在全价期购买后保留产品。因此，在清货期获得产品的概率为 ξ_e^P 下，投机后悔型消费者对产品的最高保留价格为：$\omega_e^P = \dfrac{s(1+\alpha\theta)\xi_e^P + v(\beta+\theta-\xi_e^P-\beta\xi_e^P)}{\beta+\theta-\beta\xi_e^P+\alpha\theta\xi_e^P+a-1}$。

在线零售商的期望收益函数为

$$\Pi^P = (p((1-a)(1-\theta)+\theta)-s\theta)\mathrm{E}(X \wedge q) - (c-s)q \quad (6\text{-}6)$$

定义 6-2 在部分退款退货策略下，在线零售商与消费者的预期均衡 $(p_e^P,\ q_e^P,\ \omega_e^P,\ \xi_e^P,\ \eta_e^P)$ 满足条件：① $\omega_e^P = \dfrac{s(1+\alpha\theta)\xi_e^P + v(\beta+\theta-\xi_e^P-\beta\xi_e^P)}{\beta+\theta-\beta\xi_e^P+\alpha\theta\xi_e^P+a-1}$，② $p_e^P = \eta_e^P$，③ $q_e^P = \arg\max_q \Pi(q_e^P,\ p_e^P)$，④ $\xi_e^P = F(q_e^P)+(1-\theta)\bar{F}(q_e^P)$，⑤ $\eta_e^P = \omega_e^P$。

命题 6-2 在部分退款退货策略下，最优零售价 p_e^{P*} 与订购量 q_e^{P*} 分别为

$$p_e^{P*} = \frac{L+\sqrt{K}}{2(1+a(\theta-1))(a-1+\theta+\alpha\theta)},$$

$$\bar{F}(q_e^{P*}) = \frac{2(c-s)(a-1+\theta+\alpha\theta)}{L+\sqrt{K}}$$

其中，

$L = s-as-v+av+\theta(2as-s\theta+v-2av+s\alpha-as\alpha-c\beta+s\beta)+\theta^2(s+av+c\alpha+as\alpha)$

$K = -4(1+a(\theta-1))\theta(a-1+\theta+\alpha\theta)(sv(\beta+\theta)+c(s-v(1+\beta)+s\alpha\theta))+c\theta(\alpha\theta-\beta)+$
$\quad (v(1+a(\theta-1))(\theta-1)+s(1+(\alpha+\beta-1)\theta+\theta^2+a(\alpha\theta^2-1-(\alpha-2)\theta)))^2$

且 θ 需满足 $K(\theta) > 0$。

6.4.4 退货策略选择

命题 6-3 ① 当 $0 < \theta < \theta_e^1$ 时，$p_e^N > p_e^F > p_e^P$；当 $\theta_e^1 < \theta < \theta_e^2$ 时，$p_e^N > p_e^P > p_e^F$；当 $\theta_e^2 < \theta < 1$ 时，$p_e^P > p_e^N > p_e^F$。

② 当 $0 < \theta < \theta_e^3$ 时，$q_e^N > q_e^P > q_e^F$；当 $\theta_e^3 < \theta < 1$ 时，$q_e^P > q_e^N > q_e^F$。

③ 当 $0 < \theta < \theta_e^*$ 时，$\Pi_e^N > \Pi_e^P > \Pi_e^F$；当 $\theta_e^* < \theta < 1$ 时，$\Pi_e^P > \Pi_e^N > \Pi_e^F$。

命题 6-3 表明，当投机型消费者同时具有预期后悔行为时，在线零售商不能单一采取某一种退货策略，而应该根据产品匹配率选择合适的退货

策略。当产品匹配率较低时，不退货策略下的销售价格、订购量与利润更高，不退货策略是在线零售商的最优选择。然而，当产品匹配率较高时，部分退款退货策略下的销售价格、订购量与利润更高，在线零售商应该提供部分退款退货策略。这是因为，当产品匹配较低时，消费者对产品满意的可能性较低，购买后在全价期保留产品时获得的效用较低，对比在全价期退货后在清货期再次购买产品所获得的效用，消费者有动机退货后再购买，这在一定程度上损害了在线零售商的收益。因此，在线零售商为减小消费者投机对其利润的不利影响，会选择不提供退货策略。当产品匹配率较高时，消费者对产品满意的可能性较高，在全价期购买并保留产品所获得的效用增大，在全价期购买并保留产品的可能性提高。但是与全额退款退货策略相比，在部分退款退货策略下，消费者在全价期购买产品所获得的效用未发生改变，却降低了在清货期再次购买产品的效用，部分退款退货策略提高了消费者的愿意支付的最高保留价格，在一定程度上增加了在线零售商的收益。

6.5　存在混合型消费者时的退货策略

6.5.1　不退货策略下（情形 N）

在不退货策略下，消费者不具有投机行为，市场上所有的消费者都为策略型消费者。这和分析策略型消费者在不退货下是否存在预期后悔行为时的情形相同（见 4.5.1 节）。

6.5.2　全额退款退货策略下（情形 F）

投机型消费者在全价期购买与清货期购买产品的期望效用分别为

$$U_{1o}^F = \theta(v - p) \tag{6-7}$$

$$U_{2o}^F = \xi(v - s) \tag{6-8}$$

投机型消费者进行购买决策时只考虑产品的经济效用，只有当全价期效用大于清货期效用时，即 $\theta(v - p) \geqslant \xi_o^F(v - s)$ 时，消费者才会选择在全价期购买后保留产品。因此，在清货期获得产品的概率为 ξ_o^F 时，投机型消费者对产品的最高保留价格为：$\omega_o^F = \dfrac{v\theta + s\xi_o^F - v\xi_o^F}{\theta}$。

投机后悔型消费者在全价期购买与清货期购买产品的期望效用分别为

$$U_{1e}^{F} = \theta(v - p - \alpha\xi(p - s)) \tag{6-9}$$

$$U_{2e}^{F} = \xi(v - s) - \beta(1 - \xi)(v - p) \tag{6-10}$$

其对产品的最高保留价格为

$$\omega_{e}^{F} = \frac{s(1 + \alpha\theta)\xi_{e}^{F} + v(\beta + \theta - \xi_{e}^{F} - \beta\xi_{e}^{F})}{\beta + \theta - \beta\xi_{e}^{F} + \alpha\theta\xi_{e}^{F}}。$$

命题 6-4 $\omega_{o}^{F} < \omega_{e}^{F}$，若零售价 $p = \omega_{e}^{F}$，在线零售商采取部分覆盖策略，产品销售只覆盖投机后悔型消费者；若零售价 $p = \omega_{o}^{F}$，在线零售商采取完全覆盖策略，产品销售能覆盖所有投机型消费者与投机后悔型消费者。

命题 6-4 表明，投机后悔型消费者的最高保留价格总是高于投机型消费者的最高保留价格，因此预期后悔行为有利于提高消费者对产品的最高保留价格。消费者存在投机行为时，所有投机后悔型消费者为高价值消费者，所有投机型消费者为低价值消费者。

在线零售商的期望收益函数为

$$\Pi_{i}^{F} = \theta(p_{i} - s)\mathrm{E}(X_{i} \wedge q_{i}) - (c - s)q_{i} \tag{6-11}$$

其中，$x \wedge y = \min\{x, y\}$，$i = \{u, m\}$ 表示的是部分覆盖策略和完全覆盖策略，$X_{u} = \widetilde{\varphi}X$，$X_{m} = X$。

定义 6-3 （1）当 $p = \omega_{e}^{F}$ 时，在线零售商采取部分覆盖策略，在线零售商与消费者之间的理性预期均衡（p_{eu}^{F}，q_{eu}^{F}，ω_{eu}^{F}，ξ_{eu}^{F}，η_{eu}^{F}）满足条件：

① $\omega_{eu}^{F} = \dfrac{s(1 + \alpha\theta)\xi_{eu}^{F} + v(\beta + \theta - \xi_{eu}^{F} - \beta\xi_{eu}^{F})}{\beta + \theta - \beta\xi_{eu}^{F} + \alpha\theta\xi_{eu}^{F}}$，② $p_{eu}^{F} = \eta_{eu}^{F}$，③ $q_{eu}^{F} = \arg$

$\max_{q}\Pi(q_{eu}^{F}, p_{eu}^{F})$，④ $\xi_{eu}^{F} = F(\dfrac{q_{eu}^{F}}{\widetilde{\varphi}}) + (1 - \theta)\bar{F}(\dfrac{q_{eu}^{F}}{\widetilde{\varphi}})$，⑤ $\eta_{eu}^{F} = \omega_{eu}^{F}$。

（2）当 $p = \omega_{o}^{F}$ 时，在线零售商采取完全覆盖策略，在线零售商与消费者之间的理性预期均衡（p_{om}^{F}，q_{om}^{F}，ω_{om}^{F}，ξ_{om}^{F}，η_{om}^{F}）满足条件：① $\omega_{om}^{F} = \dfrac{v\theta + s\xi_{om}^{F} - v\xi_{om}^{F}}{\theta}$，② $p_{om}^{F} = \eta_{om}^{F}$，③ $q_{om}^{F} = \arg\max_{q}\Pi(q_{om}^{F}, p_{om}^{F})$，④ $\xi_{om}^{F} = F(q_{om}^{F}) + (1 - \theta)\bar{F}(q_{om}^{F})$，⑤ $\eta_{om}^{F} = \omega_{om}^{F}$。

命题 6-5 考虑消费者投机行为时，全额退款策略下在线零售商的均衡结果如下：

（1）当 $p = \omega_e^F$ 时，在线零售商采用部分覆盖策略，零售价 p_{eu}^{F*} 与订购量 q_{eu}^{F*} 分别为

$$p_{eu}^{F*} = \frac{s - v + \beta(s - c) + \theta(s + v + c\alpha + s\alpha) + \sqrt{Z}}{2(1 + \alpha)\theta},$$

$$\bar{F}\left(\frac{q_{eu}^{F*}}{\tilde{\varphi}}\right) = \frac{2(c - s)(1 + \alpha)}{s - v + \beta(s - c) + \theta(s + v + c\alpha + s\alpha) + \sqrt{Z}}.$$

其 中，$Z = (v(\theta - 1) - c(\beta + \alpha\theta) + s(1 + \beta + \theta + \alpha\theta))^2 - 4(1 + \alpha)\theta$ $(sv(\beta + \theta) + c(s - v(1 + \beta) + s\alpha\theta))$ 且 θ 需满足 $Z(\theta) > 0$。

（2）当 $p = \omega_o^F$ 时，在线零售商采用完全覆盖策略，零售价 p_{om}^{F*} 与订购量 q_{om}^{F*} 分别为

$$p_{om}^{F*} = \frac{s - v + s\theta + v\theta + \sqrt{J}}{2\theta}, \quad \bar{F}(q_{om}^{F*}) = \frac{2c - 2s}{s - v - s\theta + v\theta + \sqrt{J}}$$

其中，$J = (s - v)(v(1 - \theta)^2 - 4c\theta + s(1 + \theta)^2)$，且 θ 需满足 $J(\theta) > 0$。

命题 6-5 指出了存在投机型消费者时，在线零售商采取不同市场覆盖策略时的最优决策变量，同时表明无论在线零售商采取何种市场覆盖策略，市场部分覆盖策略下的零售价高于市场完全覆盖下的零售价。

命题 6-6 存在 $\tilde{\varphi}^{F*}$，当 $\tilde{\varphi} > \tilde{\varphi}^{F*}$ 时，$\Pi_u^{F*} > \Pi_m^{F*}$，当 $\tilde{\varphi} < \tilde{\varphi}^{F*}$ 时，

$\Pi_u^{F*} < \Pi_m^{F*}$。此时，$\tilde{\varphi}^{F*} = \dfrac{\theta(p_{rm}^{F*} - s)\displaystyle\int_0^{q_{rm}^{F*}} \bar{F}(x)\,\mathrm{d}x - (c - s)(q_{rm}^{F*} - q_{eu}^{F*})}{\theta(p_{eu}^{F*} - s)\displaystyle\int_0^{q_{eu}^{F*}} \bar{F}(x)\,\mathrm{d}x}$。

命题 6-6 表明，当投机后悔型消费者比例高于一定的数值时，在线零售商通过设置更高的零售价实施部分覆盖策略只能使投机后悔型消费者获得更多的收益，这是因为部分覆盖策略下的零售价更高，在线零售商的边际收益高于全部覆盖策略下的边际收益。因此，当投机后悔型消费者数量很多时，在线零售商通过设置更高的零售价只能使投机后悔型消费者获得的收益高于以较低的价格满足两种消费者类型下的收益。否则，在线零售商将降低零售价以满足市场上两种类型的消费者，从而获得更高的收益。全额退款下在线零售商的市场覆盖策略如图 6-2 所示。

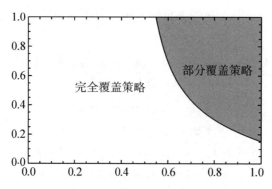

图 6-2　全额退款下在线零售商的市场覆盖策略

命题 6-7　在全额退款退货策略下，存在 $\tilde{\varphi}^{F0}$，当 $\tilde{\varphi} > \tilde{\varphi}^{F0}$ 时，$q_u^{F*} > q_m^{F*}$；当 $\tilde{\varphi} < \tilde{\varphi}^{F0}$ 时，$q_u^{F*} < q_m^{F*}$，此时，

$$\tilde{\varphi}^{F0} = \frac{\overline{F}^{-1}\left(\dfrac{2c - 2s}{s - v - s\theta + v\theta + \sqrt{J}}\right)}{\overline{F}^{-1}\left(\dfrac{2(c - s)(1 + \alpha)}{s - v + \beta(s - c) + \theta(s + v + c\alpha + s\alpha) + \sqrt{Z}}\right)}$$

其中，

$L = s - as - v + av + \theta(2as - s\theta + v - 2av + s\alpha - as\alpha - c\beta + s\beta) + \theta^2(s + av + c\alpha + as\alpha)$

$K = -4(1 + a(\theta - 1))\theta(a - 1 + \theta + \alpha\theta)(sv(\beta + \theta) + c(s - v(1 + \beta) + s\alpha\theta)) + c\theta(\alpha\theta - \beta)$
　　$+ (^v(1 + a(\theta - 1))(\theta - 1) + s(1 + (\alpha + \beta - 1)\theta + \theta^2 + a(\alpha\theta^2 - 1 - (\alpha - 2)\theta)))^2$

$H = (v(1 + a(\theta - 1))(\theta - 1) + s(1 - \theta + \theta^2 + a(2\theta - 1)))^2$
　　$- 4\theta(c(s - v) + sv\theta)(a^2(\theta - 1) - 1 + \theta + a(2 - 2\theta + \theta^2))$

命题 6-7 表明，在全额退款退货策略下，完全覆盖策略下在线零售商的订购量并不总是高于部分覆盖策略下的订购量。这是因为部分覆盖策略下在线零售商的目标市场为高价值消费者，当高价值消费者比例较高且销售价格较高时，部分覆盖策略下在线零售商的订购量高于完全覆盖策略下的订购量。因此，在线零售商并不是订购得越多越好，而应该根据市场上消费者的类型做出合理的订货决策。

在全额退款策略下，在消费者存在投机行为时，接着分析产品估值的不确定与预期后悔对在线零售商利润的影响。我们用 $\delta_o^F = \dfrac{\Pi^{F*}(\theta \neq 1, \alpha = 0, \beta = 0) - \Pi^{F*}(\theta = 1, \alpha = 0, \beta = 0)}{\Pi^{F*}(\theta = 1, \alpha = 0, \beta = 0)}$ 与 $\delta_e^F = $

$$\frac{\Pi^{F*}(\theta \neq 1,\ \alpha \neq 0,\ \beta \neq 0)\ -\ \Pi^{F*}(\theta = 1,\ \alpha = 0,\ \beta = 0)}{\Pi^{F*}(\theta = 1,\ \alpha = 0,\ \beta = 0)}$$ 分别表示投机

型消费者与投机后悔型消费者对在线零售商利润的影响，用数值分析的方法探讨消费者对产品估值的不确定与预期后悔对在线零售商利润的影响，如图 6-3 所示。

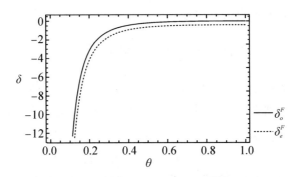

图 6-3　全额退款策略下估值不确定及预期后悔对在线零售商利润的影响

命题 6-8　当消费者存在投机行为时，在线零售商提供全额退款策略会降低利润。

命题 6-8 表明，当消费者存在投机行为时，若在线零售商仍提供全额退款策略，无论在线零售商采取何种定价策略，都存在 $\Pi_i^{N*} - \Pi_i^{F*} > 0$，其中 $i = \{u,\ m\}$，即消费者投机时，全额退款会造成在线零售商的利润损失。这是因为在全额退款策略下，消费者退货不会产生退货成本，部分投机消费者会选择在全价期购买以了解到产品的实际价值后退货，等待至清货阶段以低价再次购买，但此时清算价低于产品的采购成本，会造成在线零售商的利润损失。不退货策略与全额退款策略的利润差如图 6-4 所示。

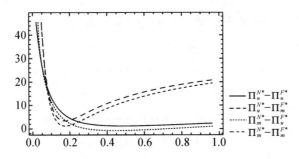

图 6-4　不退货策略与全额退款策略的利润差

命题 6-8、图 6-2、图 6-3、图 6-4 表明，在全额退款策略下，当消费者在退货策略下存在投机与预期后悔行为时，假设在线零售商实施全额退款策略，消费者对产品估值的不确定对在线零售商造成了很大的利润损失，预期后悔可能会进一步加剧在线零售商的利润损失。以上分析表明，策略型消费者在决定购买时机时存在预期后悔行为。当消费者存在投机行为时，全额退款策略可能并不适用。

6.5.3　部分退款退货策略下（情形 **P**）

Shang 的研究表明：部分退款可以消除消费者的投机行为。但在部分退款策略下，消费者退货需要承担一定损失，这可能会降低消费者的购买信心，阻碍消费者购买。因此，部分退款策略虽然能消除消费者投机行为保证在线零售商的收益，但也有可能会阻碍消费者购买。同时，当消费者的行为方式更加复杂多变时，部分退款策略是否同样适用呢？因此，当消费者对产品估值不确定以及存在预期后悔行为时，本章分析部分退款策略是否同样可以消除消费者的投机行为，提高在线零售商的利润。

投机型消费者在全价期购买与清货期购买产品的期望效用分别为

$$U_{1o}^{P} = \theta(v - p) \tag{6-12}$$

$$U_{2o}^{P} = \xi(v - s) - (1 - a)p \tag{6-13}$$

投机型消费者进行购买决策时只考虑产品的经济效用，只有当全价期效用大于清货期效用时，即 $\theta(v - p) \geq \xi_o^P(v - s) - (1 - a)p$ 时，消费者才会选择在全价期购买后保留产品。因此，在清货期获得产品的概率为 ξ_o^P 时，投机型消费者对产品的最高保留价格为：$\omega_o^P = \dfrac{v\theta + s\xi_o^P - v\xi_o^P}{\theta + a - 1}$。

投机后悔型消费者在全价期购买与清货期购买产品的期望效用分别为

$$U_{1e}^{P} = \theta(v - p - \alpha\xi(p - s)) \tag{6-14}$$

$$U_{2e}^{P} = \xi(\theta v - s) - \beta(1 - \xi)(v - p) - (1 - a)p \tag{6-15}$$

其对产品的最高保留价格为

$$\omega_e^P = \frac{s(1 + \alpha\theta)\xi_e^P + v(\beta + \theta - \xi_e^P - \beta\xi_e^P)}{\beta + \theta - \beta\xi_e^P + \alpha\theta\xi_e^P + a - 1}。$$

命题 6-9　$\omega_o^P < \omega_e^P$，若零售价 $p = \omega_e^P$，在线零售商采取部分覆盖策

略，产品销售只覆盖投机后悔型消费者；若零售价 $p = \omega_o^P$，在线零售商采取完全覆盖策略，产品销售能覆盖所有投机型消费者与投机后悔型消费者。

命题 6-9 表明，投机后悔型消费者的最高保留价格总是高于投机型消费者的最高保留价格，因此，当消费者存在预期后悔等行为时，其对商品的最高保留价格也会增加。消费者存在投机行为时，所有投机后悔型消费者为高价值消费者，所有投机型消费者为低价值消费者。

在线零售商的期望收益函数为

$$\Pi_i^P = (p_i((1-a)(1-\theta) + \theta) - s\theta) \mathrm{E}(X_i \wedge q_i) - (c-s)q_i$$

(6-16)

其中，$x \wedge y = \min\{x, y\}$，$i = \{u, m\}$ 表示的是部分覆盖策略和完全覆盖策略，$X_u = \tilde{\varphi}X$，$X_m = X$。

定义 6-4　（1）当 $p = \omega_e^P$ 时，在线零售商采取部分覆盖策略，在线零售商与消费者之间的理性预期均衡 $(p_{eu}^P, q_{eu}^P, \omega_{eu}^P, \xi_{eu}^P, \eta_{eu}^P)$ 满足条件：

① $\omega_{eu}^P = \dfrac{s(1+\alpha\theta)\xi_{eu}^P + v(\beta + \theta - \xi_{eu}^P - \beta\xi_{eu}^P)}{\beta + \theta - \beta\xi_{eu}^P + \alpha\theta\xi_{eu}^P + a - 1}$，　② $p_{eu}^P = \eta_{eu}^P$，　③ $q_{eu}^P = \arg$

$\max_q \Pi(q_{eu}^P, p_{eu}^P)$，　④ $\xi_{eu}^P = F(\dfrac{q_{eu}^P}{\tilde{\varphi}}) + (1-\theta)\overline{F}(\dfrac{q_{eu}^P}{\tilde{\varphi}})$，　⑤ $\eta_{eu}^P = \omega_{eu}^P$。

（2）当 $p = \omega_o^P$ 时，在线零售商采取完全覆盖策略，在线零售商与消费者之间的理性预期均衡 $(p_{om}^P, q_{om}^P, \omega_{om}^P, \xi_{om}^P, \eta_{om}^P)$ 满足条件：① $\omega_{om}^P = \dfrac{v\theta + s\xi_{om}^P - v\xi_{om}^P}{\theta + a - 1}$，② $p_{om}^P = \eta_{om}^P$，③ $q_{om}^P = \arg \max_q \Pi(q_{om}^P, p_{om}^P)$，④ $\xi_{om}^P = F(q_{om}^P) + (1-\theta)\overline{F}(q_{om}^P)$，⑤ $\eta_{om}^P = \omega_{om}^P$。

命题 6-10　当消费者存在投机行为时，部分退款策略下在线零售商的均衡结果如下：

（1）当 $p = \omega_e^P$ 时，在线零售商采用部分覆盖策略，消费者立即购买下零售价 p_{eu}^{P*} 与订购量 q_{eu}^{P*} 分别为

$$p_{eu}^{P*} = \frac{L + \sqrt{K}}{2(1 + a(\theta - 1))(a - 1 + \theta + \alpha\theta)}$$

$$\overline{F}(\frac{q_{eu}^{P*}}{\tilde{\varphi}}) = \frac{2(c-s)(a - 1 + \theta + \alpha\theta)}{L + \sqrt{K}}$$

其中，

$$L = s - as - v + av + \theta(2as - s\theta + v - 2av + s\alpha - as\alpha - c\beta + s\beta) + \theta^2(s + av + c\alpha + as\alpha)$$

$$K = -4(1 + a(\theta - 1))\theta(a - 1 + \theta + \alpha\theta)(sv(\beta + \theta) + c(s - v(1 + \beta) + s\alpha\theta)) + c\theta(\alpha\theta - \beta)$$
$$+ (^v(1 + a(\theta - 1))(\theta - 1) + s(1 + (\alpha + \beta - 1)\theta + \theta^2 + a(\alpha\theta^2 - 1 - (\alpha - 2)\theta)))^2$$

且 θ 需满足 $K(\theta) > 0$。

（2）当 $p = \omega_o^P$ 时，在线零售商采用完全覆盖策略，消费者立即购买的零售价 p_{om}^{P*} 与订购量 q_{om}^{P*} 分别为

$$p_{om}^{P*} = \frac{s - as - v + av - s\theta + 2as\theta + v\theta - 2av\theta + s\theta^2 + av\theta^2 + \sqrt{H}}{2(-1 + a^2(-1 + \theta) + \theta + a(2 - 2\theta + \theta^2))}$$

$$\overline{F}(q_{om}^{P*}) = \frac{2(c - s)(a + \theta - 1)}{s - as - v + av + s\theta + v\theta - 2av\theta - s\theta^2 + av\theta^2 + \sqrt{H}}$$

其中，
$$\begin{aligned} H &= (v(1 + a(\theta - 1))(\theta - 1) + s(1 - \theta + \theta^2 + a(2\theta - 1)))^2 \\ &\quad - 4\theta(c(s - v) + sv\theta)(a^2(\theta - 1) - 1 + \theta + a(2 - 2\theta + \theta^2)) \end{aligned}$$
，且 θ 需满足 $H(\theta) > 0$。

命题 6-10 指出了消费者存在投机行为时，在线零售商采用不同市场覆盖策略下的最优决策变量，同时表明无论在线零售商采用何种市场覆盖策略，市场部分覆盖策略下的零售价高于市场完全覆盖策略下的零售价。

命题 6-11 存在 $\tilde{\varphi}^{P*}$，当 $\tilde{\varphi} > \tilde{\varphi}^{P*}$ 时，$\Pi_u^{P*} > \Pi_m^{P*}$；当 $\tilde{\varphi} < \tilde{\varphi}^{P*}$ 时，$\Pi_u^{P*} < \Pi_m^{P*}$。此时，

$$\tilde{\varphi}^{P*} = \frac{(p_{rm}^{P*}((1-a)(1-\theta) + \theta) - s\theta)\int_0^{q_{rm}^{P*}}\overline{F}(x)\,dx - (c-s)(q_{rm}^{P*} - q_{eu}^{P*})}{(p_{eu}^{P*}((1-a)(1-\theta) + \theta) - s\theta)\int_0^{q_{eu}^{P*}}\overline{F}(x)\,dx}$$

与命题 6-6 类似，命题 6-11 表明当投机后悔型消费者的比例高于一定的数值时，在线零售商实施部分覆盖策略满足市场中的投机后悔型消费者。否则，在线零售商实施完全覆盖策略以满足市场中两种类型的消费者。因为当投机后悔型消费者比例较高时，表明市场中投机后悔型消费者的需求很大。同时，由于投机后悔型消费者的最高保留价格更高，在线零售商实施部分覆盖策略能获得更高的收益；反之，当投机后悔型消费者的需求较少时，在线零售商将降低销售价格满足市场中两种类型的消费者。部分退款策略下在线零售商的市场覆盖策略如图 6-5 所示。

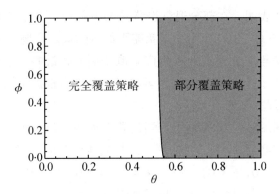

图 6-5　部分退款策略下在线零售商的市场覆盖策略

以上分析表明，在网络购物过程中，退货保证下消费者可能存在投机行为，并且消费者对产品估值的不确定以及预期后悔行为在很大程度上影响了在线零售商店运作决策以及消费者的购买决策。在线零售商提供部分退款策略不仅能消除策略型消费者的投机行为，并且还能消除了产品估值的不确定性以及预期后悔行为带来的不利影响，提高在线零售商的利润。因此，在线零售商可以利用消费者在退货保证下的投机行为，采取合适的退货退款策略，从而获得更多的利润。Shang 的研究表明，部分退款策略可以消除消费者的投机行为，在策略型消费者对产品估值不确定与存在预期后悔行为时，本章进一步证明了部分退款策略可以消除消费者在退货策略下的投机行为，提高在线零售商的利润。

命题 6-12　在部分退款退货策略下，存在 $\tilde{\varphi}^{P0}$，当 $\tilde{\varphi} > \tilde{\varphi}^{P0}$ 时，$q_u^{P*} > q_m^{P*}$；当 $\tilde{\varphi} < \tilde{\varphi}^{P0}$ 时，$q_u^{P*} < q_m^{P*}$，此时，

$$\tilde{\varphi}^{P0} = \frac{\bar{F}^{-1}\left(\dfrac{2(c-s)(a+\theta-1)}{s-as-v+av+s\theta+v\theta-2av\theta-s\theta^2+av\theta^2+\sqrt{H}} \right)}{\bar{F}^{-1}\left(\dfrac{2(c-s)(a-1+\theta+\alpha\theta)}{L+\sqrt{K}} \right)}$$

其中，

$L=s-as-v+av+\theta(2as-s\theta+v-2av+s\alpha-as\alpha-c\beta+s\beta)+\theta^2(s+av+c\alpha+as\alpha)$

$K=-4(1+a(\theta-1))\theta(a-1+\theta+\alpha\theta)(sv(\beta+\theta)+c(s-v(1+\beta)+s\alpha\theta))+c\theta(\alpha\theta-\beta)$

$\quad +(v(1+a(\theta-1))(\theta-1)+s(1+(\alpha+\beta-1)\theta+\theta^2+a(\alpha\theta^2-1-(\alpha-2)\theta)))^2$

$H=(v(1+a(\theta-1))(\theta-1)+s(1-\theta+\theta^2+a(2\theta-1)))^2$

$\quad -4\theta(c(s-v)+sv\theta)(a^2(\theta-1)-1+\theta+a(2-2\theta+\theta^2))$

命题 6-12 表明，在部分退款退货策略下，完全覆盖策略下在线零售商的订购量并不总是高于部分覆盖策略下的订购量。命题 6-4、命题 6-8、命题 6-13 均表明，无论在线零售商采取全额退款策略还是部分退款退货策略，在线零售商并不是订购得越多越好，而应该根据市场上消费者的类型做出合理的订货决策。

接下来分析部分退款策略下，当消费者存在投机行为时，产品估值的不确定与预期后悔行为对在线零售商利润的影响，用 $\delta_o^P = \dfrac{\Pi^{P*}(\theta \neq 1,\ \alpha = 0,\ \beta = 0) - \Pi^{P*}(\theta = 1,\ \alpha = 0,\ \beta = 0)}{\Pi^{P*}(\theta = 1,\ \alpha = 0,\ \beta = 0)}$ 与 $\delta_e^P = \dfrac{\Pi^{P*}(\theta \neq 1,\ \alpha \neq 0,\ \beta \neq 0) - \Pi^{P*}(\theta = 1,\ \alpha = 0,\ \beta = 0)}{\Pi^{P*}(\theta = 1,\ \alpha = 0,\ \beta = 0)}$ 分别表示投机型消费者与投机后悔型消费者对在线零售商利润的影响，用数值分析的方法探讨消费者对产品估值的不确定与预期后悔对在线零售商利润的影响，如图 6-6 所示。

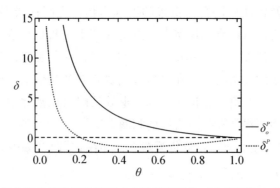

图 6-6　部分退款策略下估值不确定及预期后悔对在线零售商利润的影响

由图 6-6 可知，当消费者在退货保证下投机时，若在线零售商提供部分退款策略，消费者对产品估值的不确定性有利于提高在线零售商的利润。但随着产品匹配率的提高，利润增加程度有所降低。当产品匹配率较低时，预期后悔行为有利于提高在线零售商的利润；当产品匹配率较高时，预期后悔行为会降低在线零售商的利润。随着产品匹配率提高，在线零售商的利润损失程度有所提高。

命题 6-13　部分退款退货策略有利于消除消费者投机行为的不利影响，提高在线零售商的利润。

图 6-7 展示了在线零售商在不退策略与部分退款退货策略下的利润

差。命题 6-13 与图 6-7 表明，当消费者存在投机行为时，若在线零售商提供部分退款策略，无论在线零售商采取何种市场覆盖策略，利润都有所增加。这是因为部分退款策略下，在线零售商会向退货的消费者收取相应的退货费用，消费者退货需要付出相应的成本，这一定程度上消除了投机行为，降低了消费者等待至清货期低价购买的概率。但退货策略增强了对估值不确定的消费者的购买信心，提高了消费者的期望效用。同时，在退货策略下，额外的收入增加了在线零售商的利润。

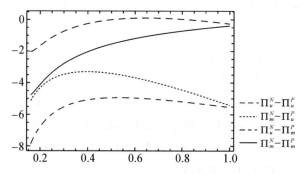

图 6-7　不退货策略与部分退款退货策略的利润差

当策略型消费者存在预期后悔行为并对产品的估值不确定时，本节研究了在线零售商在退货保证下消费者的投机行为，以及在不同市场覆盖下的运作决策与退货策略选择。研究发现，部分退款退货策略可以缓解消费者投机行为的不利影响。

6.5.4　退货策略选择

命题 6-14　当投机型消费者存在预期后悔行为时，部分退款退货策略能为在线零售商带来更多的利润，即 $\Pi_i^{P*} > \Pi_i^{N*} > \Pi_i^{F*} (i = \{u, m\})$。

以上分析表明，在网络购物过程中，在退货保证下，策略型消费者的投机行为和预期后悔行为对其购买决策产生了很大影响。在线零售商提供部分退款策略不仅能消除策略型消费者的投机行为，还能提高在线零售商的利润，因此在线零售商可以利用消费者在退货保证下的投机行为，采用合适的退货退款策略，从而带来更高的利润。Shang 的研究表明，部分退款可以消除消费者的投机行为。本书在策略型消费者存在预期后悔行为时，进一步证明了部分退款策略可以消除消费者在退货策略下的投机行为，提高在线零售商的利润。目前，部分退款策略已广泛应用于商业实践，特别是网络购物环境中，许多大型在线零售商对部分退货商品收取一定数额的退货手续费。例如，Amazon 根据退货原因及商品的状况西向退货消费者收取商品价格的 15%~30%作为退货手续费；Kayakpro 规定对每件退回的商品收取商品价格的 10%作为退货手续费；Bestbuy 对电器以及已拆封的数码产品会收取价格的 15%~25%作为退货手续费。

6.6　数值分析

策略型消费者在退货保证下才会产生投机行为，因此在不退货策略下，所有的策略型消费者都不具有投机行为。本节用数值分析的方法探讨策略型消费者对产品估值不确定且在退货保证下存在投机行为时，全额退款策略、部分退款退货策略如何影响消费者的购买决策及在线零售商的运作决策。参考 Xu 和 Duan 的研究，参数设置如下：$X \sim U[0, 1]$，$v = 24$，$c = 5$，$s = 3$，$\alpha = 0.2$，$\beta = 0.8$。

（1）投机型消费者估值不确定对在线零售商的影响。

投机型消费者估值不确定对在线零售商的影响与图 5-6 的分析相同。

（2）投机后悔型消费者估值不确定对在线零售商的影响。

图 6-8 表明，当投机型消费者同时具有预期后悔行为时，在线零售商的利润在全额退款退货策略下最低，在线零售商应根据产品匹配率采取不退货策略或者部分退款退货策略。具体而言，当产品匹配率较低时，不退货策略下的销售价格、订购量与利润更高，在线零售商应该提供不退货策略；反之，部分退款退货策略下的销售价格、订购量与利润更多，在线零售商应该提供部分退款退货策略。这是因为，当产品匹配较低时，消费者对产品满意的可能性较低，购买后保留产品获得的效用较低，缺货后悔对消费者的影响减弱，无法刺激消费者保留产品，退货后再购买在一定程度上损害了在线零售商的收益。因此，在线零售商为减小消费者投机对其利润的不利影响，会选择不提供退货策略。当产品匹配率较高时，消费者对产品满意的可能性较高，在全价期购买并保留产品所获得的效用增大，刺激消费者在全价期购买并保留产品。同时，部分退款策略降低了在清货期再次购买产品的效用，提高了消费者的愿意支付的最高保留价格，在一定程度上增加了在线零售商的收益。

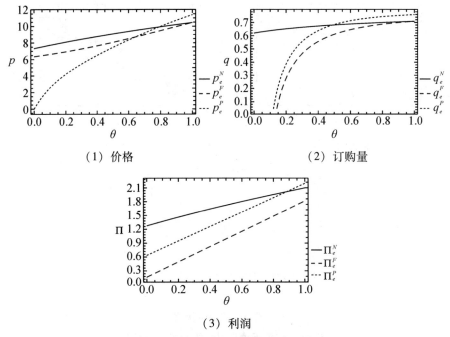

（1）价格　　　　　　　　　　　（2）订购量

（3）利润

图 6-8　投机后悔型消费者的影响

（3）投机型与投机后悔型消费者混合存在对在线零售商的影响。

图 6-9 分析了不同退货策略下，消费者对产品估值不确定性水平对最优零售价的影响。在不退货策略下，最优零售价随着产品匹配率的提高而单调递增。① 当产品匹配率 $\theta > \theta^N$ 时，投机型消费者为高价值消费者，投机后悔型消费者为低价值消费者。在线零售商面向投机型消费者定价时，采用的是部分覆盖策略；面向投机后悔型消费者定价时，采用的是完全覆盖策略。② 当产品匹配率 $\theta < \theta^N$ 时，投机后悔型消费者为高价值消费者，投机型消费者为低价值消费者。在线零售商面向投机后悔型消费者定价时，采用的是部分覆盖策略；面向投机型消费者定价时，采用的是完全覆盖策略。在全额退款与部分退款退货策略下，投机后悔型消费者的最高保留价格总是高于投机型消费者的最高保留价格。因此，投机后悔型消费者为高价值消费者，投机型消费者为低价值消费者。在线零售商面向投机后悔型消费者定价时，采用的是部分覆盖策略；面向投机型消费者定价时，采用的是完全覆盖策略。

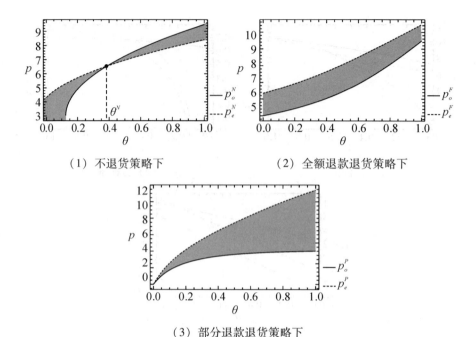

（1）不退货策略下   （2）全额退款退货策略下

（3）部分退款退货策略下

图 6-9　估值不确定对最优零售价的影响

图 6-10 分析了在不退货策略下，投机型消费者比例对在线零售商最优订购量的影响。市场完全覆盖策略下，投机型消费者的比例对在线零售商的最优订购量没有影响。市场部分覆盖策略下，①当产品匹配率 $\theta > \theta^N$ 时，最优订购量随着投机型消费者比例的增加而单调递增，这是因为目标市场为投机型消费者时，投机型消费者比例增加，表明投机型消费者需求增加，在线零售商将提高库存增加订购量，最终部分覆盖策略下最优订购量高于完全覆盖下的最优订购量；②当产品匹配率 $\theta < \theta^N$ 时，最优订购量随着投机型消费者比例的增加而单调递减，这是因为目标市场为投机后悔型消费者时，投机型消费者比例增加，表明投机后悔型消费者比例减小。投机后悔型消费者需求减少，会减少在线零售商的最优订购量，部分覆盖策略下的最优订购量低于完全覆盖策略下的最优订购量。

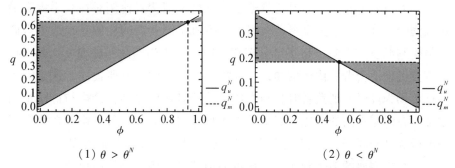

（1）$\theta > \theta^N$ （2）$\theta < \theta^N$

图 6-10　不退货策略下投机型消费者比例对最优订购量的影响

　　图 6-11 与图 6-12 分析了投机型消费者比例对在线零售商最优订购量的影响。市场完全覆盖策略下，投机型消费者的比例对在线零售商的最优订购量没有影响；市场部分覆盖策略下，最优订购量随着投机型消费者比例的增加而单调递减。因此，当投机型消费者的比例较低时，部分覆盖策略下的最优订购量高于完全覆盖下的最优订购量；当投机型消费者的比例较高时，部分覆盖策略下的最优订购量低于完全覆盖下的最优订购量。

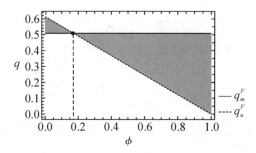

图 6-11　全额退款退货策略下投机型消费者比例对最优订购量的影响

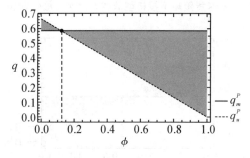

图 6-12　部分退款退货策略下投机型消费者比例对最优订购量的影响

图 6-13 分析了在不退货策略下，投机型消费者比例对在线零售商最优利润的影响。市场完全覆盖策略下，投机型消费者的比例对在线零售商的最优利润没有影响。市场部分覆盖策略下，①当产品匹配率 $\theta > \theta^N$ 时，随着投机型消费者的比例增加，在线零售商的利润也有所提高，这是因为目标市场为投机型消费者时，当投机型消费者比例提高，价格与订购量均增加，在线零售商的最优利润也随之增加，因此部分覆盖策略下在线零售商的最优利润高于完全覆盖策略下的最优利润；②当产品匹配率 $\theta < \theta^N$ 时，在线零售商的最优利润随着投机型消费者比例的增加而单调递减，这是因目标市场为投机后悔型消费者时，投机型消费者比例提高，表明投机后悔型消费者比例减小，订购量减少，在线零售商的最优利润也随之降低。虽然部分覆盖策略下的零售价较高，但随着投机后悔型消费者的比例减小，最终部分覆盖策略下在线零售商的最优利润低于市场完全覆盖策略下最优利润的水平。在全额退款策略与部分退款退货策略下，市场完全覆盖策略下情形与之类似，市场部分覆盖策略下的情形与之相反，如图 6-14 与图 6-15 所示。

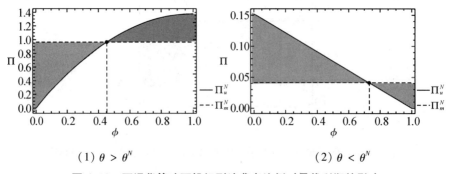

（1）$\theta > \theta^N$ （2）$\theta < \theta^N$

图 6-13　不退货策略下投机型消费者比例对最优利润的影响

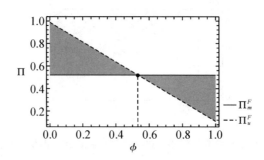

图 6-14　全额退款退货策略下投机型消费者比例对最优利润的影响

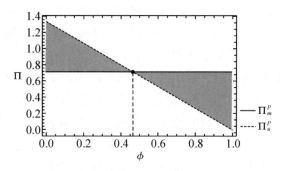

图 6-15　部分退款退货策略下投机型消费者比例对最优利润的影响

图 6-14 与图 6-15 分析了在全额退款退货策略与部分退款退货策略下，投机型消费者比例对在线零售商最优利润的影响。市场完全覆盖策略下，投机型消费者的比例对在线零售商的最优利润没有影响。市场部分覆盖策略下，在线零售商的最优利润随着投机型消费者比例的增加而单调递减。因此，当投机型消费者的比例较低时，在线零售商应面向投机后悔型消费者定价，实施市场部分覆盖策略；当投机型消费者的比例较高时，在线零售商应面向投机型消费者定价，实施市场完全覆盖策略。

6.7　本章小结

本章基于理性预期假设，针对投机型消费者预期后悔行为和对线上产品的估值不确定性，在退货保证下所有策略型消费者均存在投机行为时，即假设所有的消费者在退货保证下均为投机型消费者的前提下，根据投机型消费者是否存在预期后悔行为，将消费者分为了投机型消费者与投机后悔型消费者，研究了在线零售商分别在单一投机型消费者市场、单一投机后悔型消费者市场、投机型与投机后悔型消费者并存的混合市场下的策略选择；以最大化在线零售商利润为目标，分别构建了不退货策略、退货策略全额退款以及部分退款下的利润模型，求解并通过数值分析的方法讨论了不同退货策略下，在线零售商的最优零售价、最优订购量，以及最优期望利润。

研究表明：①策略型消费者在退货保证下存在投机行为与预期后悔行为时，全额退款策略反而会减少在线零售商的利润，并且产品估值的不确定性与预期后悔会进一步减少在线零售商的利润；部分退货策略会使在线零售商的利润增加，产品估值的不确定有利于增加在线零售商的利润，但预期后悔行为依旧会减少在线零售商的利润。②当在线零售商处于单一投机型或单一投机后悔型消费者市场下，当产品匹配率较低时，不退货策略下的利润更高；当产品匹配率较高时，部分退款退货策略下利润更高。在投机型消费者与投机后悔型消费者并存的混合市场下，部分退款退货策略下的利润总是最高的。③零售价并不总是越高越好，在线零售商的最优订购量和最优利润在市场完全覆盖下并不总是优于市场部分覆盖策略下的最优订购量和最优利润，产品匹配率以及消费者比例直接影响着在线零售商的销售价格设定以及市场覆盖策略选择。

基于上述分析，本章得到以下管理启示：①当市场上同时存在两种类型消费者时，在线零售商首先应了解不同类型消费者对产品最高保留价格，从而识别高价值消费者和低价值消费者，再根据消费者的类型的比例选择合适的定价策略，进而覆盖相应的目标市场。②由于利润会受产品匹配率、高价值消费者比例的影响，因此零售价较低时市场完全覆盖下的最优利润并不总是优于零售价较高时市场部分覆盖策略下的最优利润。在线零售商定价也不是越高越好，无论在线零售商提供何种退货退款策略。当高价值消费者比例较高时，在线零售商应制定较高的价格，采取部分覆盖策略，攫取消费者剩余以获得更高的利润；反之，在线零售商应制定较低的销售价格，采取完全覆盖策略。③在线零售商应积极实施退货策略，增强消费者的购买信心，诱导消费者提前购买，但宽松的退货退款政策给予了很多机会主义衍生的空间。当消费者存在投机行为时，全额退款策略可能会加剧在线零售商的利润损失，而部分退款策略在一定程度上能消除消费者投机行为的不利影响，并且有利于提高在线零售商的利润。因此，在线零售商可以利用消费者在退货保证下的投机行为，采用合适的退货退款策略，从而获得更高的利润。

7 消费者退货下的供应链回购策略研究

7.1 引言

前几章从消费者策略性地选择购买时机出发，并考虑消费者存在预期后悔行为与投机行为，由浅入深地分析消费者策略性购买行为、预期后悔行为以及退货下的投机行为对在线零售商退货策略与运作决策的影响。前几章分析了消费者行为与在线零售商退货策略之间的交互影响，探讨了受消费者不同行为因素影响下，在线零售商的最优退货策略与运作决策。研究发现，在两阶段降价销售中，消费者的策略性购买行为会导致在线零售商的订购量减少，这在一定程度上减少了供应商的利润，进而损害了供应链绩效（黄松等，2011，2012；陈飓佳和官振中，2021）。同时，在退货策略下，退货的产品可在清货期再次销售，进一步加剧了的策略性购买行为（Xu 和 duan，2020；原逸超和石岩然，2020）。那么，在退货策略下，策略型消费者退货是否会对供应商与供应链造成不利影响呢？如果是，供应商为避免损失，是否会提出相应策略刺激在线零售商增加订购量，以此缓解消费者策略行为以及全额退款退货策略对在线零售商订购量的影响呢？研究发现，不考虑消费者策略性购买行为时，经典报童模型中合理的回购策略可以鼓励在线零售商订购更多的产品，从而提升供应链绩效（李娟等，2007；冯艳刚等，2014）。那么在考虑消费者在退货策略下策略性选择购买时机时，甚至在策略性购买中还具有其他行为因素时，回购策略是否同样适用于刺激在线零售商提高订货量，缓解策略型消费者不同行为因素下退货对在线零售商绩效的不利影响呢？

在退货策略下，将消费者策略性购买行为对在线零售商运营决策的影响纳入考虑范围内，Qin 等通过对比是否提供退货策略情形，分析了策略型消费者存在时退货策略对在线零售商利润的影响。Chen 等研究了在线零售商在不同渠道下的退货策略及其对渠道结构的影响问题。原逸超和石岿然考虑了策略型消费者对产品估值的异质性和无缺陷退货行为，应用理性预期均衡理论构建了两期决策模型，对比分析了在（不）允许无缺陷退货两种模式下在线零售商的运作策略。以上文献针对消费者对产品估值不确定的情况，提出了在线零售商提供退货保证有利于刺激消费者购买，分析了策略性购买行为对在线零售商的影响，但较少文献分析策略型消费者退货对供应商与供应链的影响。本章在以上文献的基础上，进一步分析在策略型消费者退货时供应链的协调机制。

消费者退货会对在线零售商运作决策造成影响，在线零售商的采购决策又会影响供应商的绩效。近年来，部分学者从供应链的角度出发，研究了退货保证下供应链的协调机制。翟春娟和李勇建研究了制造商与在线零售商之间的三种退货处理策略对供应链收益的影响；Su 指出，在允许消费者退货时，传统的回购契约无法协调供应链，差异化回购契约能完美协调供应链。与 Su 的研究类似，Xiao 等、Chen 等在市场需求不确定下，以报童问题为背景，研究退货保证下的供应链协调问题，发现滞销补贴契约与差异化回购契约都可以协调供应链。申成霖、张新鑫等分析了在退货保证下，销售折扣契约对供应链协调的作用。Ferguson 等认为在退货保证下，在线零售商的销售努力可以降低无理由退货率，并且讨论了奖惩机制对协调供应链的作用。李明芳等在 Ferguson 等研究的基础上，考虑了制造商和在线零售商的双向努力对消费者退货的影响，并讨论了双向激励机制对协调供应链的作用。汪峻萍等针对网上销售的无缺陷退货情形，分析了价格保护契约对协调供应链的作用。Huang 和 Gu 考虑产品剩余及退回的处理问题，分析了二级市场对供应链的协调作用。Xu 和 Li 考虑了退货时限对消费者估值的影响，在此基础上，讨论了依赖退货期限的回购契约对供应链的协调作用。但是这类分析退货策略下供应链协调机制的文献较少同时考虑消费者行为因素的影响。本章在以上文献的基础上，分析了同时考虑策略型消费者行为因素与退货策略时，不同的回购策略对供应链协调的影响。

本章的内容安排如下：7.2 节是相关的模型描述与构建；7.3 节分别考虑在不退货策略下消费者不存在策略性购买行为、不退货策略下消费者存在策略性购买行为、退货策略下消费者不存在策略性时购买行为，分析了消费者策略性购买与退货保证对供应链的影响；7.4 节讨论了完全回购、差异化回购、直接退回给供应商下的回购策略对协调供应链的作用；7.5 运用数值模拟的方法验证了本章结论的有效性和可靠性；7.6 节是本章小结。

7.2 模型描述与构建

策略型消费者存在时，如果在线零售商在需求不确定市场上销售单一易逝品的情形，产品的销售分为全价期和清货期两个时期，在线零售商在销售季节开始前决策零售价 p 以及订购量 q。假设生产提前期较长，一旦进入销售期，在线零售商不能再订购产品。供应商生产单位产品成本为 c，所有在全价期未卖出的产品都会在清货期以清货价 s 卖出。对于在线零售商而言，全价销售期结束未售出的产品残值为 s，而对于供应商而言残值为 g，$p > w > c > 0$，Su 和 Zhang 也进行了类似假设。

将策略型消费者引入报童模型中，且市场需求连续且随机，用 X 表示；相应的概率分布和概率密度函数分别为 $F(x)$ 和 $f(x)$，需求具有递增故障率的性质，且 $f(x)$ 连续可微，其中 $\bar{F}(\cdot) = 1 - F(\cdot)$，消费者对单位产品的估值为 v。为了不失一般性，假定每个消费者至多只购买一个单位的产品，Su 和 Zhang、Gao 和 Su 在考虑不确定市场上的策略型消费者对报童在线零售商的影响时也同样将消费者设置为同质并且估值为 v。

消费者在获得产品前，对产品是否满意是不确定的，参考 Gao 和 Su 的研究，用 $\theta \in [0, 1]$ 表示消费者对产品满意的可能性（下文称产品匹配率）。假设消费者对产品最终价值的评价有两种可能，高价值 v 和低价值 0，其可能性分别为 θ 和 $1 - \theta$，即消费者对产品满意时获得效用 v，消费者对产品不满意时获得效用为 0。在不退货策略下，若消费者对产品不满意，只能保留产品。在退货策略下，消费者在全价期购买时可将不满意的商品退回，并获得全额退款，退回的产品可在清货期以清货价再次销售，但清货期不允许退货。

策略型消费者通过权衡全价期和清货期购买产品带来的效用，以及清货期可获得产品的概率来决定是在全价期购买还是在清货期购买。ω 为消费者保留价格，也称为消费者在全价期购买产品所愿支付的最高价格，且

$\omega < v$，η 为在线零售商预测的消费者保留价格，ξ 为消费者预测能在清货期买到降价产品的可能性。为了不失一般性，假定每个消费者至多只购买一个单位的产品。与相似文献的假设相同，消费者预期在清货期购买到产品的可能性相同，且不考虑时间价值（刘晓峰和黄沛，2009；李晴晴等，2020；王桦和官振中，2019）。

7.3 策略性购买行为与退货保证对供应链的影响

7.3.1 不退货策略下消费者不存在策略性购买行为（情形 N）

首先分析在网络购物环境中，在不退货策略下，消费者对产品估值不确定时对在线零售商运作决策的影响。消费者在全价期购买所获得的效用为：$U_1^N = \theta v - p$，在清货期购买所获得的效用为：$U_2^N = \xi(\theta v - s)$。只要全价期效用大于 0，消费者就会购买产品，因此消费者对产品的最高保留价格为：$\omega_M^N = \theta v$。

在线零售商、供应商与供应链的期望收益分别为

$$\Pi_r^N = (p - s)\mathrm{E}(X \wedge q) - (w - s)q \qquad (7-1)$$

$$\Pi_s^N = wq - cq \qquad (7-2)$$

$$\Pi_t^N = (p - g)\mathrm{E}(X \wedge q) - (c - g)q \qquad (7-3)$$

定义 7-1 不退货策略下，在线零售商与消费者之间预期均衡（p^N，q^N, ω^N, η^N）满足条件：① $\omega^N = \theta v$，② $p^N = \eta^N$，③ $q^N = \arg \max_q \Pi(q^N, p^N)$，④ $\eta^N = \omega^N$。

命题 7-1 最优零售价 p^{N*} 与订购量 q^{N*} 分别为：$p^{N*} = \theta v$，$\bar{F}(q^{N*}) = \dfrac{c - s}{\theta v - s}$。

命题 7-1 指出了在网络购物环境中，消费者不存在复杂的行为因素且在线零售商不提供退货策略时，消费者对产品估值不确定时在线零售商的最优定价与订货决策。

7.3.2 不退货策略下消费者存在策略性购买行为（情形 NS）

接下来分析在网络购物环境中，在不退货策略下，当消费者在两阶段

销售中存在策略性购买行为时，消费者的策略性购买行为与对产品估值不确定对在线零售上运作决策的影响。消费者在全价期购买所获得的效用为：$U_1^{NS} = \theta v - p$，在清货期购买所获得的效用为：$U_2^{NS} = \xi^{NS}(\theta v - s)$。只有当全价期的效用大于清货期的效用时策略型消费者才会选择在全价期购买，即 $\theta v - p \geqslant \xi^{NS}(\theta v - s)$。因此，在清货期获得产品的可能性为 ξ_S^N 时，策略型消费者对产品的最高保留价格为：$\omega^{NS} = \theta v - \xi^{NS}(\theta v - s)$。

在线零售商、供应商与供应链的期望收益分别为

$$\Pi_r^{NS} = (p - s)\mathrm{E}(X \wedge q) - (w - s)q \qquad (7-4)$$

$$\Pi_s^{NS} = wq - cq \qquad (7-5)$$

$$\Pi_t^{NS} = (p - g)\mathrm{E}(X \wedge q) - (c - g)q \qquad (7-6)$$

定义 7-2 不退货策略下，在线零售商与策略型消费者的理性预期均衡 $(p^{NS}, q^{NS}, \omega^{NS}, \xi^{NS}, \eta^{NS})$ 满足条件：① $\omega^{NS} = \theta v - \xi^{NS}(\theta v - s)$，② $p^{NS} = \eta^{NS}$，③ $q^{NS} = \arg\max_q \Pi(q^{NS}, p^{NS})$，④ $\xi^{NS} = F(q^{NS})$，⑤ $\eta^{NS} = \omega^{NS}$。

命题 7-2 最优零售价 p^{NS*} 与订购量 q^{NS*} 分别为：$p^{NS*} = \sqrt{(s - c)(s - \theta v)} + s$，$\overline{F}(q^{NS*}) = \sqrt{\dfrac{c - s}{\theta v - s}}$，其中 θ 需满足 $\theta > \dfrac{s}{v}$。

命题 7-2 指出了在网络购物环境中，消费者存在策略性购买行为但在线零售商不提供退货策略时，消费者对产品估值不确定时在线零售商的最优定价与订货决策。

7.3.3 退货策略下消费者存在策略性购买行为（情形 RS）

在以上分析的基础上，本书在网络购物环境中，在退货策略下，消费者在决策购买时机时存在策略性购买行为时，分析消费者的策略性购买行为与对产品估值不确定对在线零售商运作决策的影响。在退货策略下，当消费者存在策略性购买行为时，消费者在全价期购买所获得的效用为：$U_1^{RS} = \theta(v - p)$，在清货期购买所获得的效用为：$U_2^{RS} = \xi^{RS}(\theta v - s)$。只有当全价期的效用大于清货期的效用时策略型消费者才会选择在全价期购买，即 $\theta(v - p) \geqslant \xi^{RS}(\theta v - s)$。因此，在清货期获得产品的可能性为 ξ^{RS} 时，策略型消费者对产品的最高保留价格为：$\omega^{RS} = v - \dfrac{\xi^{RS}(\theta v - s)}{\theta}$。

在线零售商、供应商与供应链的期望收益分别为

$$\Pi_r^{RS} = \theta(p - s)\mathrm{E}(X \wedge q) - (w - s)q \qquad (7-7)$$

$$\Pi_s^{RS} = wq - cq \tag{7-8}$$

$$\Pi_t^{RS} = \theta(p - g)\mathrm{E}(X \wedge q) - (c - g)q \tag{7-9}$$

定义 7-3　在线零售商与策略型消费者的理性预期均衡 $(p^{RS}, q^{RS}, \omega^{RS}, \xi^{RS}, \eta^{RS})$ 满足条件：① $\omega^{RS} = v - \dfrac{\xi^{RS}(\theta v - s)}{\theta}$，② $p^{RS} = \eta^{RS}$，③ $q^{RS} = \arg\max_q \Pi(q^{RS}, p^{RS})$，④ $\xi^{RS} = F(q^{RS}) + (1 - \theta)\overline{F}(q^{RS})$，⑤ $\eta^{RS} = \omega^{RS}$。

命题 7-3　最优零售价 p^{RS*} 与订购量 q^{RS*} 分别为

$$p^{RS*} = \frac{\sqrt{-4\theta s(w + \theta v) + 4w\theta^2 v + (\theta + 1)^2 s^2} + \theta s + s}{2\theta}$$

$$\overline{F}(q^{RS*}) = \frac{2(w - s)}{\sqrt{-4\theta s(w + \theta v) + 4w\theta^2 v + (\theta + 1)^2 s^2} - \theta s + s}$$

其中，θ 需满足 $4\theta s(w + \theta v) - 4w\theta^2 v - (\theta + 1)^2 s^2 < 0$。

命题 7-1 指出了在网络购物环境中，在线零售商提供退货策略但消费者存在策略性购买行为时，消费者对产品估值不确定与策略性购买对在线零售商最优定价与订货决策的影响。

7.3.4　对比分析

命题 7-4　① $q^{RS*} < q^{NS*} < q^{N*}$；② $\Pi_s^{RS*} < \Pi_s^{NS*} < \Pi_s^{N*}$；③ $\Pi_r^{RS*} < \Pi_r^{N*}$，$\Pi_r^{RS*} > \Pi_r^{NS*}$；④ $\Pi_t^{NS*} < \Pi_t^{N*}$，$\Pi_t^{RS*} > \Pi_t^{NS*}$。

命题 7-4 表明，消费者的策略性购买行为减少了在线零售商的最优订购量，损害了供应商、在线零售商与供应链的绩效。退货策略提高了在线零售商与供应链的绩效，但是由于在线零售商的最优订购量进一步减少，这在一定程度上损害了供应商的收益。这是因为退货保证增强了消费者的购买信心，刺激了消费者在全价期购买，但同时退回的产品可以在清货期再次销售提高了产品在清货期的可获得性，加剧了消费者的策略性购买。在线零售商为了减少消费者的策略性购买行为，会主动减少订购量，这在一定程度上影响了供应商的绩效。

以上分析表明，消费者的策略性购买行为降低了在线零售商的订购量，特别是在退货策略下，退回的产品可在清货期再次销售，加剧了消费者的策略性购买行为。在线零售商为了缓解消费者的策略性购买行为，可能会减少订货量，以此降低产品在清货期的可获得性，这在一定程度上降低了损害了供应商的利润。在网络销售环境中，在线零售商提供退货保证虽然提高了在线零售商的利润与供应链的绩效，但是却损害了供应商的收益。在供应链中，是否存在相应的策略，既能保证在线零售商在退货策略下的收益，又不损害供应商的收益，从而提升整个供应链的绩效呢？研究表明，合理的回购策略可以鼓励在线零售商订购更多的产品，从而提升供应链绩效，但是当消费者的行为方式更加复杂且在线零售商的市场激励手段更为丰富时，回购策略是否同样有效呢？

7.4 回购策略模型

7.4.1 消费者效用选择

在回购策略下，供应商承诺：对于在全价期期末剩余产品（包含未销售的新产品与退回产品），允许以高于残值的价格全部回购。

命题 7-5 在退货+回购策略下，在线零售商与消费者之间的理性预期均衡满足：$p^B = \eta^B = \omega^B = v$，$\xi^B = 0$。

命题 7-5 指出，在线零售商向消费者推出退货策略且供应商向在线零售商推出回购策略，消除了消费者的策略性等待行为，进而消除了前文分析的消费者在两阶段决策购买时机存在的预期后悔以及退货保证下的投机行为，此时消费者对产品的最高保留价格为产品估值，并且消费者在清货期获得产品的可能性为 0。

7.4.2 完全回购（情形 FB）

在完全回购策略下，为了鼓励在线零售商订购更多的产品，供应商在以单位批发价格 w^{FB} 提供产品会承诺：对于在销售期末剩余产品（包含未销售的新产品与退回产品），允许以单位价格 b^{FB} 进行退货。为了防止在线零售商从剩余产品中获利，假设 $s < b < w^{FB}$。在完全回购策略（w^{FB}，b^{FB}）下，在线零售商与策略型消费者之间的理性预期均衡满足：$p^{FB} = \eta^{FB} = \omega^{FB} = v, \xi^{FB} = 0$。

在线零售商、供应商与供应链的期望收益分别为

$$\Pi_r^{FB} = \theta(v - b)\mathrm{E}(X \wedge q) - (w - b)q \tag{7-10}$$

$$\Pi_s^{FB} = \theta(b - g)\mathrm{E}(X \wedge q) + (w - c - b + g)q \tag{7-11}$$

$$\Pi_t^{FB} = \theta(v - g)\mathrm{E}(X \wedge q) - (c - g)q \tag{7-12}$$

命题 7-6 在完全回购策略下，当 $\gamma^{FB} \in [0, v-s/v-g]$，且 $w^{FB} = \gamma^{FB}c + (1-\gamma^{FB})v$，$b^{FB} = (1-\gamma^{FB})v + \gamma^{FB}g$ 时，完全回购策略实现了供应链协调，并且在线零售商的利润为 $\gamma^{FB}\Pi_t^{FB}$，供应商利润为 $(1-\gamma^{FB})\Pi_t^{FB}$。

命题 7-7 在线零售商的最优订购量为：$\overline{F}(q^{FB}) = \dfrac{c-g}{\theta(v-g)}$。

推论 7-1 完全回购策略能提高供应链的绩效。

命题 7-6 与推论 7-1 表明，完全回购策略有利于提高供应链的绩效，但完全回购策略下，利润分配比例需要满足一定的条件才能协调供应链。

命题 7-8 当 $g \geq s$ 时，完全回购策略能完全协调供应链。

命题 7-8 表明，当产品在供应商处的残值高于在在线零售商处的残值时，在完全回购策略下，供应链协调不再受到利润分配比例取值区间的约束。

以上的分析表明，在退货保证下，当考虑消费者策略性购买行为时，完全回购策略的适用性较高，一旦产品在供应商处的残值高于在线零售商处的残值时，回购策略能完全协调供应链。

7.4.3 差异化回购（情形 DB）

差异化回购策略下，为了鼓励在线零售商订购更多的产品，供应商在以单位批发价格 w^{db} 提供产品时承诺：对于在销售期末销售的新产品，允许以单位价格 b^{db} 进行退货，在销售期末销售退回产品，允许以单位价格 λ 进行退货。为了防止在线零售商从剩余产品中获利，假设 $s < b^{DB} < w^{DB}$。同样，在差异化回购契约 $(w^{DB}, b^{DB}, \lambda)$ 下，在线零售商与策略型消费者之间的理性预期均衡满足：$p^{DB} = \eta^{DB} = \omega^{DB} = v$，$\xi^{db} = 0$。

在线零售商、供应商与供应链的期望收益分别为

$$\Pi_r^{DB} = (\theta(v-\lambda) + \lambda - b)\mathrm{E}(X \wedge q) - (w-b)q \qquad (7-13)$$

$$\Pi_s^{DB} = (b - (1-\theta)\lambda - \theta g)\mathrm{E}(X \wedge q) + (w-c-b+g)q \qquad (7-14)$$

$$\Pi_t^{DB} = \theta(v-g)\mathrm{E}(X \wedge q) - (c-g)q \qquad (7-15)$$

命题 7-9 在差异化回购策略下，当 $\gamma^{DB} \in [(1-\theta)s + \theta v + b^{DB}/\theta(v-g), v-\lambda/v-g]$，且 $(w^{DB}, b^{DB}, \lambda)$ 满足 $w^{DB} = \gamma^{DB}c + \theta(1-\gamma^{DB})v - (1-\theta)\gamma^{DB}g + (1-\theta)\lambda$，$b^{DB} = (1-\gamma^{DB})\theta v + \gamma^{DB}\theta g + (1-\theta)\lambda$ 时，差异化回购策略实现了供应链协调，并且在线零售商的利润为 $\gamma^{DB}\Pi_t^{DB}$，供应商利润为 $(1-\gamma^{DB})\Pi_t^{DB}$。

命题 7-10 在线零售商的最优订购量为：$\overline{F}(q^{DB}) = \dfrac{c-g}{\theta(v-g)}$。

推论 7-2 差异化回购策略能提高供应链的绩效。

命题 7-11 差异化回购契约协调供应链受到利润分配比例的限制，且无论参数如何设置，差异化回购契约无法完全协调供应链。

以上的分析表明，差异化回购策略虽然能增加供应链的绩效，但在线零售商有动机将消费者退回的产品当作未销售的产品退回供应商，以获取更高的利润。特别地，对于服装等快时尚产品，产品的包装相对简单，供应商很难区分退回的产品与未销售的产品，这在一定程度上诱导了在线零售商将退货产品当作未销售的新产品退回的不诚信行为。因此，无论是从获益还是从运营角度出发，当供应商无法方便地区分未销售产品与退回产品时，差异化回购策略都不是很好的选择。

推论 7-1 与推论 7-2 表明，差异化回购策略与完全回购策略均能带来更高的供应链绩效，但是在完全回购策略下，供应链协调的利润分配比例取值区间约束更宽松。

7.4.4 直接退回给供应商（情形 RB）

为了鼓励在线零售商订购更多的产品，供应商在以单位批发价格 w^{rb} 提供产品时承诺：消费者将不满意的产品直接退回供应商，供应商向其支付全额退款 v，同时以单位价格 b^{rb} 回购在线零售商未销售的新产品。为了防止在线零售商从剩余产品中获利，假设 $s < b^{RB} < w^{RB}$。同样，在直接退回供应商+回购策略 (w^{RB}, b^{RB}, v) 下，在线零售商与策略型消费者之间的理性预期均衡满足：$p^{RB} = \eta^{RB} = \omega^{RB} = v$，$\xi^{RB} = 0$。

在线零售商、供应商与供应链的期望收益分别为

$$\Pi_r^{RB} = (v - b)E(X \wedge q) - (w - b)q \qquad (7-16)$$

$$\Pi_s^{RB} = (b - v + \theta v - \theta g)E(X \wedge q) + (w - c - b + g)q \qquad (7-17)$$

$$\Pi_t^{RB} = \theta(v - g)E(X \wedge q) - (c - g)q \qquad (7-18)$$

命题 7-12 产品直接退回给供应商时，当 $\gamma^{RB} \in [0, v - s/\theta(v - g)]$，且 $w^{RB} = \gamma^{RB}c + (1 - \theta\gamma^{RB})v + \gamma^{RB}\theta g - \gamma^{RB}g$，$b^{RB} = (1 - \theta\gamma^{RB})v + \gamma^{RB}\theta g$ 时，产品直接退回给供应商实现了供应链协调，并且在线零售商的利润为 $\gamma^{RB}\Pi_t^{RB}$，供应商利润为 $(1 - \gamma^{RB})\Pi_t^{RB}$。

命题 7-13 在线零售商的最优订购量为：$\overline{F}(q^{RB}) = \dfrac{c - g}{\theta(v - g)}$。

推论 7-3 直接退回给供应商下的回购策略能提高供应链的绩效。

推论7-3表明，产品直接退回供应商时，虽然供应商需要承担消费者的退货风险，消费者退货可能给供应商带来了一定的退款损失，但是整个供应链的绩效有所提升。这是因为当产品直接退回给供应商时，在线零售商不再承担消费者退货的风险，并且退货保证有利于刺激消费者购买，刺激在线零售商增加订购量。同时，在回购策略下，在线零售商可以将未销售的新产品退回供应商，消除了消费者的策略性购买行为，并进一步消除了前文分析的消费者在两阶段决策购买时机存在的预期后悔行为以及退货保证下的投机行为，保证了在线零售商的利益，诱导在线零售商订购更多的产品，进而提高了供应链的绩效。

命题7-14 当$g \geqslant s-(1-\theta)v/\theta$时，产品直接退回给供应商能完全协调供应链。

命题7-14表明，当产品在供应商处的残值高于在在线零售商处的残值时，在产品直接退回给供应商的回购契约下，供应链协调不再受到利润分配比例取值区间的约束。

命题7-15 当参数设置合理时，完全回购策略与直接退回给供应商下的回购策略均能完全协调供应链，不再受到利润分配比例的约束，但产品直接退回给供应商下的回购策略协调供应链的限制条件比完全回购策略更宽松，而差异化回购策略协调供应链总是受到利润分配比例的约束。

以上的分析表明，直接退回给供应商下的回购策略完全协调供应链的可能性更高。现实中，供应商可将未销售或退回的产品进行再加工，或是回收其零部件再利用，在供应商处的残值往往远高于在在线零售商处的残值。因此，虽然不满意的产品直接退回给供应商为供应商带来了一定的退货损失，但是在此策略下，批发价格提高增加了供应商的销售收入，当销售收入增加高于退货损失时，供应商与在线零售商均有动机接受此策略。在实践中，当产品直接退回给供应商时，供应商可直接区分未销售的产品与退货的产品，能更加精准地掌握产品退货率。

7.5 数值分析

本节用数值分析的方法探究了在退货保证下，回购策略对在线零售商、供应商、供应链的影响。三种回购契约都能在一定程度上协调供应链，且当供应链协调时，三种回购契约对在线零售商、供应商利润以及供应链绩效提升程度相同，但是直接退回给供应商下的回购策略的协调条件更宽松。因此，接下来主要对比分析在退货保证下，直接退回给供应商下的回购策略与不回购策略下的两种情况，参考 Xu 和 Duan 的研究，参数设置如下：$X \sim U[0, 1]$，$v = 24$，$c = 5$，$s = 3$，$g = 4$，$\gamma = 0.5$。

图 7-1 表明，在退货保证下，回购策略有利于刺激在线零售商增加订购量。因为在回购策略下，未销售产品与退回产品的回购价高于产品的残值，在一定程度上保障了在线零售商的收益，在线零售商有动机订购更多的产品满足市场需求。

图 7-2 表明，在退货保证下，回购策略总是能提高在线零售商的利润，当供应商提出对未销售产品或者退回产品进行回购时，在线零售商总愿意答应该条款。因为在回购策略下，未销售产品与退回产品将会以高于残值的回购价的残值进行销售，在一定程度上保障了在线零售商的收益。

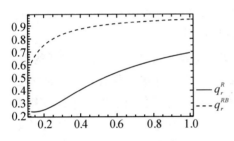

图 7-1　回购策略对订购量的影响

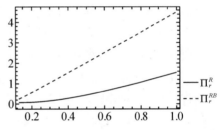

图 7-2　回购策略对在线零售商利润的影响

图 7-3 与图 7-4 表明，退货保证会损害供应商的绩效，回购策略总是有利于提高供应商与供应链的绩效，因此当在线零售商向消费者提供退货保证时，供应商总是愿意向在线零售商提出回购策略，以增加自身的利润。这是因为供应商对产品的回购价高于产品在在线零售商处的残值，这在一定程度上保障了在线零售商的收益，刺激在线零售商增加订货量。对于供应商来说，当产品的批发成本高于回购价时，销售产品总会增加供应商的收益。

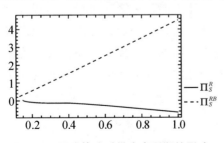

图 7-3　回购策略对供应商利润的影响

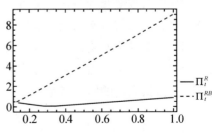

图 7-4　回购策略对供应链绩效的影响

以上的分析表明，在网络购物环境下，退货保证虽然能增强消费者的信心，刺激消费者购买，在一定程度上提高了在线零售商的收益，但却损害了供应商与供应链的绩效。因此，从供应链的角度出发，当在线零售商向消费者提供退货保证时，供应商也应同时提供相应的回购策略保证其自身收益，进而提高整个供应链的绩效。

7.6　本章小结

本章基于理性预期假设，研究了在退货策略下，策略型消费者网络购物退货对在线零售商、供应商以及供应链的影响。为协调消费者退货下的供应链，进而提高整个供应链的绩效，本章分别提出了完全回购策略、差异化回购策略、直接退回给供应商下回购策略，求解并通过数值分析讨论了在消费者退货下，不同回购契约如何协调供应链。

研究表明：①消费者的策略性购买行为减少了在线零售商的订购量，损害了在线零售商、供应商以及供应链的收益。在退货保证下，在线零售商的订购量进一步减少，损害了供应商收益，但是有利于提高在线零售商与供应链的收益。②退货策略下的供应链回购策略有利于消除消费者的策略性购买行为，提高订购量与销售价格，实现供应链协调，并带来更高的供应链绩效。③在直接退回给供应商的回购策略下，供应链的协调条件也更加宽松。

基于上述研究结论，本书得到如下管理启示：①虽然退货策略可以加强消费者的购买信心，刺激消费者购买，在一定程度上增加了在线零售商的利润，但是消费者退货对供应商的间接影响不能忽视；②在消费者退货时，用回购策略来协调供应链存在一定的局限性，供应商在提出相应策略时，不仅需要考虑在线零售商是否接受，还不能忽略终端市场上消费者行为的影响；③回购策略均提高了供应链的绩效，在一定条件内可实现供应链协调，但差异化回购策略下存在在线零售商的道德风险，完全回购策略的协调条件较严苛，当供应商无法比较产品在各处的残值时，更建议使用直接退回给供应商的回购策略。

8 结论与展望

随着电子商务的飞速发展，以京东、天猫等为代表的网络购物平台得到了大多数消费者的青睐。然而消费者在网络购物时无法提前完全感知产品价值，其会考虑购买的产品可能并不匹配自己的需求，这种不匹配会降低消费者的购买信心，从而影响其购买。为增强消费者的购买信心，在线零售商提出"无理由退货"保证，允许消费者在一定时间内无理由退回不合适产品，但退货增加加剧了消费者的策略性购买，且宽松的退货保证导致消费者可能存在"有目的的购买并退货"的投机行为，这种退货保证下的投机行为又将影响在线零售商的退货策略选择。在网络购物模式下，退货策略的提出解决了消费者购买后不满意的后顾之忧，刺激了消费者在网上购物。为进一步应对激烈的市场竞争，抢占消费者市场，价格折扣促销活动已经成为在线零售商们吸引顾客积极购买，从而获取更多收益的重要手段。因此产品的销售期可大致分为全价销售的全价期以及折扣销售的清货期，消费者在比较全价期和在清货期的效用并选择最大化自身收益的购买时机时，有动机持币等待至产品价格较低时再购买。消费者在策略性地选择购买时机时，会因为自己当下所作的抉择在未来可能由于产品在未来降价或缺货而产生后悔。这种在进行购买决策前所体现出的预期后悔行为不仅影响了消费者的购买决策，也影响了在线零售商的运作策略。

随着信息技术和社会经济的发展、外界环境的变化，消费者行为在市场环境中可能会发生改变。因此，本书考虑了策略型消费者在两阶段销售环境中存在策略性购买行为、预期后悔行为以及退货保证滋生的投机行为，讨论在不同退货策略下消费者行为因素与产品匹配率对其购买决策以及在线零售商最优的价格、库存与利润的影响，探讨在线零售商最优的退货策略以及市场覆盖策略。

研究内容一，退货策略对增强消费者购买信心和加剧消费者策略性购买的影响。根据消费者是否存在策略性购买行为，本书将消费者分为策略型消费者与短视型消费者，首先分析了不考虑消费者策略性购买行为时，产品估值不确定对其购买决策以及在线零售商利润的影响；其次，进一步考虑消费者策略性购买行为对其购买决策以及在线零售商运作决策的影响；最后，探讨策略型消费者与短视型消费者同时存在时，在线零售商在不同退货策略下的市场覆盖策略选择，得到其最优的退货策略选择。研究发现：①退货策略加剧了消费者的策略性购买行为，但无论是在何种消费者类型市场下，退货策略总是利于增强消费者的购买信心，提高在线零售商的收益，并且全额退款退货策略有利于最大限度地提高在线零售商的收益。②在不退货策略下，产品估值的不确定会减少在线零售商的利润，消费者的策略性购买行为会缓解利润的降低，但是在全额退款策略与部分退款退货策略下，消费者的策略性购买行为会进一步加剧利润的降低。③当在线零售商面对短视型消费者与策略型消费者并存的混合市场时，其最优订购量和利润会受产品匹配率、短视型消费者比例的影响，并且在市场完全覆盖下的最优订购量和最优利润并不总是优于部分覆盖策略下的最优订购量和最优利润。基于上述研究结论，得到如下管理启示：①随着网络信息技术进步和电子商务的发展，在线零售商不能忽视消费者策略性购买行为和消费者对产品估值的不确定因素，否则会造成运营利润的降低。②无论在线零售商是否提供退货策略，在线零售商都应考虑产品匹配率以及短视型消费者比例进行运作决策。③在线零售商都应积极实施退货策略，增加消费者购买产品所获得的效用，以刺激消费者提前购买，提高在线零售商的收益。

研究内容二，在研究内容一的基础上，考虑策略型消费者在选择最大化自身收益的购买时机时，会对在全价期原价销售的产品与在清货期降价销售的产品进行预测，当消费者当下所作的抉择在未来可能因为产品在未来降价或缺货而产生后悔时，分析其所表现出来的预期后悔行为对其购买决策以及在线零售商策略选择的影响。根据消费者是否存在预期后悔行为，本书将消费者分为策略型消费者与预期后悔型消费者，首先分析了策略型消费者不存在预期后悔行为时，消费者对产品估值的不确定与策略性购买的影响；其次，进一步考虑策略型消费者预期后悔行为对其购买决策以及在线零售商运作决策的影响；最后，探讨策略型消费者与预期后悔型消费者同时存在时，在线零售商在不同退货策略下的市场覆盖策略选择，得到其最优的退货策略选择。研究发现：①无论是在单一策略型消费者市场、单一预期后悔型消费者市场，还是在策略型消费者与预期后悔型消费者并存的混合市场中，退货策略总是有利于增强消费者的购买信心，提高在线零售商的收益，并且全额退款退货策略有利于最大限度地提高在线零售商的收益。②在不退货策略下，产品估值的不确定会降低在线零售商的利润，预期后悔行为会加剧利润的降低；但全额退款策略与部分退款退货策略有利于刺激消费者在全价期购买，降低估值不确定带来的损失程度，并且策略型消费者的预期后悔行为反而提高了在线零售商的利润。③当在线零售商面对策略型消费者与预期后悔型消费者的混合市场时，其最优订购量和利润会受产品匹配率、高价值消费者比例的影响，在线零售商的最优订购量和最优利润在市场完全覆盖下并不总是优于部分覆盖策略下和最优订购量和最优利润。基于上述研究结论，得到如下管理启示：①在退货保证下，消费者的策略性购买行为确实会降低在线零售商的收益，但是预期后悔行为却有利于提高利润。当消费者策略性地决定购买时机时，在线零售商应可以采取合适的销售策略以诱导消费者产生预期后悔行为，从而增加收益。②无论在线零售商是否提供退货策略，在线零售商都应考虑产品匹配率以及消费者比例做出运作决策。③消费者存在策略性购买行为和预期后悔行为时，在线零售商应积极实施全额退款退货策略，以刺激消费者提前购买，缓解估值不确定及预期后悔行为对在线零售商绩效的不利影响。

研究内容三，在研究内容一的基础上，分析策略型消费在选择最大化自身收益的购买时机时，在宽松的退货保证下存在全价期购买后退货，再在折扣期以低价再次购买的投机行为。根据消费者是否存在投机行为，本书将消费者分为策略型消费者与预期后悔型消费者，首先分析了在策略型消费者在退货保证下不存在投机行为时，其对产品估值的不确定与策略性购买的影响；其次，进一步分析策略型消费者在退货保证下的投机行为对其购买决策以及在线零售商运作决策的影响；最后，探讨策略型消费者与预期后悔型消费者同时存在时，在线零售商在不同退货策略下的市场覆盖策略选择，得到其最优的退货策略选择。研究发现：①策略型消费者在退货保证下的投机行为降低了在线零售商的利润，但随着产品匹配率的提高，在线零售商的利润损失有所降低。②在策略型消费者与预期后悔型消费者并存的混合市场中，在全额退款退货策略下，投机型消费者对产品的最高保留价格总是低于策略型消费者对产品的最高保留价格；在部分退款退货策略下，当产品匹配率较低时，策略型消费者的最高保留价格较高，当产品匹配率较高时，投机型消费者的最高保留价格较高，在线零售商在市场完全覆盖下的最优利润并不总是优于部分覆盖策略下的。③当策略型消费者在退货保证下存在投机行为时，全额退款退货策略总是最不利的，在线零售商应选择不退货策略或者部分退款退货策略。具体而言，当市场中仅存在投机型消费者时，当产品匹配率较低时，不退货策略下的利润更高；当产品匹配率较高时，部分退款退货策略下的利润更高；当市场中同时存在策略型消费者与短视型消费者时，在线零售商的退货策略选择变得更加复杂，并且不存在某一种退货策略恒优，产品匹配率、策略型消费者比例的大小都直接影响着不同退货策略下利润的大小。基于上述研究结论，得到如下管理启示：①销售策略确实可以在一定程度上刺激销量并且提高利润，但是随着消费者行为方式变得更加复杂，固定不变的销售策略可能会被消费者利用，从而损害在线零售商的收益。②退货保证可能滋生消费者的投机行为，在线零售商在退货策略推出之前，应对消费者行为与类型进行充分的了解，从而选择合适的退货策略，甚至可以不提供退货策略，从而保障其收益。③在线零售商并非总是需要覆盖市场上所有的消费者，应在充分分析目标市场中消费者类型、各类消费者比例后，选择"薄利多销"或者"厚利适销"的销售策略。

研究内容四，在研究内容二和研究内容三的基础上，进一步预期后悔行为对投机型消费者的策略性选择的影响。研究内容四根据消费者是否存在预期后悔行为，将消费者分为投机型消费者与投机后悔型消费者，首先分析了投机型消费者不存在预期后悔行为时，其对产品估值的不确定与策略性购买的影响；其次，进一步分析投机型消费者预期后悔行为对其购买决策以及在线零售商运作决策的影响；最后，探讨投机型消费者与投机后悔型消费者同时存在时，在线零售商在不同退货策略下的市场覆盖策略选择，得到其最优的退货策略选择。研究发现：①当策略型消费者在退货保证下存在投机行为与预期后悔行为时，全额退款策略反而会降低在线零售商的利润，并且产品估值的不确定与预期后悔行为会进一步降低在线零售商的利润；部分退货策略会提高在线零售商的利润，产品估值的不确定有利于提高在线零售商的利润，但预期后悔行为依旧会降低在线零售商的利润。②当在线零售商处于单一投机型或单一投机后悔型消费者市场下，当产品匹配率较低时，不退货策略下的利润更高；当产品匹配率较高时，部分退款退货策略下利润更高；在投机型消费者与投机后悔型消费者并存的混合市场下，部分退款退货策略下的利润总是最高的。③零售价并不总是越高越好，在线零售商的最优订购量和最优利润在市场完全覆盖下并不总是优于市场部分覆盖策略下的最优订购量和最优利润，产品匹配率以及消费者比例直接影响着在线零售商的销售价格设定以及市场覆盖策略选择。

基于上述研究结论，得到如下管理启示：①当市场上同时存在两种类型消费者时，在线零售商首先应了解不同类型消费者对产品最高保留价格的大小，从而识别高价值消费者和低价值消费者，再根据消费者的类型的比例选择合适的定价策略，进而覆盖相应的目标市场。②由于利润会受产品匹配率、高价值消费者比例的影响，因此零售价较低时市场完全覆盖下的最优利润并不总是优于零售价较高时市场部分覆盖策略下的最优利润，在线零售商定价也不是越高越好。无论在线零售商提供何种退货退款策略，当高价值消费者比例较高时，在线零售商应制定较高的价格并采取部分覆盖策略，攫取消费者剩余以获得更高的利润；反之，在线零售商应制定较低的销售价格并采取完全覆盖策略。③在线零售商应积极实施退货策略，增强消费者的购买信心，诱导消费者提前购买，但宽松的退货退款政策给予了很多机会主义衍生的空间。当消费者存在投机行为时，全额退款策略可能会加剧在线零售商的利润损失，而部分退款策略在一定程度上能消除消费者投机行为。因此，在线零售商可以利用消费者在退货保证下的投机行为，采用合适的退货退款策略，从而带来更高的利润。

综上，在线零售商实施退货应综合考虑消费者行为因素，以及变化的市场环境对消费者购买决策的影响，然后依据在线零售商所处的市场环境选择其最优的退货策略和运作决策。

本书也存在以下局限性：

首先，本书仅仅对退货策略中的退款机制进行了研究，但退货保证并不仅仅含退款策略，还有提供退货保证的期限和退货成本由谁承担等内容。本书仅仅对单一产品的退款策略进行了研究，但现实中往往是同一在线零售商销售多种产品。对于不同类别产品，在线零售商是否需要根据产品类别实施差异化的退货策略还需要做进一步研究。

其次，在分析消费者行为的影响时，本书仅考虑了在单一消费者类型或两种消费者类型混合的消费者市场中，在线零售商的退货策略选择。但现实中，每位消费者都是独立的个体，消费者受不同行为因素影响下，市场中可能会存在三种或三种以上的消费者类型，因此，未来的研究中可考虑多种消费者类型并存的市场情形。此外，消费者的购买决策还会受到外部环境的影响，比如消费者的购买决策还会受到在线评论的影响，因此在未来研究中还可考虑此因素。随着市场竞争的加剧，不仅消费者存在策略性购买行为、预期后悔行为、投机行为，在线零售商也有可能存在风险厌恶等行为，因此在未来的研究中加入此因素进行研究。

再次，本书仅分析了不同退货策略对消费者购买决策与在线零售商运作决策的影响，但是在两阶段销售环境中，全价期允许退货会提高产品在清货期的可获得性，进一步加剧消费者的策略性购买行为。为了缓解消费者的策略性等待，在线零售商可能会减少订货量，以此降低产品在清货期的可获得性，这在一定程度上可能损害了供应商的利润，降低了供应链的绩效。因此，在退货策略下，消费者行为对供应商与供应链的影响如何呢？因此在未来的研究中加入此因素进行研究。

最后，本书仅运用构建模型的方法得到结论，分析不同情景下在线零售商的退货策略选择，未运用公司实际案例数据进行拟合。未来的研究中可考虑运用实证研究的方法获取产品的退货率和消费者类型，使得研究更具实践性和借鉴性。

参考文献

[1] 曹细玉, 宁宣熙. 基于无缺陷退货下的三阶层易逝品供应链的协调性研究 [J]. 管理评论, 2008, 20 (8): 55-58.

[2] 陈志松. 前景理论视角下考虑战略顾客行为的供应链协调研究 [J]. 管理工程学报, 2017, 31 (4): 93-100.

[3] 段永瑞, 徐超, 刘晶晶. 考虑预期后悔的创新产品定价和质量决策研究 [J/OL]. 工业工程与管理, (2021-04-21) [2023-12-28]. http://kns.cnki.net/kcms/detail/31.1738.T.20200402.1356.010.html.

[4] 段永瑞, 徐建. 考虑异质型策略消费者的零售商库存分配与退款保证策略 [J]. 中国管理科学, 2017, 25 (8): 103-113.

[5] 冯艳刚, 李健, 吴军. 考虑消费者止步行为的供应链回购契约研究 [J]. 管理评论, 2014, 26 (8): 181-187.

[6] 高鹏, 杜建国, 聂佳佳, 等. 消费者后悔预期对竞争型再制造供应链权力结构的影响 [J]. 中国管理科学, 2017, 25 (1): 78-87.

[7] 高鹏, 杜建国, 聂佳佳, 等. 消费者后悔预期对再制造供应链运作模式的影响 [J]. 计算机集成制造系统, 2020, 26 (5): 1434-1444.

[8] 龚治宇, 金亮. 退款保证下存在体验店的 O2O 供应链权力结构模型 [J]. 管理评论, 2021, 33 (6): 316-327.

[9] 黄松, 杨超, 张曦. 考虑战略顾客行为时的供应链性能分析与协调 [J]. 管理科学学报, 2012, 15 (2): 47-58.

[10] 黄松, 杨超, 张曦. 考虑战略顾客行为时的两阶段报童模型 [J]. 系统管理学报, 2011, 20 (1): 63-70.

[11] 黄宗盛, 聂佳佳, 赵映雪. 基于消费者满意的双渠道销售商退款保证策略研究 [J]. 中国管理科学, 2016, 24 (2): 61-68.

[12] 姜宏.基于顾客策略性购买和退货行为的缺货保障策略价值研究 [J].中国管理科学，2015，23（4）：96-104.

[13] 邝云娟，傅科.考虑消费者后悔的库存及退货策略研究 [J].管理科学学报，2021，24（4）：69-85.

[14] 李钢，魏峰.供应链协调中的消费者策略行为与价格保障研究 [J].管理学报，2013，10（2）：225-232.

[15] 李辉，齐二石.基于市场规模不确定条件下的销售商预售策略研究 [J].中国管理科学，2017，25（2）：50-56.

[16] 李建斌，李赟.无理由退货政策下的在线定价及补偿优化策略 [J].系统工程理论与实践，2016，36（11）：2811-2819.

[17] 李娟，黄培清，顾锋.基于顾客战略行为下的供应链系统的绩效研究 [J].中国管理科学，2007，15（4）：77-82.

[18] 李明芳，薛景梅，韩娜.基于双向激励契约的无缺陷退货供应链协调 [J].系统管理学报，2015，24（6）：919-924.

[19] 李晴晴，周建亨，徐孝蕾.引入策略性消费者遗憾心理的时尚产品定价策略 [J/OL].中国管理科学，（2021-03-20）[2023-12-28].https://doi.org/10.16381/j.cnki.issn1003-207x.2019.0694.

[20] 李勇建，许磊，杨晓丽.产品预售、退货策略和消费者无缺陷退货行为 [J].南开管理评论，2012，15（5）：105-113.

[21] 刘健，印蓉蓉，陈杰，等.基于顾客渠道偏好的全渠道零售商库存研究 [J/OL].中国管理科学，（2021-03-17）[2023-12-28].https://doi.org/10.16381/j.cnki.issn1003-207x.2019.2151.

[22] 刘健，张珣，陈杰，等.全渠道零售商退货方式和定价研究 [J/OL].中国管理科学，（2021-03-17）[2023-12-28].https://doi.org/10.16381/j.cnki.issn1003-207x.2020.0139.

[23] 刘金荣，徐琪，陈启.考虑网络退货和渠道成本时全渠道 BOPS 定价与服务决策 [J].中国管理科学，2019，27（9）：56-67.

[24] 刘金荣，徐琪.全渠道零售下"Showrooms"对需求分布、定价和收益的影响研究 [J].中国管理科学，2019，27（12）：88-99.

[25] 刘维奇，张晋菁.考虑消费者预期后悔的价格歧视策略研究 [J].中国管理科学，2018，26（5）：1-8.

[26] 刘晓峰，黄沛.基于策略性消费者的最优动态定价与库存决策

［J］. 管理科学学报，2009，12（5）：18-26.

　　［27］刘昕. 电商环境下的库存、定价与契约问题研究 ［D］. 合肥：中国科学技术大学，2017.

　　［28］倪得兵，唐小我，曾勇. 基于消费者柔性行为的两部定价研究 ［J］. 系统工程理论与实践，2004，24（3）：15-20.

　　［29］倪得兵，唐小我. 决策柔性的一般定义、模型与价值 ［J］. 管理科学学报，2009，12（1）：18-27.

　　［30］潘文军，缪林. 考虑跨渠道退货的双渠道闭环供应链决策研究 ［J］. 中国管理科学，2020，28（6）：112-122.

　　［31］邱若臻，李旭阁. 考虑策略性消费者的在线零售商库存信息披露及联合定价、库存决策模型 ［J］. 中国管理科学，2021，29（1）：59-71.

　　［32］申成霖，张新鑫. 消费者策略行为和成员损失规避下的供应链协调 ［J］. 软科学，2016，30（4）：114-119.

　　［33］王桦. 消费者具有失望厌恶或欣喜追求时零售商的定价和库存决策 ［D］. 成都：西南交通大学，2019.

　　［34］王桦. 消费者失望厌恶行为对时尚零售商数量承诺的影响 ［J］. 商业研究，2020（3）：11-19.

　　［35］王桦，董大勇，官振中，等. 存在策略性消费者时联合决策对供应链绩效的影响 ［J］. 系统工程，2017，35（8）：134-144.

　　［36］王桦，官振中. 存在混合型消费者时不同决策下的供应链绩效比较与协调 ［J］. 工业工程与管理，2018，23（6）：16-25.

　　［37］王桦，官振中. 考虑策略型消费者具有失望厌恶时联合定价和库存策略 ［J］. 工业工程与管理，2018，23（4）：104-111，119.

　　［38］王桦，官振中. 失望厌恶对报童零售商最优库存决策的影响 ［J］. 系统工程理论与实践，2019，39（9）：2315-2329.

　　［39］汪峻萍，杨剑波，贾兆丽. 基于无缺陷退货的网上销售易逝品供应链协调模型 ［J］. 中国管理科学，2013，21（6）：47-56.

　　［40］王涛，倪静，王奕璇. 考虑消费者策略行为的三级供应链回购契约研究 ［J］. 系统科学学报，2017，25（4）：60-63.

　　［41］王夏阳，傅科，吁彬. 考虑残值变化和顾客异质性的零售商定价与库存决策 ［J］. 中国管理科学，2016，24（1）：97-106.

　　［42］王夏阳，赵婷. 基于理性预期与顾客策略行为的供应链契约比较

[J]. 管理工程学报, 2014, 28 (2): 167-173.

[43] 王宣涛, 张玉林, 储九志. 考虑炫耀性与策略性消费行为的具有两次订货能力的零售商决策研究 [J]. 管理工程学报, 2016, 30 (4): 85-92.

[44] 王宣涛, 张玉林. 考虑顾客行为与零售商公平关切的易逝品定价与供应链协调研究 [J]. 管理工程学报, 2015, 29 (1): 89-97.

[45] 王宣涛, 周国林, 张玉林. 考虑策略性消费者损失厌恶下的新产品预售与退货策略研究 [J]. 系统工程理论与实践, 2019, 39 (6): 1479-1486.

[46] 王叶峰, 田中俊, 谢家平. 基于策略性消费者的预售退货策略研究 [J]. 管理工程学报, 2020, 34 (1): 79-85.

[47] 徐兵, 熊志建. 基于顾客策略行为和缺货损失的供应链定价与订购决策 [J]. 中国管理科学, 2015, 23 (5): 48-55.

[48] 徐贤浩, 陈雯, 彭红雯. 基于策略消费者行为和市场细分的联合定价库存策略 [J]. 中国管理科学, 2012, 20 (6): 78-86.

[49] 徐雅卿. 考虑策略性消费者的有限库存易逝品定价机制研究 [J]. 中国管理科学, 2016, 24 (1): 597-601.

[50] 杨道箭, 齐二石, 姜宏. 基于顾客策略行为的供货水平与供应链绩效 [J]. 计算机集成制造系统, 2010, 16 (9): 1984-1991.

[51] 杨道箭, 齐二石, 魏峰. 顾客策略行为与风险偏好下供应链利润分享 [J]. 管理科学学报, 2011, 14 (12): 50-59.

[52] 杨道箭, 张秀杰. 不确定需求下全渠道运营退货策略 [J]. 预测, 2020, 39 (2): 84-89.

[53] 杨光勇, 计国君. 存在战略顾客的退货策略研究 [J]. 管理科学学报, 2014, 17 (8): 23-33.

[54] 银成钺, 于洪彦. 预期后悔对消费者冲动性购买行为的影响研究 [J]. 管理评论, 2009, 21 (12): 71-79.

[55] 原逸超, 石岿然. 考虑策略性消费者和退货的零售商定价和订货决策研究 [J]. 中国管理科学, 2020, 28 (6): 83-93.

[56] 原逸超, 石岿然. 考虑策略性消费者和退货的零售商降价促销决策研究 [J]. 运筹与管理, 2020, 29 (7): 58-63.

[57] 张闯, 徐佳. 渠道投机行为研究的差异、融合及未来方向 [J].

管理学报, 2018, 15 (6): 936-948.

[58] 翟春娟, 李勇建. B2C 模式下的在线零售商退货策略研究 [J]. 管理工程学报, 2011, 25 (1): 62-68.

[59] 张福利, 张燕, 徐小林. 基于战略顾客行为的零售商退货策略研究 [J]. 管理科学学报, 2017, 20 (11): 100-113.

[60] 张晋菁, 张艳. 基于预期后悔的动态定价与库存决策 [J]. 山西大学学报 (哲学社会科学版), 2017, 40 (5): 139-144.

[61] 张立功, 郭晓龙, 韩东亚, 等. 考虑消费者网络购物体验滞后的产品定价研究 [J]. 中国管理科学, 2019, 027 (003): 77-84.

[62] 张念, 李会鹏, 寒洁, 苏加福. 价格折扣下后悔预期对供应链成员企业定价决策的影响 [J/OL]. 计算机集成制造系统, (2021-04-21) [2023-01-20]. http://kns. cnki. net/kcms/detail/11. 5946. TP. 20200511. 1404. 004. html.

[63] 赵骞, 孙燕红, 斯琴塔娜. 基于消费者机会主义行为的退货担保服务策略 [J]. 系统科学与数学, 2019, 39 (6): 888-903.

[64] 张新鑫, 侯文华, 申成霖. 顾客策略行为下基于 CVaR 和回购契约的供应链决策模型 [J]. 中国管理科学, 2015, 23 (2): 80-91.

[65] 张新鑫, 申成霖, 侯文华. 考虑顾客行为和成员风险规避性的供应链收益共享契约的设计与协调 [J]. 预测, 2015 (1): 70-75.

[66] 张学龙, 吴豆豆, 王军进, 等. 考虑退货风险的制造商双渠道供应链定价决策研究 [J]. 中国管理科学, 2018, 26 (3): 59-70.

[67] 赵思思, 吴锋, 舒磊. 考虑退货的电商企业承诺到货期与努力水平决策 [J]. 管理工程学报, 2019, 33 (3): 101-108.

[68] 周家文, 邓丽. 需求不确定和后悔效应下的企业定价策略研究 [J]. 系统科学学报, 2019, 27 (3): 114-118.

[69] 朱桂阳, 贾涛, 林峰. 考虑产品新鲜度及策略型消费的供应链两阶段模型及策略研究 [J]. 工业工程与管理, 2019, 24 (1): 87-95.

[70] ADIDA E, ÖZER Ö. Why markdown as a pricing modality? [J]. Management science, 2019, 65 (5): 2161-2178.

[71] ALTUG M S, AYDINLIYIM T, JAIN A. Managing opportunistic consumer returns in retail operations [J]. Management science, 2021 (5): 3777.

[72] ALTUG M S, AYDINLIYIM T. Counteracting strategic purchase def-

errals: the impact of online retailers' return policy decisions [J]. Manufacturing & service operations management, 2016, 18 (3): 376-392.

[73] ARKES H R, KUNG Y H, HUTZEL L. Regret, valuation, and inaction inertia [J]. Organizational behavior & human decision processes, 2002, 87 (2): 371-385.

[74] AVIV Y, PAZGAL A. Optimal pricing of seasonal products in the presence of forward-looking consumers [J]. Manufacturing & service operations management, 2008, 10 (3): 339-359.

[75] BALAKRISHNAN A, SUNDARESAN S, ZHANG B. Browse-and-switch: retail-online competition under value uncertainty [J]. Production & operations management. 2014, 23 (7): 1129-1145.

[76] BELL D E. Regret in decision making under uncertainty [J]. Operations research, 1982, 30 (5): 961-981.

[77] BELL D R, GALLINO S, MORENO A. Offline showrooms in omnichannel retail: demand and operational benefits [J]. Management science, 2018, 64 (4): 1629-1651.

[78] CACHON G P, FELDMAN P. Price commitments with strategic consumers: why it can be optimal to discount more frequently than optimal [J]. Manufacturing & service operations management, 2015, 17 (3): 399-410.

[79] CACHON G P, SWINNEY R. Purchasing, pricing, and quick response in the presence of strategic consumers [J]. Management science, 2009, 55 (3): 497-511.

[80] CACHON G P, SWINNEY R. The value of fast fashion: quick response, enhanced design, and strategic consumer behavior [J], Marketing science, 2011, 57 (4): 778-795.

[81] CHAO Y, LIU L, ZHAN D. Vertical probabilistic selling under competition: The role of consumer anticipated regret [J]. SSRN electronic journal, 2016, 16 (14): 1-40.

[82] CHEN B T, CHEN J. When to introduce an online channel, and offer money back guarantees and personalized pricing? [J]. European journal of operational research, 2017, 257 (2): 614-624.

[83] CHEN J Y. Optimal selling scheme for heterogeneous consumers with

uncertain valuations [J]. Mathematics of operations research, 2011, 36 (4):
695-720.

[84] CHOPRA S. How omni-channel can be the future of retailing [J].
Decision, 2016, 43 (2): 135-144.

[85] CHU W J, GERSTNER E, HESS J D. Managing dissatisfaction: how
to decrease customer opportunism by partial refunds [J]. Journal of service re-
search, 1998, 1 (2): 140-155.

[86] COASE R H. Durability and monopoly [J]. Journal of law and eco-
nomics, 1972, 15 (1): 143-149.

[87] COOKE A D J, MEYVIS T, SCHWARTZ A. Avoiding future regret
in purchase-timing decisions [J]. Journal of consumer research, 2001, 27
(4): 447-459.

[88] DAVIS S, GERSTNER E, HAGERTY M. Money back guarantees in
retailing: matching products to consumer tastes [J]. Journal of retailing, 1998,
71 (1): 7-22.

[89] DIECIDUE E, RUDI N, TANG W. Dynamic purchase decisions
under regret: price and availability [J]. Decision analysis, 2012, 9 (1):
22-30.

[90] DU J, ZHANG J, HUA G. Pricing and inventory management in the
presence of strategic customers with risk preference and decreasing value [J].
International journal of production economics, 2015, 164 (6): 160-166.

[91] FENG P P, WU F, FUNG R Y K, et al. Evaluation of two transship-
ment policies in a two-location decentralized inventory system under partial back
ordering [J]. Transportation research part E, 2018 (118): 207-224.

[92] FERGUSON M, GUIDE V, SOUZA G C. Supply chain coordination
for false failure returns [J]. Manufacturing & service operations management,
2006, 8 (4): 376-393.

[93] FISHER M, RAMAN A. The new science of retailing: how analytics
are transforming the supply chain and improving performance [M]. Boston: Har-
vard Business Review Press, 2010.

[94] GALLEGO G, WANG R, HU M, et al. No claim? your gain: design
of residual value extended warranties under risk aversion and strategic claim be-

havior [J]. Manufacturing & service operations management, 2015, 17 (1):
87-100.

[95] GAO F, SU X. Online and offline information for omnichannel
retailing [J]. Manufacturing & service operations management, 2017, 19 (1):
84-98.

[96] GERARDO B, GAUTAM R, ADRIAN V. Pricing policies for selling
indivisible storable goods to strategic consumers [J]. Annals of operations re-
search, 2019, 274 (1): 131-154.

[97] HEPBURN C J, IRONS B. Regret theory and the tyranny of choice
[J]. Economic record, 2010, 83 (261): 191-203.

[98] HESS J D, GERSTNER C E, CHU W. Controlling product returns in
direct marketing [J]. Marketing letters, 1996, 7 (4): 307-317.

[99] HSIEH P L. Perceived opportunism in e-return service encounters
[J]. Managing service quality: an international journal, 2013, 21 (2):
96-110.

[100] HSIAO L, CHEN Y. Returns policy and quality risk in e-business
[J]. Production and operations management, 2012, 21 (3): 901-917.

[101] HUANG X, GU J W, CHING W K, et al. Impact of secondary mar-
ket on consumer return policies and supply chain coordination [J]. Omega,
2014, 45 (6): 57-70.

[102] HUANG Z, HUANG L, ZHAO Y, et al. Money-Back guarantee in
the presence of strategic customer behavior [J]. International journal of produc-
tion economics, 2021 (6): 108191.

[103] INMANN J J, DYER J S, JIA J. A generalized utility model of dis-
appointment and regret effects on post-choice valuation [J], Marketing science,
1997, 16 (2): 97-111.

[104] JIANG B, NARASIMHAN C, TURUT Z. Anticipated regret and
product innovation [J]. Management science, 2016, 63 (12): 1-16.

[105] JING C, BELL P C. Coordinating a decentralized supply chain with
customer returns and price-dependent stochastic demand using a buyback policy
[J]. European journal of operational research, 2011, 212 (2): 293-300.

[106] KAHNEMAN D, MILLER D T. Norm theory: comparing reality to

its alternatives [J]. Psychological review, 1986, 93 (2): 136-153.

[107] KAHNEMAN D, TVERSKY A. The psychology of preferences [J]. Scientific American, 1982, 246 (1): 160-173.

[108] KE G Y, BOOKBINDER J H. Coordinating the discount policies for retailer, wholesaler, and less-than-truckload carrier under price-sensitive demand: A tri-level optimization approach [J]. International journal of production economics, 2018, 196 (1): 82-100.

[109] KETZENBERG M E, ZUIDWIJK R A. Optimal pricing, ordering, and return policies for consumer goods [J]. Production & operations management, 2009, 18 (3): 344-360.

[110] KREMER M, MANTIN B, OVCHINNIKOV A. Dynamic pricing in the presence of myopic and strategic consumers: theory and experiment [J]. Production & operations management, 2017, 26 (1): 93-97.

[111] KRISHNA A. The impact of dealing patterns on purchase behavior [J]. Marketing science, 1994, 13 (4): 351-373.

[112] KUANG Y, NG C T. Pricing substitutable products under consumer regrets [J]. International journal of production economics, 2018, 203 (9): 286-300.

[113] LANDMAN J. Regret and elation following action and inaction: affective responses to positive versus negative outcomes [J]. Personality & social psychology bulletin, 1987, 13 (4): 524-536.

[114] LARRICK R P, BOLES T L. Avoiding regret in decisions with feedback: a negotiation example [J]. Organizational behavior and human decision processes, 1995, 63 (1): 87-97.

[115] LAWTON. The war on returns [C]. Wall street journal, 2008, D1.

[116] LEMON K N, WHITE T B, WINER R S. Dynamic customer relationship management: incorporating future considerations into the service retention decision [J]. Journal of marketing, 2013, 66 (1): 1-14.

[117] LI H, SHEN Q W, BART Y. Local market characteristics and online-to-offline commerce: An empirical analysis of groupon [J]. Management science, 2018, 64 (4): 1860-1878.

[118] LIU J C, ZHAI X, CHEN L H. Optimal pricing strategy under trade

-in program in the presence of strategic consumers [J]. Omega, 2018, 84: 1-17.

[119] LIU Q, RYZIN G J V. Strategic capacity rationing to induce early purchases [J]. Management science, 2008, 54 (6): 1115-1131.

[120] LIU Q, ZHANG D. Dynamic pricing competition with strategic customers under vertical product differentiation [J]. Management science, 2013, 59 (1): 84-101.

[121] LOOMES G, SUGDEN R. Regret theory: an alternative theory of rational choice under uncertainty [J]. The economic journal, 1982, 92 (368): 805-824.

[122] LOOMES G, SUGDEN R. Testing for regret and disappointment in choice under uncertainty [J]. The economic journal, 1987, 97 (388a): 118-129.

[123] NASIRY J, POPESCU I. Advance selling when consumers regret [J]. Marketing science, 2012, 58 (6): 1160-1177.

[124] ÖZER Ö, ZHENG Y. Markdown or everyday low price? the role of behavioral motives [J]. Management science, 2016, 62 (2): 326-346.

[125] PAPANASTASIOU Y, SAVVA N. Dynamic pricing in the presence of social learning and strategic consumers [J]. Management science, 2017, 63 (4): 919-939.

[126] PARKER D, STRADLING S G, MANSTEAD A. Modifying beliefs and attitudes to exceeding the speed limit: an intervention study based on the theory of planned behavior [J]. Journal of applied social psychology, 2010, 26 (1): 1-19.

[127] PAVLOU P A, LIANG H G, XUE L Y. Understanding and mitigating uncertainty in online exchange relationships: a principal-agent perspective [J]. MIS quarterly, 2007, 31 (1): 105-136.

[128] PETERSEN J A, KUMAR V. Are product returns a necessary evil? antecedents and consequences [J]. Journal of marketing, 2009, 73 (3): 33-51.

[129] QIN Z, MAMBULA C, HUANG I L. Offering money-back guarantees in the presence of strategic consumers [J]. International journal of

operations research and information systems, 2016, 7 (3): 23-35.

[130] RADHI M, ZHANG G Q. Optimal cross-channel return policy in dual - channel retailing systems [J]. International journal of production economics, 2019, 19 (1): 184-198.

[131] RAO S, RABINOVICH E, RAJU D. The role of physical distribution services as determinants of product returns in Internet retailing [J]. Journal of operations management, 2014, 32 (6): 295-312.

[132] RATAN A. Anticipated regret or endowment effect? A reconsideration of exchange asymmetry in laboratory experiments [J]. The B. E. journal of economic analysis & policy, 2014, 14 (1): 277-298.

[133] ROESE N J. The functional basis of counterfactual thinking [J]. Journal of personality and social psychology, 1994, 66 (5): 805-818.

[134] SHANG G, GHOSH B P, GALBRETH M R. Optimal retail return policies with wardrobing [J]. Production and operations management, 2017, 26 (7): 1315-1332.

[135] SHULMAN J D, COUGHLAN A T, SAVASKAN R C. Optimal reverse channel structure for consumer product returns [J]. Marketing science, 2010, 29 (6): 1071-1085.

[136] SHULMAN J D, COUGHLAN A T, SAVASKAN R C. Managing consumer returns in a competitive environment [J]. Management science, 2011, 57 (2): 347-362.

[137] SIMONSON I. The influence of anticipating regret and responsibility on purchase decisions [J]. Journal of consumer research, 1992, 19 (1): 105-118.

[138] SU X, ZHANG F. On the value of commitment and availability guarantees when selling to strategic consumers [J]. Management science, 2009, 55 (5): 713-726.

[139] SU X, ZHANG F. Strategic customer behavior, commitment, and supply chain performance [J]. Management science, 2008, 54 (10): 1759-1773.

[140] SU X. Consumer returns policies and supply chain performance [J]. Manufacturing & service operations management, 2009, 11 (4): 595-

612.

[141] SU X. Intertemporal pricing with strategic customer behavior [J]. Management science, 2007, 53 (5): 726-741.

[142] SYAM N, KRISHNAMURTHY P, HESS J D. That's what I thought I wanted? miswanting and regret for a standard good in a mass-customized world [J]. Marketing science, 2008, 27 (3): 379-397.

[143] ÜLKÜ M A, GÜRLER Ü. The impact of abusing return policies: a newsvendor model with opportunistic consumers [J]. International journal of production economics, 2018, 203 (8): 124-133.

[144] ÜLKÜ M A, LYNN C, DAILEY H, et al. Serving fraudulent consumers? the impact of return policies on retailer's profitability [J]. Service science, 2013, 5 (4): 296-309.

[145] WATHNE K H, HEIDE J B. Opportunism in interfirm relationships: forms, outcomes, and solutions [J]. Journal of marketing, 2000, 64 (4): 36-51.

[146] WU S N, LIU Q, ZHANG R Q. The reference effects on a retailer's dynamic pricing and inventory strategies with strategic consumers [J]. Operations research, 2015. 63 (6): 1320-1335.

[147] WU Z, CHEN D, YU H. Coordination of a supply chain with consumer return under vendor-managed consignment inventory and stochastic demand [J]. International journal of general systems, 2016, 45 (5): 502-516.

[148] XIAO T J, SHI K R, YANG D Q. Coordination of a supply chain with consumers return under demand uncertainty [J]. International journal of production economics, 2010, 124 (1): 171-180.

[149] XU J, DUAN Y R. Pricing, ordering, and quick response for online sellers in the presence of consumer disappointment aversion [J]. Transportation research part E, 2020, 137 (5): 111-130.

[150] XU L, LI Y J, GOVINDAN K, et al. Consumer returns policies with endogenous deadline and supply chain coordination [J]. European journal of operational research, 2015, 242 (1): 88-99.

[151] YANG D J, QI E S, LI Y J. Quick response and supply chain struc-

ture with strategic consumers [J]. Omega, 2015 (4): 52: 1-14.

[152] YANG F, KONG J, JIN M. Two-period pricing with selling effort in the presence of strategic customers [J]. Asia pacific journal of operational research, 2019, 36 (3): 1950011. 1-1950011. 21.

[153] YU M, DEBO L, KAPUSCINSKI R. Strategic waiting for consumer -generated quality information: dynamic pricing of new experience goods [J]. Management science, 2015, 62 (2): 410-435.

[154] ZEELENBERG M, JANE B, JOOP V D P, et al. Consequences of regret aversion: effects of expected feedback on risky decision making [J]. Organizational behavior and human decision processes, 1996. 65 (2): 148-158.

[155] ZEELENBERG M, PIETERS R. A theory of regret regulation 1.0 [J]. Journal of consumer psychology, 2007, 17 (1): 3-18.

[156] ZEELENBERG M. Anticipated regret, expected feedback and behavioral decision making [J]. Journal of behavioral decision making, 1999, 12 (2): 106-61.

[157] ZHOU H, GU Z. The effect of different price presentations on consumer impulse buying behavior: the role of anticipated regret [J]. American journal of industrial and business management, 2015, 5 (1): 27-36.

[158] ZOU T X, ZHOU B, JIANG B J. Product-line design in the presence of consumers' anticipated regret [J]. Management science, 2020, 66 (12): 5665-5682.

附录

A1. 第 3 章中命题的证明

命题 3-1 证明：

由于 $q^*(p) = \arg\max_q \Pi(q, p)$ 等价于 $\dfrac{\mathrm{d}\Pi}{\mathrm{d}q} = 0$，即 $\bar{F}(\dfrac{q}{\tilde{\varphi}}) = \dfrac{c-s}{p-s}$，当消费者不具有策略性购买行为时，为了最大限度攫取消费者剩余，零售价满足 $p = \theta v$，进而得到 $\bar{F}(\dfrac{q_M^{N*}}{\tilde{\varphi}}) = \dfrac{c-s}{\theta v - s}$。证毕。

命题 3-2 证明：

参考命题 3-1 的证明。

命题 3-3 证明：

参考命题 3-1 的证明。

命题 3-4 证明：

在不退货策略、全额退款退货策略、部分退款退货策略下，消费者对产品的最高保留价格分别为：$\omega_M^N = \theta v$，$\omega_M^F = v$，$\omega_M^P = \dfrac{\theta v}{1 - a + a\theta}$，显然 ω_M^F $> \omega_M^N$，$\omega_M^P > \omega_M^N$，将 ω_M^F 与 ω_M^P 作差得 $\omega_M^F - \omega_M^P = v - \dfrac{\theta v}{1 - a + a\theta} =$ $\dfrac{v(1-\theta)(1-a)}{1-a+a\theta} > 0$，所以 $\omega_M^F > \omega_M^P > \omega_M^N$，得到 $p_M^{F*} > p_M^{P*} > p_M^{N*}$ 又因为在不退货策略、全额退款退货策略、部分退款退货策略下，订购量分别为 $\bar{F}(q_M^{N*}) = \dfrac{c-s}{p-s}$，$\bar{F}(q_M^{F*}) = \dfrac{c-s}{\theta(p-s)}$，$\bar{F}(q_M^{P*}) = \dfrac{c-s}{p((1-a)(1-\theta)+\theta) - s\theta}$，

将价格分别带入表达式中，得到 $\bar{F}(q_M^{F*}) = \bar{F}(q_M^{P*}) < \bar{F}(q_M^{N*})$，因此 $q_M^{F*} = q_M^{P*} > q_M^{N*}$，进而得到 $\Pi_M^{F*} > \Pi_M^{P*} > \Pi_M^{N*}$。证毕。

命题 3-5 证明：

证明：由于 $q^*(p) = \arg\max_q \Pi(q, p)$ 等价于 $\dfrac{\mathrm{d}\Pi}{\mathrm{d}q} = 0$，即：$\bar{F}(q) = \dfrac{c-s}{p-s}$，存在策略型消费者时，全价期零售价满足 $p = s + (\theta v - s)\bar{F}(q)$，联合求解并化简后，零售价为：$p_S^{N*} = \sqrt{(s-c)(s-\theta v)} + s$，进而得到 $\bar{F}(q_S^{N*}) = \dfrac{c-s}{\sqrt{(s-c)(s-\theta v)}}$。证毕。

命题 3-6 证明：

参考命题 3-5 的证明。

命题 3-7 证明：

参考命题 3-5 的证明。

命题 3-8 证明：

在部分退款退货策略下，策略型消费者对产品的最高保留价格为

$$p_S^{P*} = \frac{\sqrt{(1+a(\theta-1))^2(4cv\theta^2+s^2(1+\theta)^2-4s\theta(c+v\theta))} + s(1+\theta+a(\theta^2-1))}{2(1+a(\theta-1))^2},$$

$$\bar{F}(q_S^{P*}) = \frac{2(c-s)(1+a(\theta-1))}{\sqrt{(1+a(\theta-1))^2(4cv\theta^2+s^2(1+\theta)^2-4s\theta(c+v\theta))} - s(1+a(\theta-1))(\theta-1)}。$$

将 p_S^{P*} 对 a 分别求一阶偏导与二阶偏导数，得到当 $a \in [0, 1]$ 时，$\dfrac{\mathrm{d}p_S^{P*}}{\mathrm{d}a} = \dfrac{(1-\theta)\left(\sqrt{(1+a(\theta-1))^2(4cv\theta^2+s^2(1+\theta)^2-4s\theta(c+v\theta))} + s(1+\theta+a(\theta^2-1))\right)}{2(1+a(\theta-1))^3}$，显然

分母 $2(1+a(\theta-1))^3 > 0$ 恒成立，又因为 $\theta \in (0,1)$，$a \in [0,1]$，提取分子

令 $\Upsilon = (1-\theta)\left(\sqrt{(1+a(\theta-1))^2(4cv\theta^2+s^2(1+\theta)^2-4s\theta(c+v\theta))} + s(1+\theta+a(\theta^2-1))\right)$，

得到 $\Upsilon > 0$ 恒成立，令 $\Gamma = s(1+\theta+a(\theta^2-1))$，化简可得 $\Gamma = s(1+\theta)(1-a(1-\theta)) > 0$ 恒成立，因此当 $a \in [0, 1]$ 时，$\dfrac{\mathrm{d}p_S^{P*}}{\mathrm{d}a} > 0$。又将 $a = 0$，$a = 1$ 分别代入 p_S^{P*} 中，得到 $p_S^{P*}(0) > 0$，$p_S^{P*}(1) > 0$。所以当 $a \in [0, 1]$ 时，p_S^{P*} 随 a 增加而单调递增，得到 $p_S^F > p_S^N > p_S^P$，又因为在不退货

策略、全额退款退货策略、部分退款退货策略下，订购量分别为 $\bar{F}(q_S^{N*}) = \dfrac{c-s}{p-s}$，$\bar{F}(q_S^{F*}) = \dfrac{c-s}{\theta(p-s)}$，$\bar{F}(q_S^{P*}) = \dfrac{c-s}{p((1-a)(1-\theta)+\theta)-s\theta}$，将价格分别带入表达式中，得到 $\bar{F}(q_S^{F*}) = \bar{F}(q_S^{P*})$，将 $\bar{F}(q_S^{F*})$ 与 $\bar{F}(q_S^{N*})$ 进行做差比较，令 $\Delta\bar{F} = \bar{F}(q_S^{F*}) - \bar{F}(q_S^{N*})$，将 $\theta = 0$，$\theta = 1$ 分别代入 $\Delta\bar{F}$ 中，得到 $\Delta\bar{F}(0) < 0$，$\Delta\bar{F}(1) > 0$。将 $\Delta\bar{F}(\theta)$ 对 θ 求一阶偏导数，得 $\dfrac{\Delta\bar{F}(\theta)}{\theta} =$

$$\frac{1}{2}(c-s)\left(\frac{(c-s)v}{((-c+s)(s-v\theta))^{3/2}} - \frac{4\left(-s+\dfrac{s(s+s\theta-4v\theta)-2c(s-2v\theta)}{\sqrt{4cv\theta^2+s^2(1+\theta)^2-4s\theta(c+v\theta)}}\right)}{\left(s-s\theta+\sqrt{4cv\theta^2+s^2(1+\theta)^2-4s\theta(c+v\theta)}\right)^2}\right)，又$$

$s - \dfrac{s(s+s\theta-4v\theta)-2c(s-2v\theta)}{\sqrt{4cv\theta^2+s^2(1+\theta)^2-4s\theta(c+v\theta)}} > 0$，所以 $\dfrac{\Delta\bar{F}(\theta)}{\theta} > 0$ 即 $\Delta\bar{F}(\theta)$ 随 θ 增加而单调递增，因此存在阈值 θ_S 满足 $\Delta(\theta_S) = 0$，当 $0 < \theta < \theta_S$ 时，$\bar{F}(q_S^F) < \bar{F}(q_S^N)$；当 $\theta_S < \theta < 1$ 时，$\bar{F}(q_S^F) > \bar{F}(q_S^N)$，因此当 $0 < \theta < \theta_S$ 时，$q_S^F = q_S^P > q_S^N$；当 $\theta_S < \theta < 1$ 时，$q_S^F = q_S^P < q_S^N$；

此时 θ_S 满足 $\bar{F}(q_S^{F*}) - \bar{F}(q_S^{N*}) = 0$。由于 p_S^F，q_S^F 在三种退货策略下，总为最高的，因此，当全额退款退货策略下的在线零售商的收益最高，接下来对比分析部分退款退货策略与无退货策略下在线零售商的收益，令 $\Delta\Pi = \Pi_S^{P*} - \Pi_S^{N*}$，将 $a = 0$，$a = 1$ 分别代入 $\Delta\Pi$ 中，分别为无退货策略下以及全额退款下的利润对比，当 $a = 0$ 时，$\Delta\Pi = \Pi_S^{N*} - \Pi_S^{N*} = 0$，当 $a = 1$ 时，$\Delta\Pi = \Pi_S^{F*} - \Pi_S^{N*} > 0$，又 $\Pi^P = (p((1-a)(1-\theta)+\theta)-s\theta)\mathrm{E}(X\wedge q)-(c-s)q$，

$$\frac{\mathrm{d}p_S^{P*}}{\mathrm{d}a} = \frac{(1-\theta)\left(\sqrt{(1+a(\theta-1))^2(4cv\theta^2+s^2(1+\theta)^2-4s\theta(c+v\theta))}+s(1+\theta+a(\theta^2-1))\right)}{2(1+a(\theta-1))^3} >$$

0，$\dfrac{\mathrm{d}q_S^{P*}}{\mathrm{d}a} > 0$，所以 $\dfrac{\mathrm{d}^2\Pi_S^{P*}}{\mathrm{d}^2a} < 0$，即 $\Delta\Pi(a)$ 随 θ 增加先增加后减少，由于 $\Delta\Pi(0) = 0$，因此还存在另一个阈值 a_S 满足 $\Delta\Pi(a_S) = 0$，当 $0 < a < a_S$ 时，$\Pi_S^N > \Pi_S^P$；当 $a_S < a < 1$ 时，$\Pi_S^P > \Pi_S^N$。因此，当 $0 < a < a_S$ 时，$\Pi_S^F > \Pi_S^N > \Pi_S^P$；当 $a_S < a < 1$ 时，$\Pi_S^F > \Pi_S^P > \Pi_S^N$。此时 a_S 满足 $\Pi_S^{P*} - \Pi_S^{N*} = 0$。证毕。

命题 3-9 证明：

显然 $\omega_S^N = \theta v - \xi_S^N(\theta v - s) > \theta v = \omega_M^N$，因此，当 $p = \omega_M^N$，只有短视型消费者愿意购买，在线零售商只能覆盖策略市场的短视型消费者，为部分覆盖策略；当 $p = \omega_S^N$ 时，短视型与策略型消费者均愿意购买，在线零售商能覆盖市场上的所有消费者，为完全覆盖策略。证毕。

命题 3-10 证明：

当 $p = \omega_S^N$ 时，在线零售商采用完全覆盖策略，同时满足策略型与短视型消费者，由于 $q^*(p) = \arg\max_q \Pi(q, p)$ 等价于 $\dfrac{\mathrm{d}\Pi}{\mathrm{d}q} = 0$，即：$\bar{F}(q) = \dfrac{c-s}{p-s}$，存在策略型消费者时，全价期零售价满足 $p = s + (\theta v - s)\bar{F}(q)$，联合求解并化简后，零售价为：$p_S^{N*} = \sqrt{(s-c)(s-\theta v)} + s$，进而得到 $\bar{F}(q_S^{N*}) = \dfrac{c-s}{\sqrt{(s-c)(s-\theta v)}}$。当 $p = \omega_M^N$ 时，在线零售商采用部分覆盖策略，只满足短视型消费者，由于 $q^*(p) = \arg\max_q \Pi(q, p)$ 等价于 $\dfrac{\mathrm{d}\Pi}{\mathrm{d}q} = 0$，即 $\bar{F}(\dfrac{q}{\tilde{\varphi}}) = \dfrac{c-s}{p-s}$，面对短视型消费者时，为了最大限度攫取消费者剩余，零售价满足 $p = \theta v$，进而得到 $\bar{F}(\dfrac{q_S^{N*}}{\tilde{\varphi}}) = \dfrac{c-s}{\theta v - s}$。证毕。

命题 3-11 证明：

将部分覆盖策略下以及完全覆盖策略下的最优价格与最优订购量分别代入在线零售商的利润函数中，得到：

$$\Pi_u^{N*} = (p_u^{N*} - s)\int_0^{q_u^{N*}} \tilde{\varphi}\bar{F}(x)\,\mathrm{d}x - (c-s)q_u^{N*};$$

$$\Pi_m^{N*} = (p_m^{N*} - s)\int_0^{q_m^{N*}} \bar{F}(x)\,\mathrm{d}x - (c-s)q_m^{N*}。$$

令 $\Delta\Pi(\tilde{\varphi}) = \Pi_u^{N*} - \Pi_m^{N*}$，将 $\tilde{\varphi} = 0$，$\tilde{\varphi} = 1$ 分别代入 $\Delta\Pi(\tilde{\varphi})$ 中，得到 $\Delta\Pi(0) < 0$，$\Delta\Pi(1) > 0$。将 $\Delta\Pi(\tilde{\varphi})$ 对 $\tilde{\varphi}$ 求一阶偏导数，得 $\dfrac{\Delta\Pi(\tilde{\varphi})}{\tilde{\varphi}} = (p_u^{N*} - s)\int_0^{q_u^{N*}} \bar{F}(x)\,\mathrm{d}x > 0$，即 $\Delta\Pi(\tilde{\varphi})$ 随 $\tilde{\varphi}$ 增加而单调递增，因此存在阈值 $\tilde{\varphi}^{N*}$ 满足 $\Delta\Pi(\tilde{\varphi}^{N*}) = 0$，当 $\tilde{\varphi} > \tilde{\varphi}^{N*}$ 时，$\Pi_u^{N*} > \Pi_m^{N*}$，当 $\tilde{\varphi} < \tilde{\varphi}^{N*}$ 时，

$$\Pi_u^{N*} < \Pi_m^{N*}, \quad \text{此时} \ \tilde{\varphi}^{N*} = \frac{(p_m^{N*} - s) \int_0^{q_m^{N*}} \bar{F}(x)\,\mathrm{d}x - (c - s)(q_m^{N*} - q_u^{N*})}{(p_u^{N*} - s) \int_0^{q_u^{N*}} \bar{F}(x)\,\mathrm{d}x}。$$

证毕。

命题 3-12 证明：

参考命题 3-9 的证明。

命题 3-13 证明：

参考命题 3-10 的证明。

命题 3-14 证明：

参考命题 3-11 的证明。

命题 3-15 证明：

参考命题 3-9 的证明。

命题 3-16 证明：

参考命题 3-10 的证明。

命题 3-17 证明：

参考命题 3-11 的证明。

命题 3-18 证明：

证明：由 3.3.4 与 3.4.4 可知，无论消费者是否具有策略性购买行为，全额退款退货策略总能为在线零售商带来最大的收益，因此在线零售商总愿意采取全额退款退货策略。

（1）当 $\tilde{\varphi} > \max\{\tilde{\varphi}^N, \tilde{\varphi}^P, \tilde{\varphi}^F\}$ 时，总是市场部分覆盖策略下在线零售商的利润更高，又由于 $\Pi_{Mu}^{F*} > \Pi_{Mu}^{P*} > \Pi_{Mu}^{N*}$，因此在线零售商采取全额退款退货策略，并覆盖市场中的短视型消费者；

（2）当 $\min\{\tilde{\varphi}^N, \tilde{\varphi}^P, \tilde{\varphi}^F\} < \tilde{\varphi} < \max\{\tilde{\varphi}^N, \tilde{\varphi}^P, \tilde{\varphi}^F\}$ 时

① 当 $\tilde{\varphi}^N < \tilde{\varphi}^P < \tilde{\varphi}^F$ 时，$\Pi_{Mu}^{N*} > \Pi_{Sm}^{N*}$，$\Pi_{Mu}^{F*} < \Pi_{Sm}^{F*}$。又 $\Pi_{Mu}^{F*} > \Pi_{Mu}^{P*} > \Pi_{Mu}^{N*}$，所以 Π_{Sm}^{F*} 下在线零售商利润最高，因此在线零售商采取全额退款退货策略，并覆盖所有消费者。

② 当 $\tilde{\varphi}^N < \tilde{\varphi}^P < \tilde{\varphi}^F$ 时，$\Pi_{Mu}^{N*} > \Pi_{Sm}^{N*}$，$\Pi_{Mu}^{P*} < \Pi_{Sm}^{P*}$。又 $\Pi_{Mu}^{F*} > \Pi_{Mu}^{P*} > \Pi_{Mu}^{N*}$，所以 Π_{Sm}^{P*} 下在线零售商利润更高，又由于当在线零售商选择面对策略型消费者定价时，全额退款退货策略下的利润最高，因此在线零售商采取全额退款退货策略，并覆盖所有消费者。

③ 当 $\tilde{\varphi}^P < \tilde{\varphi}^N < \tilde{\varphi}^F$ 时，$\Pi_{Mu}^{P*} > \Pi_{Sm}^{P*}$，$\Pi_{Mu}^{F*} < \Pi_{Sm}^{F*}$。又 $\Pi_{Mu}^{F*} > \Pi_{Mu}^{P*} >$

Π_{Mu}^{N*}，所以 Π_{Sm}^{F*} 下在线零售商利润最高，因此在线零售商采取全额退款退货策略，覆盖所有消费者。

④ 当 $\tilde{\varphi}^P < \tilde{\varphi}^F < \tilde{\varphi}^N$ 时，$\Pi_{Mu}^{P*} > \Pi_{Sm}^{P*}$，$\Pi_{Mu}^{N*} < \Pi_{Sm}^{N*}$。由于在全额退款下在线零售商的利润更高，$\Pi_{Sm}^{F*} > \Pi_{Sm}^{P*} > \Pi_{Sm}^{N*}$，所以 Π_{Mu}^{F*} 下在线零售商利润最高，因此在线零售商采取全额退款退货策略，覆盖短视型消费者。

⑤ 当 $\tilde{\varphi}^F < \tilde{\varphi}^N < \tilde{\varphi}^P$ 时，$\Pi_{Mu}^{F*} > \Pi_{Sm}^{F*}$，$\Pi_{Mu}^{P*} < \Pi_{Sm}^{P*}$。又 $\Pi_{Sm}^{F*} > \Pi_{Sm}^{P*}$，所以 Π_{Mu}^{F*} 下在线零售商利润最高，因此在线零售商采取全额退款退货策略，覆盖短视型消费者。

⑥ 当 $\tilde{\varphi}^F < \tilde{\varphi}^P < \tilde{\varphi}^N$ 时，$\Pi_{Mu}^{F*} > \Pi_{Sm}^{F*}$，$\Pi_{Mu}^{N*} < \Pi_{Sm}^{N*}$。又在全额退款下，$\Pi_{Sm}^{F*} > \Pi_{Sm}^{P*} > \Pi_{Sm}^{N*}$，，所以 Π_{Mu}^{F*} 下在线零售商利润最高，因此在线零售商采取全额退款退货策略，覆盖短视型消费者。

（3）当 $\tilde{\varphi} < \min\{\tilde{\varphi}^N, \tilde{\varphi}^P, \tilde{\varphi}^F\}$ 时，总是市场完全覆盖策略下在线零售商的利润更高，因此在线零售商采取全额退款退货策略，覆盖所有消费者。证毕。

A2. 第 4 章中命题的证明

命题 4-1 证明：

由于 $q^*(p) = \arg\max_q \Pi(q,\ p)$ 等价于 $\dfrac{\mathrm{d}\Pi}{\mathrm{d}q} = 0$，即：$\bar{F}(q) = \dfrac{c-s}{p-s}$，存在

策略型消费者时，全价期零售价满足 $p = \dfrac{v(\beta+\theta)\bar{F}(q)+s(1+\alpha)(1-\bar{F}(q))}{1+\beta\bar{F}(q)+\alpha(1-\bar{F}(q))}$，

联合求解并化简得零售价为：

$$p_A^{N*} = \frac{\alpha c - \beta c + \sqrt{(s-c)(-c(\alpha-\beta)^2 + s(\alpha+\beta+2)^2 - 4(\alpha+1)v(\beta+\theta))} + \alpha s + \beta s + 2s}{2(\alpha+1)}$$

进而得到：

$$\bar{F}(q_A^{N*}) = \frac{2(\alpha+1)(c-s)}{\alpha c - \beta c + \sqrt{(s-c)(-c(\alpha-\beta)^2 + s(\alpha+\beta+2)^2 - 4(\alpha+1)v(\beta+\theta))} - \alpha s + \beta s}$$

证毕。

命题 4-2 证明：

参考命题 3-9 的证明。

命题 4-4 证明：

参考命题 3-9 的证明。

命题 4-4 证明：

参考命题 3-8 的证明。

命题 4-5 证明：

令 $\Delta\omega^N(\theta) = \omega_S^{N*} - \omega_A^{N*}$，将 $\theta = 0$，$\theta = 1$ 分别代入 $\Delta\omega^N(\theta)$ 中，得到

$\Delta\omega^N(0) < 0$，$\Delta\omega^N(1) > 0$。将 $\Delta\omega^N(\theta)$ 对 θ 求一阶偏导数，得 $\dfrac{\mathrm{d}\Delta\omega^N(\theta)}{\mathrm{d}\theta} =$

$v(1-\xi_S^N) - \dfrac{v(1-\xi_A^N)}{1+\alpha\xi_A^N+\beta(1-\xi_A^N)} > 0$，即 $\Delta\omega^N(\theta)$ 随 θ 增加而单调递增，

因此存在阈值 θ^N 满足 $\Delta\omega^N(0) = 0$，当 $\theta > \theta^N$ 时，$\omega_S^N > \omega_A^N$，当 $\theta < \theta^N$ 时，

$\omega_S^N < \omega_A^N$，此时 $\theta^N = \dfrac{s\alpha\xi_A^N(\xi_S^N-1)+\beta(1-\xi_A^N)(\xi_S^N s + v)+s(\xi_S^N-\xi_A^N)}{v((1-\xi_S^N)(\alpha\xi_A^N+\beta(1-\xi_A^N))-(\xi_S^N-\xi_A^N))}$。

证毕。

命题 4-6 证明：

在 $\theta > \theta^N$ 下，当 $p = \omega_S^N$ 时，在线零售商采用部分覆盖策略，只满足市场上的策略型消费者，由于 $q^*(p) = \arg\max_q \Pi(q, p)$ 等价于 $\dfrac{\mathrm{d}\Pi}{\mathrm{d}q} = 0$，即：

$\bar{F}(\dfrac{q}{\varphi}) = \dfrac{c-s}{p-s}$，存在策略型消费者时，全价期零售价满足 $p = s + (\theta v - s)\bar{F}(\dfrac{q}{\varphi})$，联合求解并化简后，零售价为：$p_{Su}^{N*} = \sqrt{(s-c)(s-\theta v)} + s$，进而得到 $\bar{F}(\dfrac{q_{Su}^{N*}}{\varphi}) = \dfrac{c-s}{\sqrt{(s-c)(s-\theta v)}}$。

当 $p = \omega_A^N$ 时，在线零售商采用完全覆盖策略，能满足市场上的两种类型的消费者，由于 $q^*(p) = \arg\max_q \Pi(q, p)$ 等价于 $\dfrac{\mathrm{d}\Pi}{\mathrm{d}q} = 0$，即：$\bar{F}(q) = \dfrac{c-s}{p-s}$，存在策略型消费者时，全价期零售价满足 $p = \dfrac{v(\beta+\theta)\bar{F}(q) + s(1+\alpha)(1-\bar{F}(q))}{1 + \beta\bar{F}(q) + \alpha(1-\bar{F}(q))}$，联合求解并化简后，零售价为：$p_{Am}^{N*} = \dfrac{\alpha c - \beta c + \sqrt{(s-c)(-c(\alpha-\beta)^2 + s(\alpha+\beta+2)^2 - 4(\alpha+1)v(\beta+\theta))} + \alpha s + \beta s + 2s}{2(\alpha+1)}$，进而得到 $\bar{F}(q_{Am}^{N*}) = \dfrac{2(\alpha+1)(c-s)}{\alpha c - \beta c + \sqrt{(s-c)(-c(\alpha-\beta)^2 + s(\alpha+\beta+2)^2 - 4(\alpha+1)v(\beta+\theta))} - \alpha s + \beta s}$。

同理可证在 $\theta < \theta^N$ 下，在线零售商采用不同市场覆盖策略下的最优零售价以及订购量。证毕。

推论 4-1 证明：

将预期后悔型消费者的最高保留价格 $p_A^N = \dfrac{v(\beta+\theta)(1-\xi_e^N) + s(1+\alpha)\xi_e^N}{1 + \beta + \alpha\xi_e^N - \beta\xi_e^N}$ 带入在线零售商的期望利润函数中：$\Pi_{Ai}^N = (p_{Ai} - s)\mathrm{E}(X_{Ai} \wedge q_{Ai}) - (c-s)q_{Ai}$，得到 $\Pi_{Ai}^N = (\dfrac{s(1+\alpha) + \theta(-s(1+\alpha) + v(\beta+\theta))F(q_{Ai})}{s\alpha + \theta + \beta\theta\bar{F}(q_{Ai})} - s)\mathrm{E}(X_{Ai} \wedge q_{Ai}) - (c-s)q_{Ai}$，得到 $\dfrac{\mathrm{d}\Pi_A^N}{\mathrm{d}\alpha} = -\dfrac{s(v\theta(1-F(q_{Ai})) + (s-1)F(q_{Ai}))}{(1+s\alpha)^2} < 0$，$\dfrac{\mathrm{d}\Pi_A^N}{\mathrm{d}\beta} = -\dfrac{(F(q_{Ai})-1)(v(\theta-1) + F(q_{Ai})(s-v\theta))}{((F(q_{Ai})-1)\beta - 1)^2} < 0$。证毕。

命题 4-7 证明：

当 $\theta > \theta^N$ 时，将部分覆盖策略下以及完全覆盖策略下的最优价格与最优订购量分别代入在线零售商的利润函数中，得到：

$$\Pi_u^{N*} = (p_{Su}^{N*} - s)\int_0^{q_{Su}^{N*}} \varphi \bar{F}(x)\,\mathrm{d}x - (c - s)q_{Su}^{N*}；$$

$$\Pi_m^{N*} = (p_{Am}^{N*} - s)\int_0^{q_{Am}^{N*}} \bar{F}(x)\,\mathrm{d}x - (c - s)q_{Am}^{N*}。$$

令 $\Delta\Pi(\varphi) = \Pi_u^{N*} - \Pi_m^{N*}$，将 $\varphi = 0$，$\varphi = 1$ 分别代入 $\Delta\Pi(\varphi)$ 中，得到 $\Delta\Pi(0) < 0$，$\Delta\Pi(1) > 0$。将 $\Delta\Pi(\varphi)$ 对 φ 求一阶偏导数，得 $\dfrac{\Delta\Pi(\varphi)}{\varphi} = (p_{Su}^{N*} - s)\int_0^{q_{Su}^{N*}} \bar{F}(x)\,\mathrm{d}x > 0$，即 $\Delta\Pi(\varphi)$ 随 φ 增加而单调递增，因此存在阈值 φ^{N*} 满足 $\Delta\Pi(\varphi^{N*}) = 0$，当 $\varphi > \varphi^{N*}$ 时，$\Pi_u^{N*} > \Pi_m^{N*}$，当 $\varphi < \varphi^{N*}$ 时，$\Pi_u^{N*} < \Pi_m^{N*}$，此时 $\varphi^{N*} = \dfrac{(p_{Am}^{N*} - s)\int_0^{q_{Am}^{N*}} \bar{F}(x)\,\mathrm{d}x - (c - s)(q_{Am}^{N*} - q_{Su}^{N*})}{(p_{Su}^{N*} - s)\int_0^{q_{Su}^{N*}} \bar{F}(x)\,\mathrm{d}x}$。

同理可证，当 $\theta < \theta^N$ 时，存在阈值 $\tilde{\varphi}^{N*}$ 满足 $\Delta\Pi(\tilde{\varphi}^{N*}) = 0$，当 $\tilde{\varphi} > \tilde{\varphi}^{N*}$ 时，$\Pi_u^{N*} > \Pi_m^{N*}$，当 $\tilde{\varphi} < \tilde{\varphi}^{N*}$ 时，$\Pi_u^{N*} < \Pi_m^{N*}$，此时 $\tilde{\varphi}^{N*} = \dfrac{(p_{Sm}^{N*} - s)\int_0^{q_{Sm}^{N*}} \bar{F}(x)\,\mathrm{d}x - (c - s)(q_{Sm}^{N*} - q_{Au}^{N*})}{(p_{Au}^{N*} - s)\int_0^{q_{Au}^{N*}} \bar{F}(x)\,\mathrm{d}x}$。证毕。

命题 4-8 证明：

令 $\Delta q(\varphi) = q_u^{N*} - q_m^{N*}$，当 $\theta > \theta^N$ 时，将 $\varphi = 0$，$\varphi = 1$ 分别代入 $\Delta q(\varphi)$ 中，得到 $\Delta q(0) < 0$，$\Delta q(1) > 0$。将 $\Delta q(\varphi)$ 对 φ 求一阶导，得 $\dfrac{\Delta q(\varphi)}{\varphi} = \bar{F}^{-1}\left(\dfrac{c - s}{\sqrt{(s - c)(s - \theta v)}}\right) > 0$，因此存在阈值 φ^{N0} 满足 $\Delta q(\varphi^{N0}) = 0$，当 $\varphi > \varphi^{N0}$ 时，$q_u^{N*} > q_m^{N*}$，当 $\varphi < \varphi^{N0}$ 时，$q_u^{N*} < q_m^{N*}$，此时 $\varphi^{N0} = \dfrac{\bar{F}^{-1}\left(\dfrac{2(\alpha+1)(c-s)}{\alpha c - \beta c + \sqrt{(s-c)(-c(\alpha-\beta)^2 + s(\alpha+\beta+2)^2 - 4(\alpha+1)v(\beta+\theta))} - \alpha s + \beta s}\right)}{\bar{F}^{-1}\left(\dfrac{c-s}{\sqrt{(s-c)(s-\theta v)}}\right)}$。

同理，当 $\theta < \theta^N$ 时，存在阈值 $\tilde{\varphi}^{N0}$ 满足 $\Delta\Pi(\tilde{\varphi}^{N0}) = 0$，当 $\tilde{\varphi} > \tilde{\varphi}^{N0}$ 时，$q_u^{N*} > q_m^{N*}$，当 $\tilde{\varphi} < \tilde{\varphi}^{N0}$ 时，$q_u^{N*} < q_m^{N*}$，此时 $\tilde{\varphi}^{N0} =$

$$\dfrac{\bar{F}^{-1}\left(\dfrac{c-s}{\sqrt{(s-c)(s-\theta v)}}\right)}{\bar{F}^{-1}\left(\dfrac{2(\alpha+1)(c-s)}{\alpha c-\beta c+\sqrt{(s-c)(-c(\alpha-\beta)^2+s(\alpha+\beta+2)^2-4(\alpha+1)v(\beta+\theta))}-\alpha s+\beta s}\right)}。$$

证毕。

命题 4-9 证明：

参考命题 4-5 的证明。

命题 4-10 证明：

参考命题 4-6 的证明。

推论 4-2 证明：

参考推论 4-1 的证明。

命题 4-11 证明：

参考命题 4-7 的证明。

命题 4-12 证明：

参考命题 4-8 的证明。

命题 4-13 证明：

参考命题 4-5 的证明。

命题 4-14 证明：

参考命题 4-6 的证明。

命题 4-15 证明：

参考命题 4-7 的证明。

命题 4-16 证明：

参考命题 4-8 的证明。

命题 4-17 证明：

由 3.4.4 与 4.4.4 可知，无论消费者是否具有预期后悔行为，全额退款退货策略总能为在线零售商带来最大的收益，因此在线零售商总愿意采取全额退款退货策略。

当 $0 < a < a_S$ 时，$\Pi_S^F > \Pi_S^N > \Pi_S^P$；当 $a_S < a < 1$ 时，$\Pi_S^F > \Pi_S^P > \Pi_S^N$。

当 $0 < a < a_A^*$ 时，$\Pi_A^F > \Pi_A^N > \Pi_A^P$；当 $a_A^* < a < 1$ 时，$\Pi_A^F > \Pi_A^P > \Pi_A^N$。

（1）当 $\theta > \max\{\theta^P, \theta^F\}$ 时，

① 当 $\varphi > \max\{\tilde{\varphi}^F, \tilde{\varphi}^P\}$ 时，$\Pi_{Au}^{F*} > \Pi_{Sm}^{F*}$，$\Pi_{Au}^{P*} > \Pi_{Sm}^{P*}$，所以 $\Pi_{Au}^{F*} > \Pi_{Au}^{P*}$，在线零售商采取全额退款退货策略，覆盖预期后悔型消费者；

② 当 $\min\{\tilde{\varphi}^P, \tilde{\varphi}^F\} < \varphi < \max\{\tilde{\varphi}^P, \tilde{\varphi}^F\}$ 时，① 当 $\tilde{\varphi}^P > \tilde{\varphi}^F$ 时，$\Pi_{Au}^{F*} > \Pi_{Sm}^{F*}$，$\Pi_{Au}^{P*} < \Pi_{Sm}^{P*}$，所以 $\Pi_{Au}^{F*} > \Pi_{Sm}^{P*}$，在线零售商采取全额退款退货策略，覆盖预期后悔型消费者；② 当 $\tilde{\varphi}^P < \tilde{\varphi}^F$ 时，$\Pi_{Au}^{F*} < \Pi_{Sm}^{F*}$，$\Pi_{Au}^{P*} > \Pi_{Sm}^{P*}$，所以 $\Pi_{Au}^{F*} < \Pi_{Sm}^{P*}$，在线零售商采取部分退款退货策略，覆盖所有消费者；

③ 当 $\varphi < \min\{\tilde{\varphi}^P, \tilde{\varphi}^F\}$ 时，$\Pi_{Au}^{F*} < \Pi_{Sm}^{F*}$，$\Pi_{Au}^{P*} < \Pi_{Sm}^{P*}$，所以 $\Pi_{Sm}^{F*} < \Pi_{Sm}^{P*}$，在线零售商采取全额退款退货策略，覆盖所有消费者。

综上，当 $\varphi > \tilde{\varphi}^F$ 时，在线零售商采取全额退款退货策略，覆盖预期后悔型消费者；当 $\varphi < \tilde{\varphi}^F$ 时，在线零售商采取全额退款退货策略，覆盖所有消费者。

同理可证情形（2）（3）（4）下在线零售商的退货策略与市场覆盖策略选择。证毕。

A3. 第 5 章中命题的证明

命题 5-1 证明：

由于 $q^*(p) = \arg\max_q \Pi(q, p)$ 等价于 $\dfrac{\mathrm{d}\Pi}{\mathrm{d}q} = 0$，即：$\bar{F}(q) = \dfrac{c-s}{\theta(p-s)}$，

存在投机型消费者时，全价期零售价满足 $p = \dfrac{v\theta + (s-v)(1-\bar{F}(q))}{\theta}$，联

合求解并化简后，零售价为：$p_o^{F*} = \dfrac{s-v+s\theta+v\theta+\sqrt{J}}{2\theta}$，进而得到 $\bar{F}(q_o^{F*})$

$= \dfrac{2c-2s}{s-v-s\theta+v\theta+\sqrt{J}}$。其中，$J = (s-v)(v(1-\theta)^2 - 4c\theta + s(1+\theta)^2)$，

证毕。

命题 5-2 证明：

参考命题 5-1 的证明。

命题 5-3 证明：

参考命题 3-8 的证明。

命题 5-4 证明：

证明：策略型与投机型消费者在全价期购买产品获得的效用均为：$\theta(v-p)$，但是策略型消费者在清货期也存在对产品估值的不确定，在清货期购买产品获得的效用为：$\xi_n^F(\theta v - s)$，而投机型消费者在清货期不存在对产品估值的不确定，在清货期购买产品获得的效用为：$\xi_o^F(v-s)$，并且由于消费者投机性退货，投机型消费者在清货期能购买到产品的可能性增加，显然 $\xi_o^F(v-s) > \xi_n^F(\theta v - s)$，因此投机型消费者对产品的最高保留价格低于策略型消费者。证毕。

命题 5-5 证明：

证明：当 $p = \omega_S^F$ 时，在线零售商采用部分覆盖策略，由于 $q^*(p) = \arg$

$\max_q \Pi(q, p)$ 等价于 $\dfrac{\mathrm{d}\Pi}{\mathrm{d}q} = 0$，即：$\bar{F}(q) = \dfrac{c-s}{\theta(p-s)}$，存在投机型消费者

时，全价期零售价满足 $p = v - \dfrac{(1-\bar{F}(q))(\theta v - s)}{\theta}$，联合求解并化简后，

零售价为：$p_{Su}^{F*} = \dfrac{\sqrt{-4\theta s(c + \theta v) + 4c\theta^2 v + (\theta + 1)^2 s^2} + \theta s + s}{2\theta}$，进而得到

$$\bar{F}\left(\frac{q_{Su}^{F*}}{\varphi}\right) = \frac{2(c - s)}{\sqrt{-4\theta s(c + \theta v) + 4c\theta^2 v + (\theta + 1)^2 s^2} - \theta s + s}。$$

当 $p = \omega_o^F$ 时，在线零售商采用完全覆盖策略，由于 $q^*(p) = \arg\max_q \Pi(q, p)$ 等价于 $\dfrac{\mathrm{d}\Pi}{\mathrm{d}q} = 0$，即：$\bar{F}(q) = \dfrac{c - s}{\theta(p - s)}$，存在投机型消费者时，全价期零售价满足 $p = \dfrac{v\theta + (s - v)(1 - \bar{F}(q))}{\theta}$，联合求解并化简后，

零售价为：$p_o^{F*} = \dfrac{s - v + s\theta + v\theta + \sqrt{J}}{2\theta}$，进而得到 $\bar{F}(q_o^{F*}) = \dfrac{2c - 2s}{s - v - s\theta + v\theta + \sqrt{J}}$。其中，$J = (s - v)(v(1 - \theta)^2 - 4c\theta + s(1 + \theta)^2)$，

证毕。

命题 5-6 证明：

将部分覆盖策略下以及完全覆盖策略下的最优价格与最优订购量分别代入在线零售商的利润函数中，得到：

$$\Pi_u^{F*} = \theta(p_{Su}^{F*} - s)\int_0^{q_{Su}^{F*}} \varphi\bar{F}(x)\,\mathrm{d}x - (c - s)q_{Su}^{F*};$$

$$\Pi_m^{F*} = (p_{om}^{F*} - s)\int_0^{q_{om}^{F*}} \bar{F}(x)\,\mathrm{d}x - (c - s)q_{om}^{F*}。$$

令 $\Delta\Pi(\varphi) = \Pi_u^{F*} - \Pi_m^{F*}$，将 $\varphi = 0$，$\varphi = 1$ 分别代入 $\Delta\Pi(\varphi)$ 中，得到 $\Delta\Pi(0) < 0$，$\Delta\Pi(1) > 0$。将 $\Delta\Pi(\varphi)$ 对 φ 求一阶偏导数，得 $\dfrac{\Delta\Pi(\varphi)}{\varphi} = \theta(p_{Su}^{F*} - s)\int_0^{q_{Su}^{F*}} \bar{F}(x)\,\mathrm{d}x > 0$，即 $\Delta\Pi(\varphi)$ 随 φ 增加而单调递增，因此存在阈值 φ^{F*} 满足 $\Delta\Pi(\varphi^{F*}) = 0$，当 $\varphi > \varphi^{F*}$ 时，$\Pi_{nu}^{F*} > \Pi_{om}^{F*}$，当 $\varphi < \varphi^{F*}$ 时，

$\Pi_{uu}^{F*} < \Pi_{om}^{F*}$，此时 $\varphi^{F*} = \dfrac{\theta(p_{om}^{F*} - s)\int_0^{q_{om}^{F*}} \bar{F}(x)\,\mathrm{d}x - (c - s)(q_{om}^{F*} - q_{nu}^{F*})}{\theta(p_{nu}^{F*} - s)\int_0^{q_{nu}^{F*}} \bar{F}(x)\,\mathrm{d}x}。$

证毕。

命题 5-7 证明：

令 $\Delta q(\varphi) = q_u^{F*} - q_m^{F*}$，当时，将 $\varphi = 0$，$\varphi = 1$ 分别代入 $\Delta q(\varphi)$ 中，得

到 $\Delta q(0) < 0$，$\Delta q(1) > 0$。将 $\Delta q(\varphi)$ 对 φ 求一阶导，得 $\dfrac{\Delta q(\varphi)}{\varphi} =$

$\bar{F}^{-1}\left(\dfrac{2(c-s)}{\sqrt{-4\theta s(c+\theta v)+4c\theta^2 v+(\theta+1)^2 s^2}-\theta s+s}\right) > 0$，因此存在阈值

φ^{F0} 满足 $\Delta q(\varphi^{F0})=0$，当 $\varphi > \varphi^{F0}$ 时，$q_u^{F*} > q_m^{F*}$，当 $\varphi < \varphi^{F0}$ 时，$q_u^{F*} <$

q_m^{F*}，此时 $\varphi^{F0} = \dfrac{\bar{F}^{-1}\left(\dfrac{2c-2s}{s-v-s\theta+v\theta+\sqrt{J}}\right)}{\bar{F}^{-1}\left(\dfrac{2(c-s)}{\sqrt{-4\theta s(c+\theta v)+4c\theta^2 v+(\theta+1)^2 s^2}-\theta s+s}\right)}$，其

中，$J=(s-v)(v(1-\theta)^2-4c\theta+s(1+\theta)^2)$。证毕。

命题 5-8 证明：

参考命题 5-4 的证明。

命题 5-9 证明：

参考命题 5-5 的证明。

命题 5-10 证明：

参考命题 5-6 的证明。

命题 5-11 证明：

参考命题 5-7 的证明。

命题 5-12 证明：

（1）当 $\theta > \max\{\theta^P, \theta^*\}$ 时，$\Pi_o^P > \Pi_o^N > \Pi_o^F$，$\Pi_S^F > \Pi_S^P$。

① 当 $\tilde{\varphi} > \max\{\tilde{\varphi}^P, \tilde{\varphi}^F\}$ 时，$\Pi_{Su}^{F*} < \Pi_{om}^{F*}$，$\Pi_{ou}^{P*} > \Pi_{Sm}^{P*}$，所以 $\Pi_{ou}^{P*} >$ Π_{om}^{F*}，在线零售商采取部分退款退货策略，覆盖投机型消费者；

② 当 $\min\{\tilde{\varphi}^P, \tilde{\varphi}^F\} < \varphi < \max\{\tilde{\varphi}^P, \tilde{\varphi}^F\}$ 时，①当 $\tilde{\varphi}^P < \tilde{\varphi}^F$ 时，$\Pi_{Su}^{F*} >$ Π_{om}^{F*}，$\Pi_{ou}^{P*} > \Pi_{Sm}^{P*}$，所以 $\Pi_{ou}^{P*} > \Pi_{Su}^{F*}$，在线零售商采取部分退款退货策略，覆盖投机型消费者；①当 $\tilde{\varphi}^P > \tilde{\varphi}^F$ 时，$\Pi_{Su}^{F*} < \Pi_{om}^{F*}$，$\Pi_{ou}^{P*} < \Pi_{Sm}^{P*}$，所以 $\Pi_{Sm}^{P*} > \Pi_{om}^{F*}$，又 $\Pi_o^P > \Pi_o^N > \Pi_o^F$，在线零售商采取部分退款退货策略，覆盖所有消费者；

③ 当 $\tilde{\varphi} < \min\{\tilde{\varphi}^P, \tilde{\varphi}^F\}$ 时，$\Pi_{Su}^{F*} > \Pi_{om}^{F*}$，$\Pi_{ou}^{P*} < \Pi_{Sm}^{P*}$，所以 $\Pi_{Su}^{F*} <$ Π_{Sm}^{P*}，在线零售商采取部分退款退货策略，覆盖所有消费者。

（2）当 $\min\{\theta^P, \theta^*\} < \theta < \max\{\theta^P, \theta^*\}$ 时

① 当 $\theta^P > \theta^*$ 时，$\Pi_o^P > \Pi_o^N > \Pi_o^F$，$\Pi_S^F > \Pi_S^P$。

a. 当 $\varphi > \max\{\varphi^P, \varphi^F\}$ 时，$\Pi_{Su}^{F*} > \Pi_{om}^{F*}$，$\Pi_{Su}^{P*} > \Pi_{om}^{P*}$，所以 $\Pi_{Su}^{P*} < \Pi_{Su}^{F*}$，在线零售商采取全额退款退货策略，覆盖策略型消费者；

b. 当 $\min\{\varphi^P, \varphi^F\} < \varphi < \max\{\varphi^P, \varphi^F\}$ 时，①当 $\varphi^P < \varphi^F$ 时，$\Pi_{Su}^{F*} < \Pi_{om}^{F*}$，$\Pi_{Su}^{P*} > \Pi_{om}^{P*}$，所以 $\Pi_{Su}^{P*} > \Pi_{Su}^{F*}$，在线零售商采取全额退款退货策略，覆盖策略型消费者；①当 $\varphi^P > \varphi^F$ 时，$\Pi_{Su}^{F*} > \Pi_{om}^{F*}$，$\Pi_{Su}^{P*} < \Pi_{om}^{P*}$，所以 $\Pi_{Su}^{F*} < \Pi_{om}^{P*}$，在线零售商采取部分退货策略，覆盖所有消费者；

c. 当 $\varphi < \min\{\varphi^P, \varphi^F\}$ 时，$\Pi_{Su}^{F*} < \Pi_{om}^{F*}$，$\Pi_{Su}^{P*} < \Pi_{om}^{P*}$，所以 $\Pi_{om}^{F*} < \Pi_{om}^{P*}$，在线零售商采取部分退款退货策略，覆盖所有消费者。

② 当 $\theta^P < \theta^*$ 时，$\Pi_o^N > \Pi_o^F > \Pi_o^P$，$\Pi_S^F > \Pi_S^P$。

a. 当 $\tilde{\varphi} > \max\{\tilde{\varphi}^P, \tilde{\varphi}^F\}$ 时，$\Pi_{Su}^{F*} < \Pi_{om}^{F*}$，$\Pi_{ou}^{P*} > \Pi_{Sm}^{P*}$，所以 $\Pi_{ou}^{P*} < \Pi_{om}^{F*}$，又 $\Pi_o^N > \Pi_o^F > \Pi_o^P$，在线零售商采取不退货策略，覆盖所有消费者；

b. 当 $\min\{\tilde{\varphi}^P, \tilde{\varphi}^F\} < \varphi < \max\{\tilde{\varphi}^P, \tilde{\varphi}^F\}$ 时，①当 $\tilde{\varphi}^P < \tilde{\varphi}^F$ 时，$\Pi_{Su}^{F*} > \Pi_{om}^{F*}$，$\Pi_{ou}^{P*} > \Pi_{Sm}^{P*}$，所以 $\Pi_{ou}^{P*} < \Pi_{Su}^{F*}$，在线零售商采取全额退款退货策略，覆盖策略型消费者；①当 $\tilde{\varphi}^P > \tilde{\varphi}^F$ 时，$\Pi_{Su}^{F*} < \Pi_{om}^{F*}$，$\Pi_{ou}^{P*} < \Pi_{Sm}^{P*}$，所以 $\Pi_{Sm}^{P*} < \Pi_{om}^{F*}$，又 $\Pi_o^N > \Pi_o^F > \Pi_o^P$，在线零售商采取不退货策略，覆盖所有消费者；

c. 当 $\tilde{\varphi} < \min\{\tilde{\varphi}^P, \tilde{\varphi}^F\}$ 时，$\Pi_{Su}^{F*} > \Pi_{om}^{F*}$，$\Pi_{ou}^{P*} < \Pi_{Sm}^{P*}$，所以 $\Pi_{Su}^{F*} > \Pi_{Sm}^{P*}$，在线零售商采取全额退款退货策略，覆盖策略型消费者。

（3）当 $\theta < \min\{\theta^P, \theta^*\}$ 时，$\Pi_o^N > \Pi_o^F > \Pi_o^P$，$\Pi_S^F > \Pi_S^P$。

① 当 $\varphi > \max\{\varphi^P, \varphi^F\}$ 时，$\Pi_{Su}^{F*} > \Pi_{om}^{F*}$，$\Pi_{Su}^{P*} > \Pi_{om}^{P*}$，所以 $\Pi_{Su}^{P*} < \Pi_{Su}^{F*}$，在线零售商采取全额退款退货策略，覆盖策略型消费者；

② 当 $\min\{\varphi^P, \varphi^F\} < \varphi < \max\{\varphi^P, \varphi^F\}$ 时，①当 $\varphi^P < \varphi^F$ 时，$\Pi_{Su}^{F*} < \Pi_{om}^{F*}$，$\Pi_{Su}^{P*} > \Pi_{om}^{P*}$，所以 $\Pi_{Su}^{P*} < \Pi_{om}^{F*}$，又 $\Pi_o^N > \Pi_o^F > \Pi_o^P$，在线零售商采取不退货策略，覆盖所有消费者；①当 $\varphi^P > \varphi^F$ 时，$\Pi_{Su}^{F*} > \Pi_{om}^{F*}$，$\Pi_{Su}^{P*} < \Pi_{om}^{P*}$，所以 $\Pi_{Su}^{F*} > \Pi_{Su}^{P*}$，在线零售商采取全额退款退货策略，覆盖策略型消费者；

③ 当 $\varphi < \min\{\varphi^P, \varphi^F\}$ 时，$\Pi_{Su}^{F*} < \Pi_{om}^{F*}$，$\Pi_{Su}^{P*} < \Pi_{om}^{P*}$，所以 $\Pi_{om}^{F*} > \Pi_{om}^{P*}$，又 $\Pi_o^N > \Pi_o^F > \Pi_o^P$，在线零售商采取不退货策略，覆盖所有消费者。证毕。

A4. 第 6 章中命题的证明

命题 6-4 证明：

令 $\Delta\omega^F = \omega_e^{F*} - \omega_o^{F*}$，将 $\beta = 0, \beta = 1$ 分别带入 $\Delta\omega^F$ 中，得 $\Delta\omega^F(0) > 0$，$\Delta\omega^F(1) > 0$，将 $\Delta\omega^F(\beta)$ 对 β 求导，得 $\dfrac{\Delta\omega^F(\beta)}{\beta} = \dfrac{(\xi_e^F - 1)(s - v)(\xi_e^F + \xi_e^F\alpha\theta)}{(\beta - \xi_e^F\beta + \theta + \xi_e^F\alpha\theta)^2} > 0$, $\Delta\omega^F = \dfrac{(s - v)(-(1 - \xi_e^F)\xi_r^F\beta - \xi_r^F(1 + \xi_e^F\alpha)\theta + \xi_e^F\theta(1 + \alpha\theta))}{\theta(\beta(1 - \xi_e^F) + \theta + \xi_e^F\alpha\theta)} > 0$ 恒成立。证毕。

命题 6-5 证明：

当 $p = \omega_e^F$ 时，在线零售商采取部分覆盖策略，只满足市场上的投机后悔型消费者，由于 $q^*(p) = \arg\max_q \Pi(q, p)$ 等价于 $\dfrac{\mathrm{d}\Pi}{\mathrm{d}q} = \theta(p - s)\overline{F}\left(\dfrac{q}{\tilde{\varphi}}\right) - (c - s) = 0$，即：$\overline{F}\left(\dfrac{q}{\tilde{\varphi}}\right) = \dfrac{c - s}{\theta(p - s)}$，又 $p_e^F = \dfrac{s(1 + \alpha\theta)\xi_e^F + v(\beta + \theta - \xi_e^F - \beta\xi_e^F)}{\beta + \theta - \beta\xi_e^F + \alpha\theta\xi_e^F}$，联合求解并化简得：$p_{eu}^{F*} = \dfrac{s - v + \beta(s - c) + \theta(s + v + c\alpha + s\alpha) + \sqrt{Z}}{2(1 + \alpha)\theta}$，

$$\overline{F}\left(\dfrac{q_{eu}^{F*}}{\tilde{\varphi}}\right) = \dfrac{2(c - s)(1 + \alpha)}{s - v + \beta(s - c) + \theta(s + v + c\alpha + s\alpha) + \sqrt{Z}}。$$

其中，$Z = (v(\theta - 1) - c(\beta + \alpha\theta) + s(1 + \beta + \theta + \alpha\theta))^2 - 4(1 + \alpha)\theta(sv(\beta + \theta) + c(s - v(1 + \beta) + s\alpha\theta))$，且 θ 需满足 $Z(\theta) > 0$。

同理可证当 $p = \omega_o^F$ 时，在线零售商采取完全覆盖策略下最优的零售价与订购量。证毕。

命题 6-6 证明：

参考命题 4-7 的证明。

命题 6-7 证明：

参考命题 4-8 的证明。

命题 6-8 证明：

当 $\theta > \theta^N$ 时，分别在不退货策略下与全额退款策略下，将部分覆盖与完全覆盖策略下的最优价格与最优订购量代入在线零售商的利润函数中，得到：

$$\Pi_u^{N*} = (p_{ou}^{N*} - s)\int_0^{q_{ou}^{N*}} \varphi\overline{F}(x)\,\mathrm{d}x - (c - s)q_{ou}^{N*};$$

$$\Pi_m^{N*} = (p_{em}^{N*} - s) \int_0^{q_{em}^{N*}} \overline{F}(x) \, \mathrm{d}x - (c - s) q_{em}^{N*};$$

$$\Pi_u^{F*} = (p_{eu}^{F*} - s) \theta \int_0^{q_{eu}^{F*}} \widetilde{\varphi} \overline{F}(x) \, \mathrm{d}x - (c - s) q_{eu}^{F*};$$

$$\Pi_m^{F*} = (p_{om}^{F*} - s) \theta \int_0^{q_{om}^{F*}} \overline{F}(x) \, \mathrm{d}x - (c - s) q_{om}^{F*} \circ$$

将不退货策略下与全额退款策略下在线零售商的利润进行作差比较，根据在线零售商在不同退货下的市场覆盖策略的不同，令 $\Delta\Pi_1 = \Pi_u^{N*} - \Pi_u^{F*}$，$\Delta\Pi_2 = \Pi_u^{N*} - \Pi_m^{F*}$，$\Delta\Pi_3 = \Pi_m^{N*} - \Pi_u^{F*}$，$\Delta\Pi_4 = \Pi_m^{N*} - \Pi_m^{F*}$，具体如表 A6-1 所示。

表 A6-1　$\Pi_i^{N*} - \Pi_i^{F*}(i = \{u, m\})$ 的利润差

不退货策略下	全额退款下	
	市场部分覆盖 Π_u^{F*}	市场完全覆盖 Π_m^{F*}
市场部分覆盖 Π_u^{N*}	$\Delta\Pi_1 = \Pi_u^{N*} - \Pi_u^{F*}$	$\Delta\Pi_2 = \Pi_u^{N*} - \Pi_m^{F*}$
市场完全覆盖 Π_m^{N*}	$\Delta\Pi_3 = \Pi_m^{N*} - \Pi_u^{F*}$	$\Delta\Pi_4 = \Pi_m^{N*} - \Pi_m^{F*}$

将 $\widetilde{\varphi} > \widetilde{\varphi}^{F*}$，$\Pi_u^{F*} > \Pi_m^{F*}$ 分别代入 $\Delta\Pi_1$ 中，得到 $\Delta\Pi_1(0) > 0$，$\Delta\Pi_1(1) > 0$。将 $\Delta\Pi_1(\theta)$ 对 θ 求一阶偏导数，得 $\dfrac{\mathrm{d}\Delta\Pi_1(\theta)}{\mathrm{d}\theta} = -(p_{ou}^{F*} - s) \theta$ $\int_0^{q_{ou}^{F*}} \overline{F}(x) \, \mathrm{d}x < 0$，即 $\Delta\Pi_1(\theta)$ 随 φ 增加而单调递减，但当 $\theta \in [0, 1]$ 时，$\Delta\Pi_1 > 0$ 恒成立，同理可证 $\Delta\Pi_2 > 0$，$\Delta\Pi_3 > 0$，$\Delta\Pi_4 > 0$。

命题 6-9 证明：

参考命题 6-4 的证明。

命题 6-10 证明：

参考命题 6-5 的证明。

命题 6-11：

参考命题 6-6 的证明。

命题 6-12：

参考命题 6-7 的证明。

命题 6-13：

参考命题 6-8 的证明。

命题 6-14：

对比命题 6-8、6-13 可得。证毕。

A5. 第7章中命题的证明

命题 7-1 证明：

由于 $q^*(p) = \arg\max_q \Pi(q, p)$ 等价于 $\dfrac{\mathrm{d}\Pi}{\mathrm{d}q} = 0$，即 $\bar{F}(q) = \dfrac{c-s}{p-s}$，存不退货策略下，全价期零售价满足 $p = \theta v$，联合求解并化简后，零售价为：$p^{N*} = \theta v$，进而得到 $\bar{F}(q^{N*}) = \dfrac{c-s}{\theta v - s}$。证毕。

命题 7-2 证明：

参考命题 7-1 的证明。

命题 7-3 证明：

参考命题 7-1 的证明。

命题 7-4 证明：

由命题 7-1 与命题 7-2：$\bar{F}(q^{NS*}) = \sqrt{\dfrac{c-s}{\theta v - s}} > \dfrac{c-s}{\theta v - s} = \bar{F}(q^{N*})$，得到 $q^{NS*} < q^{N*}$，将 q^{N*} 与 q^{NS*} 代入供应商的收益函数并作差得 $\Pi_s^{NS*} - \Pi_s^{N*} = (w-c)(q^{NS*} - q^{N*}) < 0$。又由命题 7-3，$\bar{F}(q^{RS*}) = $

$$\dfrac{2(w-s)}{\sqrt{4w\theta^2 v + (\theta+1)^2 s^2 - 4\theta s(w + \theta v)} - \theta s + s} > \dfrac{w-s}{\sqrt{w\theta^2 v + \theta^2 s^2 - \theta s(w + \theta v)}}$$

$$> \dfrac{w-s}{\sqrt{w\theta v + \theta s^2 - s(w + \theta v)}} > \dfrac{w-s}{\sqrt{w\theta v + s^2 - s(w + \theta v)}} = \bar{F}(q^{NS*})$$，得到 q^{RS*}

$< q^{NS*}$，因此 $q^{RS*} < q^{NS*} < q^{N*}$，$\Pi_s^{RS*} < \Pi_s^{NS*} < \Pi_s^{N*}$。又因为 $\omega^N = \theta v$，$\omega^{RS} = v - \dfrac{\xi^{RS}(\theta v - s)}{\theta}$，所以 $p^{NS*} < p^{N*}$ 恒成立，所以 $\Pi_t^{NS*} < \Pi_t^{N*}$，将 (p^{NS*}, q^{NS*}) 与 (p^{N*}, q^{N*}) 代入在线零售商的收益函数并作差得 $\Pi_r^{NS*} - \Pi_r^{N*} = (p^{NS*} - s)\displaystyle\int_0^{q^{NS*}} \bar{F}(x)\,\mathrm{d}x - (p^{N*} - s)\displaystyle\int_0^{q^{N*}} \bar{F}(x)\,\mathrm{d}x - (w-s)(q^{NS*} - q^{N*})$ < 0。同理得到，$\Pi_r^{RS*} > \Pi_r^{NS*}$，$\Pi_t^{RS*} > \Pi_t^{NS*}$。证毕。

命题 7-5 证明：

在退货+回购策略下，由于 $b > s$，在线零售商有动机将全价期未销售的产品全部退回给供应商，以降低产品过剩的损失，消费者在清货期获得产品的可能性 $\xi = 0$，因此只要全价期效用大于 0，消费者就会购买产品，根据第三、四、五章，在全额退款下，当消费者具有策略性购买行为时，其在全价期购买产品所获得的效用为：$U_{1S}^{R} = \theta(v - p)$，可以得到消费者对产品的最高保留价格为 v；同理，当消费者具有策略性购买+预期后悔行为时，其在全价期购买产品所获得的效用为：$U_{1e}^{R} = \theta(v - p) - \alpha\xi(p - s)$，其对产品的最高保留价格为 v；当消费者同时具有策略性购买、预期后悔与投机行为时，其在全价期购买产品所获得的效用为：$U_{1e}^{F} = \theta(v - p - \alpha\xi(p - s))$，其对产品的最高保留价格为 v；因此无论在全额退款下，消费者是否具有策略性、预期后悔、投机行为，消费者对产品的最高保留价格均为 v。证毕。

命题 7-6 证明：

在分散供应链下，在线零售商的最优订购量满足 $\bar{F}(q_s^{FB}) = \dfrac{w - b}{\theta(v - b)}$，在集中供应链下，供应链的最优订购量满足 $\bar{F}(q_t^{FB}) = \dfrac{c - g}{\theta(v - g)}$，为使供应链协调，则抻下下决策下的最优订购量应与集中决策下的最优订购量相等，即 $\dfrac{w - b}{\theta(v - b)} = \dfrac{\gamma(c - g)}{\gamma\theta(v - g)}$，得到 $b^{FB} = (1 - \gamma^{FB})v + \gamma^{FB}g$，$w^{FB} = \gamma^{FB}c + (1 - \gamma^{FB})v$，又因为 $b^{FB} > s$，$\gamma^{FB} \in [0,\ v - s/v - g]$。

命题 7-7 证明：

参考命题 7-1 的证明。

推论 7-1 的证明：

从第 3 章至第 5 章的分析可知，如果没有回购契约，在线零售商的最优销售价格 $p^{R*} < v = p^{B}, \bar{F}(q^{R*}) = \dfrac{w - s}{\theta(v - s)}$，因为 $b > s$，所以 $\dfrac{w - s}{\theta(v - s)} > \dfrac{w - b}{\theta(v - b)}$，即 $\bar{F}(q^{R*}) > \bar{F}(q^{fb*})$，$q^{R*} < q^{fb*}$，所以 $\Pi_t^{FB*} > \Pi_t^{R*}$。证毕。

命题 7-8 证明：

由命题 7-6 可知，当 γ^{FB} 满足 $\gamma^{FB} \in [0,\ v - s/v - g]$ 时，产品直接退回供应商处可以协调供应链，并且在线零售商与供应商可以随机分配利润，因此，当 $v - s/v - g \geqslant 1$ 时，即当 $g \geqslant s$ 时，$\gamma^{FB} \in [0,\ 1]$，供应链协调不再受到利润分配比例取值区间的约束，完全回购策略能完全协调供应链。证毕。

命题 7-9 证明：

参考命题 7-6 的证明。

命题 7-10 证明：

参考命题 7-1 的证明。

推论 7-2 的证明：

从第 3 章至第 5 章的分析可知，没有回购契约下，在线零售商的最优销售价格 $p^{R*} < v = p^{B}$，$\overline{F}(q^{R*}) = \dfrac{w-s}{\theta(v-s)}$，因为 $b > g$，所以 $\dfrac{w-g}{\theta(v-g)} > \dfrac{w-b}{\theta(v-b)}$，即 $\overline{F}(q^{R*}) > \overline{F}(q^{DB*})$，$q^{R*} < q^{DB*}$，所以 $\Pi_{t}^{DB*} > \Pi_{t}^{R*}$。证毕。

命题 7-11 证明：

由命题 7-9 可知，当 γ^{DB} 满足 $\gamma^{DB} \in [(1-\theta)s + \theta v + b^{DB}/\theta(v-g), v - \lambda/v - g]$ 时，差异化回购契约可以协调供应链，并且在线零售商与供应商可以随机分配利润，因此，当 $v - \lambda/v - g \geqslant 1$ 且 $(1-\theta)s + \theta v + b^{DB}/\theta(v-g) \leqslant 0$ 时，供应链协调不再受到利润分配比例取值区间的约束，显然，$(1-\theta)s + \theta v + b^{DB}/\theta(v-g) > 0$ 恒成立，当 $g \geqslant \lambda$ 时，$v - \lambda/v - g \geqslant 1$，即无论参数如何设置，差异化回购契约协调供应链都受到利润分配比例的约束。证毕。

命题 7-12 证明：

在分散供应链下，在线零售商的最优订购量满足 $\overline{F}(q_{s}^{RB}) = \dfrac{w-b}{v-b}$，在集中供应链下，供应链的最优订购量满足 $\overline{F}(q_{t}^{RB}) = \dfrac{c-g}{\theta(v-g)}$，为使供应链协调，则把下下决策下的最优订购量应与集中决策下的最优订购量相等，即 $\dfrac{w-b}{v-b} = \dfrac{\gamma(c-g)}{\gamma\theta(v-g)}$，得到 $b^{RB} = (1-\theta\gamma^{RB})v + \gamma^{RB}\theta g$，$w^{RB} = \gamma^{RB}c + (1-\theta\gamma^{RB})v + \gamma^{RB}\theta g - \gamma^{RB}g$，又因为 $b^{RB} > s$，$\gamma^{RB} \in [0, v - s/\theta(v-g)]$。

命题 7-13 证明：

参考命题 7-1 的证明。

推论 7-3 的证明：

从第 3 章至第 5 章的分析可知，如果没有回购契约，在线零售商的最

优销售价格 $p^{R*} < v = p^b$，$\overline{F}(q^{R*}) = \dfrac{w-s}{\theta(v-s)}$，因为 $b > s$，所以 $\dfrac{w-s}{\theta(v-s)}$

$> \dfrac{w-b}{\theta(v-b)} > \dfrac{w-b}{v-b}$，即 $\overline{F}(q^{R*}) > \overline{F}(q^{RB*})$，$q^{R*} < q^{RB*}$，所以 $\Pi_t^{RB*} >$

Π_t^{R*}。证毕。

命题 7-14 证明：

由命题 7-11 可知，当 γ^{RB} 满足 $\gamma^{RB} \in [0, v-s/\theta(v-g)]$ 时，产品直接退回供应商处可以协调供应链，并且在线零售商与供应商可以随机分配利润，因此，当 $v-s/\theta(v-g) \geq 1$ 时，即当 $g \geq s - (1-\theta)v/\theta$ 时，$\gamma^{RB} \in [0, 1]$，供应链协调不再受到利润分配比例取值区间的约束，产品直接退回给供应商能完全协调供应链。证毕。

命题 7-15 证明：

由命题 7-8、7-11、7-14，当 $g \geq s - (1-\theta)v/\theta$ 时，仅直接退回给供应商下的回购策略协调供应链均不再受到利润分配比例的约束，当 $g \geq s$ 时，完全回购策略与直接退回给供应商下的回购策略协调供应链均不再受到利润分配比例的约束，然而，无论参数如何设置，差异化回购策略协调供应链总是受到利润分配比例的约束。证毕。